## “瑜伽文库”编委会

瑜伽文库
YOGA LIBRARY

正念 · 解读

Talks and Essays of
Swami Dayananda One
(Part two)

# 智慧盛开

## 吠檀多哲学之应用

（第二卷）

【印】斯瓦米·戴阳南达/著
汪永红/译

四川人民出版社

图书在版编目（CIP）数据

智慧盛开：吠檀多哲学之应用. 第二卷 / (印) 斯瓦米·戴阳南达著；汪永红译. -- 成都：四川人民出版社, 2022.7
（瑜伽文库 / 王志成主编）
ISBN 978-7-220-12728-1

Ⅰ. ①智… Ⅱ. ①斯… ②汪… Ⅲ. ①吠檀多—印度—古代—文集 Ⅳ. ①B351.2-53
中国版本图书馆CIP数据核字（2022）第117766号

Pulished by arrangement with Arsha Vidya Research & Publication Trust
Srinidhi Apartments Third Ftoor 4 Desika Road Mylapore Chennai 600004 INDIA



四川省版权局著作权登记 [图进] 21-2021-319

ZHIHUI SHENGKAI：FEITANDUO ZHEXUE ZHI YINGYONG（DI ER JUAN）

**智慧盛开：吠檀多哲学之应用（第二卷）**

［印］斯瓦米·戴阳南达　著
汪永红　译

| | |
|---|---|
| 出版人 | 黄立新 |
| 责任编辑 | 何朝霞　李昊原 |
| 封面设计 | 李其飞 |
| 版式设计 | 戴雨虹 |
| 责任印制 | 周　奇 |
| 出版发行 | 四川人民出版社（成都三色路238号） |
| 网　　址 | http：//www.scpph.com |
| E-mail | scrmcbs@sina.com |
| 新浪微博 | @四川人民出版社 |
| 微信公众号 | 四川人民出版社 |
| 发行部业务电话 | （028）86361653　86361656 |
| 防盗版举报电话 | （028）86361653 |
| 照　　排 | 四川胜翔数码印务设计有限公司 |
| 印　　刷 | 成都蜀通印务有限责任公司 |
| 成品尺寸 | 146mm×208mm |
| 印　　张 | 8.25 |
| 字　　数 | 190千 |
| 版　　次 | 2022年7月第1版 |
| 印　　次 | 2022年7月第1次印刷 |
| 书　　号 | ISBN 978-7-220-12728-1 |
| 定　　价 | 62.00元 |

# “瑜伽文库”总序

古人云：观乎天文，以察时变；观乎人文，以化成天下。人之为人，其要旨皆在切入此间天人之化机，助成参赞化育之奇功。在恒道中悟变道，在变道中参常则，“人”与“天”相资为用，相机而行。时时损益且鼎革之。此存“文化”演变之大义。

中华文明源远流长，含摄深广，在悠悠之历史长河，不断摄入其他文明的诸多资源，并将其融会贯通，从而返本开新、发闳扬光，所有异质元素，俱成为中华文明不可分割的组成部分。古有印度佛教文明的传入，并实现了中国化，成为华夏文明整体的一个有机部分。近代以降，西学东渐，一俟传入，也同样融筑为我们文明的固有部分，唯其过程尚在持续之中。尤其是20世纪初，马克思主义传入中国，并迅速实现中国化，推进了中国社会的巨大变革……

任何一种文化的传入，最基础的工作就是该文化的经典文本之传入。因为不同文化往往是基于不同的语言，故文本传入就意味着文本的翻译。没有文本之翻译，文化的传入就难以为继，无法真正兑现为精神之力。佛教在中国的扎根，需要很多因缘，而前后持续近千年的佛经翻译具有特别重要的意义。没有佛经的翻译，佛教在中国的传播就几乎不可想象。

随着中国经济、文化之发展，随着中国全面参与到人类共同体之中，中国越来越需要了解更多的其他文化，需要一种与时俱进的文化心量与文化态度，这种态度必含有一种开放的历史态度、现实态度和面向未来的态度。

人们曾注意到，在公元前8世纪至公元前2世纪，在地球不同区域都出现过人类智慧大爆发，这一时期通常被称为“轴心时代”（Axial Age）。这一时期所形成的文明影响了之后人类社会2000余年，并继续影响着我们生活的方方面面。随着人文主义、新技术的发展，随着全球化的推进，人们开始意识到我们正进入“第二轴心时代”。但对于我们是否已经完全进入一个新的时代，学者们持有不同的意见。英国著名思想家凯伦·阿姆斯特朗（Karen Armstrong）认为，我们正进入第二轴心时代，但我们还没有形成第二轴心时代的价值观，我们还需要依赖第一轴心时代之精神遗产。全球化给我们带来诸多便利，但也带来很多矛盾和张力，甚至冲突。这些冲突一时难以化解，故此，我们还需要继续消化轴心时代的精神财富。在这一意义上，我们需要在新的处境下重新审视轴心文明丰富的精神遗产。此一行动，必是富有意义的，也是刻不容缓的。

在这一崭新的背景之下，我们从一个中国人的角度理解到：第一，中国古典时期的轴心文明，是地球上曾经出现的全球范围的轴心文明的一个有机组成部分；第二，历史上的轴心文明相对独立，缺乏彼此的互动与交融；第三，在全球化视域下不同文明之间的彼此互动与融合必会加强和加深；第四，第二轴心时代文明不可能凭空出现，而必具备历史之继承和发展性，并在诸文明的互动和交融中发生质的突破和提升。这种提升之结果，很可能就构成了第二轴心时代文明之重要资源与有机组成部分。

简言之，由于我们尚处在第二轴心文明的萌发期和创造期，一切都还显得幽暗和不确定。从中国人的角度看，我们可以来一次更大的觉醒，主动地为新文明的发展提供自己的劳作，贡献自己的理解。

考虑到我们自身的特点，我们认为，极有必要继续引进和吸收印度正统的瑜伽文化和吠檀多典籍，并努力在引进的基础上，与中国固有的传统文化，甚至与尚在涌动之中的当下文化彼此互勘、参照和接轨，努力让印度的古老文化可以服务于中国当代的新文化建设，并最终可以服务于人类第二轴心时代文明之发展，此所谓“同归而殊途，一致而百虑”。基于这样朴素的认识，我们希望在这些方面做一些翻译、注释和研究工作，出版瑜伽文化和吠檀多典籍就是其中的一部分。这就是我们组织出版这套“瑜伽文库”的初衷。

由于我们经验不足，只能在实践中不断累积行动智慧，以慢慢推进这项工作。所以，我们希望得到社会各界和各方朋友的支持，并期待与各界朋友有不同形式的合作与互动。

“瑜伽文库”编委会

2013年5月

# “瑜伽文库”再序

经过多年努力，“瑜伽文库”已初具体系化规模，涵盖了瑜伽文化、瑜伽哲学、瑜伽心理、瑜伽冥想、体位和呼吸、瑜伽疗愈、阿育吠陀瑜伽乃至瑜伽故事等，既包含着古老的原初瑜伽经典，又包括了现代的瑜伽实践文化。瑜伽，这一生命管理术，正在滋养着现代的瑜伽人。

时间如梭，一切仿佛昨日，然一切又永远不同。自“瑜伽文库”设立起，十余年来，世界巨变如沧海桑田，无论是个人，还是环境、社会，抑或世界，正经历着种种影响难以估量的重大全球性事件。尤其庚子肇起，世界疫情严重，全球化进程突变，经济危机一触即发。在这个进程中，压力是人们普遍的感受。这个压力来自个人的工作，来自家庭的关系，来自社会的变故，来自身体的透支，来自自我的反省，来自世界的不确定性。伴随着压力的是不知所措，更严重的则是无力或无奈，是生命在追求确定性过程中的某种虚幻和漂浮。

不确定性，是我们的世界普遍的特征。我们总是渴望确定。但在这尘世间，种种能量所建构起来的一切，都是变动不居的。我们人所赋予的一切的名相都是暂时的、有限的。我们需要适应这不确定性。与不确定性为友，是我们唯一的处世之道。

期盼，是我们每个人的自然心理。我们期盼世界和平，期盼身体康健、工作稳定，期盼家庭和睦、关系美好，期盼良善的安身立命。

责任，是我们每个人都需要面对、需要承担的。责任就是我们的存在感，责任越大，存在感越强。逃避责任或害怕责任，则让我们的存在萎缩。我们需要直面自身在世上的存在，勇敢地承担我们的责任。

自由，是我们每个人真正的渴望。我们追求自由，即是追求无限、追求永恒。从最简单的身体自由，到我们日常中种种的功能性自由，到终极存在中内心获得安住的自由，自由即是无限。

身份，是我们每个人都期望确定的。我们的心在哪里，我们的身份就在哪里。心在流动，身份也不断在转变。但我们渴望恒久的身份，为的是在尘世中的安宁。

人是生成的。每一个个人做好，社会就会做好，世界就会做好。而个人自己做好，首先和必要的就是要身心安宁。身心安宁，首先就需要一个健康的身体。身体是我们在这世上存在的唯一载体，唯有它让我们种种生活的可能性得以实现。

身心安宁，意味着我们有着抗压的心理能量，有着和压力共处的能力，有着面对不确定的勇气和胆识，有着对自身、对未来、对世界的期盼，有着对生活的真正信心、对宇宙的真正信心、对我们人的真正信心。有了安宁的身心，我们才能履行我们的责任，不仅是个体的责任，也是家庭的责任、社会的责任、自然和世界的责任，拥有一种宇宙性的信心来承担我们的责任。在一切的流动、流变中，瑜伽文库带来的信息，可以为这种种的责任提供深度的根基和勇气，以及人的实践之尊严。

瑜伽文库有其自身的愿景，即希望为中国文化做出时代性的持续贡献。瑜伽文库探索生命的意义，提供生命实践的道路，奠定生命自由的基石，许诺生命圆满的可能。她敬畏文本，敬畏语言，敬畏思想，敬畏精神。在人类从后轴心时代转向新轴心时代的伟大进程中，瑜伽文库为人的身心安宁和精神成长提供她应有的帮助。

人是永恒的主题。瑜伽文库并不脱离或者试图摆脱人的身份。人是什么？在宏阔的大地上，在无限的宇宙中，人的处境是什么？瑜伽文库又不仅仅是身份的信息。相反，透过她的智慧原音，我们坦然接受我们人的身份，但又自豪并勇敢地超越人的身份。我们立足大地，但我们又不只是属于大地的；我们是宇宙的，我们又是超越宇宙的。

时代在变迁，生命在成长。人的当下的困境，不在于选择什么，而在于参与、在于主动的担当。在这个特别的时代，我们见证一切的发生，参与世界的永恒游戏。

人的经验是生动活泼的。存在浮现，进入生命，开创奋斗，达成丰富，获得成熟，登上顶峰，承受时间，生命重生，领略存在的不可思议和无限的可能。

瑜伽文库书写的是活泼泼的人。愿你打开窗！愿你见证，愿你奉献热情！愿你喜乐！愿你丰富而真诚的经验成就你！

“瑜伽文库”编委会

2020年7月

# 译者前言

印度最神圣的河流——恒河，在印度人民心目中不是一条普通的河流，她象征着从古代流淌至今的灵性知识（Jñāna Ganga），源源不断地滋养着印度人民的身心。如今恒河的中下游被污染得很厉害，如果你去过印度的瓦拉纳西，你会发现各种人畜垃圾混杂在河里，已经很难看到恒河的清澈面目了。但是，如果你回溯到恒河的上游，在瑞诗凯诗和哈鲁德瓦等地以上，恒河仍然清澈凛冽、涤荡身心。同样，灵性之河也像恒河一样，如今在其下游充斥各种污染。如果你想认知灵性河流的清澈面目，就必须回溯其源头——这就是幸存于印度社会的吠檀多智慧。

什么是吠檀多？斯瓦米·戴阳南达（以下简称戴阳南达吉）认为：吠檀多是一门知识，其来源是《奥义书》。《奥义书》是古代经文《吠陀经》的一部分，有四部《吠陀经》，每部《吠陀经》包含许多《奥义书》。通常来说共有108部《奥义书》，都采取老师与学生之间对话的形式。《奥义书》见于每部《吠陀经》的最后部分，因此，它们被称为“吠檀多”，意即《吠陀经》的终结部分。

在108部《奥义书》中，有被视作非常重要的10部，即《伊沙奥义书》《由谁奥义书》《羯陀奥义书》《六问奥义书》《蒙查羯奥义书》《唵声奥义书》《泰迪黎耶奥义书》《爱多列雅奥义书》《唱诵奥义书》《大林间奥义书》。这10部被视作主要的《奥义书》，并不因为其他是次要的，而是因为这10部有商羯罗阿查亚和其他传统老师的注疏。这些老师希望通过他们对这10部《奥义书》的注疏能够让学生正确学习其他《奥义书》。事实上，正确学习即便一部《奥义书》就足以理解全部《奥义书》说什么，因为主题对于全部《奥义书》是共同的。

《奥义书》的主题即自我，或称阿特曼，戴阳南达吉说："自我不是感知的对象，它是感知的主体；自我也无法进行推理，而是它做出每个推断。因此，在《奥义书》中所展开的自我知识不基于感知或推理，它必须理解为天启知识。"

那么，自我是什么？自我即存在、意识、喜乐。存在是什么？存在指"不受时间、客观性和属性影响的'纯粹的存在'，它不指梵的存在，而指梵即存在，梵即无限，无限存在本身即梵"。

意识是什么？在《由谁奥义书》中，老师答道："它是耳之耳，心之心，眼之眼，生命力之生命。"戴阳南达吉进而解释道："一个感官，比如耳朵不会自己运作，因为它并非有意识的，它需要别人，一个有意识者——它即'耳之耳'，来实际听到耳朵所采集的声音。眼睛也是一个感觉器官，旨在看见形式和颜色，'耳之耳'的同一个有意识者也是'眼之眼'，那个有意识者感知到眼睛所收集的信息。它也维持生命力，就像生命力使身体具有活力，那个有意识者维持那个生命力。它最后作为'心之心'，有意识者意识到所有思想、意识，由于它的存在使所有精神活动发生并被认知……你的感官由你的心智支持，而心智由有意识者支持。当一个感觉产生时，或当一个思想出现在心智中，意识就存在。它存在于你、我甚至蚊子之内。它是所有器官的共同根源，器官由于它得以运作。"

喜乐是什么？戴阳南达吉解释道："喜乐的本质是喜乐的形式。喜乐是一个经验性的词，它指的是心智中的一种体验，心智中的一种思想。心智呈现出一种平和状态时，喜乐就出现了……当你快乐时，不存在寻求者与被寻者的分裂，俗世不是被寻者，你也不是寻求者。你不希望心智有所不同，你不希望身体有所不同。在那个时刻，存在的一切是圆满的，你是圆满的，俗世也是圆满的，相同的圆满。然后，喜乐就成了一种象征（lakṣaṇa），象征着无限，这就是你的本性。”

简言之，自我即纯然的存在，也称为梵、全知全觉的意识（知识）、无限的喜乐（圆满）。那么，如此状态的自我即与神等同。不二论吠檀多视野即个体自我和自在天（神）身份等同，这种一元论视野是无法认知或推理的，吠檀多所展开的一元论也不与认知和推理相矛盾。因此，一元论纯粹是领悟该等同。吠檀多并不承诺对灵魂的救赎，在它的视野中，灵魂已经摆脱了任何限制，这种从限制中的解脱是事实，把个人从其局限感中解脱出来，是领悟该等同的结果。因此，整个吠檀多可以用一个句子来表达，“汝即那”，即代表法则，整个造物的根源，你可以称其为主或神，那是你本身以及整个造物的根源。《奥义书》中所有其他经文只是证明该等同。

在吠檀多的语境中，“神”并非指坐在天堂里的某个人，而指那全知全觉、无相无形、无始无终、遍及万物、超然万物的宇宙万物甚至虚空的根源。即使这种“根源”无法用现有手段去证明，但是我们根据经验可以逻辑地得出结论“一切皆有根源”。譬如我们皆没见过自己的曾曾曾祖父，也没有任何相片或族谱等现存证据来证明他的存在，但是我们从不怀疑自己曾曾曾祖父的存在，因为我们存在本身就是他存在的证据。曾曾曾祖父就是我们存在的根源，而“神”就是曾曾曾祖父以及宇宙众生万物存在的根源。这种对于“根源”的认同态度可见于世界各地对祖先的崇拜、纪念等各种仪式和节日中，比如中国的清明节、中元节等。

既然自我与神等同，为什么我们总觉得自己非常渺小有限呢？吠檀多认为你对自己的这种错误认识是由自我无知所导致的，戴阳南达吉用罐子空间的例子，让我们认识到这种认知的误区，他说："你不是罐子空间，你是空间，存在于任何地方的空间，容纳的空间，遍在的空间，罐子空间只是从一个角度而言。整个物质宇宙都被容纳在空间里，空间是无限的，不存在局限的问题，任何局限的痛苦皆归咎于你不知道你即一、整体、无限的空间。因为无知，才会有错误……《奥义书》认为所有不可取的是自我无知的结果，无知可以被自我知识摧毁。当自我无知被摧毁时，所有因自我无知而产生的悲伤和困难也都被摧毁了。"

自我无知纯属认知的问题，扫除无知不能通过任何其他行动，除了借由认知——即借由吠檀多作为自我认知的手段。戴阳南达吉举例说："我心不在焉地把眼镜戴在头上，然后我开始四处寻找眼镜，一切努力都是徒劳的，我只是不知道眼镜就在我头上，而一旦认识到这点，将使我成为这副眼镜的拥有者，寻求者和所寻的目标是相同的，问题在于无知。如果存在自我否定、自我无知，那么就存在自我认识，那就是解脱者所寻求的，那就是吠檀多……自我认知与无知是相反的，吠檀多是赋予你那个认知的手段。"

既然吠檀多是扫除自我无知的认知手段，为什么人们即便读了吠檀多，仍然没有悟道和获得究竟解脱呢？因为心智是认知的诞生地，只有准备好心智的人才能参悟吠檀多的奥义。戴阳南达吉认为：没有任何行动可以消除无知，唯有依赖有辨识力的探究，借助《奥义书》的帮助，才会产生认知，从而消除无知。聆听教导（śravaṇa）、反思教导（manana）、冥思（nididhy ā sana）是认知的主要手段。然而，如何才能做好心智的准备，以便能够接受这些认知呢？为此，你需要辅助手段，如瑜伽、冥想、祈祷等。通过基于正法的行动，获取有准备的心智；通过认知，获得解脱，没有认知就没有解脱。

那么，正法是什么？

在《薄伽梵歌》中克里希那列举了二十种价值观：不自傲，不装腔作势，不伤害，包容，直率，服务老师，纯粹，坚定不移，自我约束，对感知对象的冷静，不自负，觉知生老病死悲伤的问题，不占有，关爱妻儿家庭而不执着，对合意不合意泰然处之，奉献于主，在安静的地方修养，不渴望陪伴，不断学习赋予“自我”知识的经典，看到“自我”的真相——这些确实是知识的（手段），并指出与此相反则是无知。在生活中吸收了这些价值观就是居于正法。

只有居于正法，人的行为和心智才能得以净化，才能具备领悟吠檀多真知的资格。因为吠檀多就像烈火，承受此烈火的容器必须足够强固，否则就无法承受此炙热烈火。未准备好的心智就像薄纸，根本无法承受吠檀多的炙热烈火。

在此，我想用煮米饭的例子，来进一步阐明若想领悟吠檀多真知，心智必须预先做好准备。吠檀多好比火，是煮米饭的催化条件；准备好心智好比大米、水、锅，是煮米饭的基础条件。如果没有基础条件，光有火，是不能凭空煮出米饭的；如果基础条件准备不合适，比如水过多过少等，也不能煮出完美米饭；如果基础条件准备妥当，但没有火，也无法煮熟米饭。所以，基础条件必须准备妥当，然后加上催化条件，才能煮熟一锅完美的米饭。因此，准备好心智是获得开悟解脱的必要准备，只有准备充分后，我们才有资格参悟吠檀多真知，而唯有真知方获究竟！

本书作者斯瓦米·戴阳南达从20世纪60年代起，在印度和世界各地亲授吠檀多50余载，他亲授的内容涵盖吠檀多各个方面。戴阳南达吉对东西方文化的深刻洞见、细致评价、极富逻辑的诠释、生动形象的比喻、风趣幽默和通俗易懂的语言，使他成为向现代听众传授吠檀多智慧的大师。他能够使人们顿悟到自己作为整体的实相。戴阳南达吉50余载亲授吠檀多的精华被他的弟子们结集成六部文集，每部文集收集的内容非常全面，在几个主题之下有若干副标题，透过对副标题下各个题目的理解，对全面理解主题的整个观点非常有用。

本书是六部文集中的第二部，它有六大主题：认识神、自由、吠檀多和心智方式、《薄伽梵歌》、访谈和共修、斯瓦米吉与罗摩南达关于吠檀多和瑜伽的对话。透过戴阳南达吉的这些文集，我们能运用全景视野去全面学习吠檀多智慧，并将这些历久弥新的古老智慧活学活用于日常生活，对于启迪心智、开启觉悟、获得圆满人生具有非常重要的指导意义。

戴阳南达吉曾经说过，吠檀多“自我知识如此古老，它不单纯属于印度，该知识并非印度的专享，印度只是碰巧拥有保留此属于全人类现存传统之特权。它的存在并非归功于我们，而是无论我们怎样，它却幸存下来；它能幸存下来归功于我们的先贤，感谢他们以及其他众多默默无闻的人。无论在印度南部，还是在东部、西部、喜马拉雅山，都存在这种知识的流动，就像恒河一样。它以教师之间、师生之间、出家人之间、父母和孩子之间的简单方式流传下来，福泽全人类之心”。

本书的出版发行，正是将印度古老的吠檀多哲学智慧译介到中国的成果，要特别感谢浙江大学的王志成教授，感谢四川人民出版社，感谢我的瑜伽老师罗达克里希那博士；感恩本书的作者斯瓦米·戴阳南达；顶礼编撰吠檀多智慧的先贤们；顶礼宇宙至上的意识和力量！

# 目　录

# 认识神（Īśvaṛa）

## 态度（Bhāvanā），领悟的前提

“嘿，心智，让我们去到恒河和亚穆纳河畔，让恒河和亚穆纳河圣水冷静我的身体。”米拉说，“嘿，神啊，让我歇息在您之莲花足下……”

世上没有别的地方具有如此对待河流的态度。也许，如果哈得逊河流经印度的话，它也会受到同样推崇、尊敬和崇拜。虔诚的印度教徒，即便他所处之地可能没有河流，他也会重复该诗句：

gaṅge ca yamune caiva godāvari sarasvatī
narmade sindhu kāverī jale'smin sannidhiṁ kuru

这些主要的河流被视作神圣的。在一个仪式中，信徒如此召唤神“愿您显灵于此容器的水中”（asmin jale sannidhiṁ kuru）。恒河被视作知识（Jnānaṁ），讷尔默达河（Narmadā）被视作力量、瑜伽。弃绝者（sādhus）会在恒河畔探寻知识，那些寻求瑜伽者则居于讷尔默达河畔。

有一件逸事值得在此复述，是一场关于这些河流的讨论。有人提出一个问题，虽然所有这些河流对于印度教徒来说都是神圣的，但哪一条被视作最神圣的？普遍的共识是恒河，而一个反对者说是亚穆纳河。当然，这是很有争议的。闻此，国王召见了人们，要求他们证明为什么恒河是最神圣的。每个人都同意恒河是最神圣的河流，因为《往事书》（purāṇas）与这条河流有关系，而且圣贤们居于恒河河畔。由于许多原因，恒河被视作最神圣的河流。

而持不同意见者则说："问题是，'在印度所有河流中，哪一条是最神圣的？'我说是亚穆纳河，因为克里希那在这条河流的河畔长大，因为这条河流与他的圣名有关。所有河流都是神圣的，但是亚穆纳河因为克里希那而最为神圣。"

然后国王问道："恒河呢？它来自天堂，它必须被视作最神圣的。"

回答是："先生，你忘了你的问题：在印度所有河流中，哪一条是最神圣的？恒河不是一条河流，它是知识，源自神首，它不是别的，只是知识。"

这就涉及我们如何看待恒河，这纯粹是一种态度（bhāvanā），源于将神视作一切，这是整个印度教的一种态度。

很多年前，当我还住在恒河畔时，我在那里除了一间小棚屋什么都没有，旁边是另一个弃绝者，住在一间类似的小棚屋里。他是一个弃绝者，却有自己的态度，他给恒河制造了一些麻烦。来自全国各地的朝圣者向尊者马哈特马（mahātmā）抱怨，马哈特马试图让那个萨杜看到这条圣河的重要性。他向萨杜解释说，人们认为它不仅仅是一条河流，对于他们而言，这就是神本尊。但那个萨杜执意称他们为傻瓜，并继续制造麻烦。

朝圣者并非傻瓜，他们确实看到了河流和水，但他们看到了更多，他们看到了神圣。人们将流水视作神圣的，长途跋涉，为了与它同在，这确实需要一种态度。

这种态度来自神（īśvara）之理念。神之理念、视野即没有任何事物与祂分离。有一个咒语揭示了神的这个特别方面，这是在每餐前吟诵的咒语。

Brahmārpaṇam brahmahaviḥ brahmāgnau

Brahmaṇāhutam brahmaiva tena gantavyam

brahmakarma samādhinā.

供养的方式是梵，供品是梵，由梵供奉入火中，火是梵，视一切为梵者必臻至梵。《薄伽梵歌》（4.24）

这意味着对于拥有梵视野的人而言，没有什么是与梵分离的。因此他不会丧失该视野，他不需要做任何事情来保持它，就像重组空间不需要特别的努力一样，因为万物均存在于空间中。拥有该梵视野者是Brahma karma samādhinā。

没有任何事物与神分离，梵是整个造物之源（jagatkāraṇam）。《吠陀经》说，时间（kāla）和空间（ākāśa）源于梵；风（vāyu）源于空；火（agni）源于风；水（āpaḥ）源于火；地（pṛthivī）源于水。一切都可以归结为一个终极之源，万物皆源于至上梵（parambrahma）。这就是视野，从该视野发展出态度。

假设你踩在一本书上，在印度教中，这被视作亵渎神灵的行为，所以你要向这本书行合十礼（namaskāram），这是对作为知识之源的书籍的尊重象征。知识是神圣的，合十礼是一种行动，是非常重要的，因为它是一种形式，你以此形式来尊重知识。某些行为是文化上的，与神圣有关。这也是一种态度，它基于一切皆神的视野，在该宗教中没有什么是世俗的。

恒河和亚穆纳河是知识和忠诚的象征，它们在阿拉哈巴德汇合。对知识的追求、对知识的虔诚、对神的虔诚汇合，汇合点总是存在的。神圣的汇合点，是神（Bhagavān）。当两颗心汇合在一起，就有一定成长。这就是为什么人们说这是一之本质，神之本质（svarūpas）。同样的，个人（jīva）感觉到与万物分离，当分离消失，称作解脱（mokṣa），这就是终极的汇合。

海水蒸发就变成了雨水，然后河流开始流向大海。它们在流向海洋的过程中不断增长，这个过程继续，这就是创造之美。万物皆在不断地移动、汇合和分离。它必须如此，才能被创造出来，这被称为湿婆之舞，总是存在运动，所以在印度，每个交汇处都被崇拜。

我们往往会偏离源头，无序是一种固有倾向，我们的努力白费了，一切都失去了秩序感。如果你运用你的意志，转向本源，那么生命就存在了。以你的房间为例，日常使用的东西常常不会放回原处，这就是无序，生命亦如此。

让事情井然有序的能力确实需要一些努力和戒律，大脑也有进入无序状态的倾向，它必须经常被检查并恢复秩序。唯一能让你远离损耗或无序的就是回归源头，将你的生命回归源头——即神。

这种态度归功于神之视野，这种视野是我们必须获得的。我们皆回归同一个源头，但我们总是在寻找更多的东西，这就是为什么没有任何东西能够满足我们，再多也无济于事。吠檀多说这永远无法解决，除非万物各就其位。有两类问题，一是解决方案存在于问题之外，比如缓解饥饿；而有些问题的解决方案就存在于问题自身之内，就像拼图游戏一样。当问题的解决方案存在于问题中，然后万物必须各就其位。

在万物各就其位之前，我们必须领悟整体，只有这样才有意义。

否则，各种碎片就显得不协调，似乎毫无意义；但它们是整体中不可分割的一部分，是有意义的。

在领悟整体时，即使是非常痛苦的经历也是有裨益的，无痛苦你就无法领悟。例如，如果没有对疼痛的认知，那么当身体生病或受伤时，它怎么能得到照顾呢？同样，在生活中，导致情感痛苦的经历是帮助你要么成长，要么衰退的点点滴滴。为了摆脱痛苦，你必须从一个更广泛的角度来看待情况，然后，痛苦就没了基础。一个认知的改变必须发生，你的视野范围应该改变。因此，当你明白痛苦使你成长时，人生经历就会变得有意义。它们让万物各就其位，让你认识到痛苦是成长的一部分。这开始于简单的态度，并使这种态度成为现实。

回顾一下你的生活，看看哪些情况、哪些人、哪些事件真正困扰着你。你发现的不仅仅是记忆，而是残留的反应。

1988年8月于新泽西州德福市

## 恩典（Daivam）

### 祈求未知因素

Udyamaṁ sāhasaṁ dhairyaṁ buddhiḥ śaktiḥ parākramaḥ ṣaḍete yatra vartante tatra devaḥ sahāyakṛt

努力、主动性、勇气、智力、丰富资源和毅力。哪里有这六种品质，哪里就有神助。

要有所成就，必须有六个因素，精确的努力（udyamaṁ）；

创业精神（sāhasaṁ）；勇气——即持续的热情（dhairyaṁ）；智力（buddhiḥ）；人力资源、资金实力、原材料和基础设施（śaktiḥ）；毅力，包括面对失败的能力（parākramaḥ）。但是，即使你具备了这六种品质，仍然会有一些未知因素导致问题，任何事情都可能发生。你可以得到你想要的东西，比你想要的少，或比你想要的多，或一些完全不同的东西。

人们普遍接受这个观念，但并不完全理解它。有人可能会说："我正在开车，没有任何原因，我的轮胎瘪了，然后神帮助了我，派了一个人停下来给我换了轮胎，神的恩典是伟大的。"但是，接下来的问题是，"为什么神一开始就给了你一个漏气的轮胎？"这个人认为轮胎瘪了是由于坏运气使然，实际上它是你的行动的结果（karma-phala），它取决于规则——它源自神，即规则本身。

因此，在吠陀文化中，神被视作一切事物的一分子。这种文化直到今天仍然存在，我们总是考虑到那个未知的因素，称为恩典（daivam），通过个人的努力来祈求恩典。如果存在任何障碍，你会恳请神排除它们。你可能具备了成功所需的六种要素，但仍然有一些东西会造成成功或失败。通过你的祈祷，你祈求那个因素——恩典，来照顾那未知的因素。

### 祈祷是一种有意行为

奶牛不会因为给主人供给牛奶而积攒好运（puṇya），也不会因为踢主人而招致厄运（pāpa），这是因为它不像人类那样具有自由意志。然而，对于一个人而言，自由意志必须伴随一个有意行为，以便积累好运或厄运。因此，当我们享受自由意志时，我们发现涉及很多压力。这就像捐钱给别人去创业一样，你确实是在主动付出，但通过这样的行动，你也想赢得对方的好感，这是压力下的慈善行为，如果你着眼于好运，然后你就会把它当作一项投资，因此，很少有行动是完全自由的。在任何付出行动中，都可能存在心理压力、环境压力、价值承诺等。

另一方面，祈祷是一种你采取的有意行为，在其中，你的自由是完全和完整的，因此它受到好运和厄运的影响。祈祷是祈求第七个因素——恩典的一种方法。总是存在许多你根本无法掌控的潜在变数，你所能做的就是祈祷，出于你自己的意志。当你通过一些仪式和特定意识祈求神，某些事情在你身上发生了，因为它是一个有意行动。

## 可以用任何形式来祈求神

行动是人的最终表达，如果你想在密友生日那天给他送上最好祝福，你会怎么做？毕竟，愿望是发自内心的，你可以只在心里许愿，那应该就足够了，为什么要送生日贺卡、一束花或礼物呢？原因是这个行为使愿望成真，给了它一个形式。当我祝贺你取得成就时，那只是一种形式。甚至说话也是一种形式，我们通过共识，把单词和某些意思联系起来。每种形式都可简化为其他形式。最后，真理是无形的，一切名称和形式都归于其中，那即神。

为了祈祷，任何宗教都必须有一种形式，不论是一种符号或一种行为。然而，在吠陀的视野中，充满着形式的整个世界即神。因此，以任何形式祈求神就是承认他即一切。通过对神的领悟，你可以用任何形式来祈求神，这是我们的经文赋予的特权。这些形式是由我们的古书赋予的，以语言或行为来祈求主，是贯穿我们的童年和成年生活，对我们心智的赐福。你可以将一朵花摆在祭坛上，或举行一个复杂的普祭（pūjā）仪式，这是祈求第七个因素的一种方法。只说“保佑我”是不够的，寻找神之庇佑，你可以通过你的态度或价值观来祈求神赐予改变。

## 掌控你的欲望

许多现代出家人教导人们说：“生活中一切问题皆由欲望使然，如果没有欲望，就不会有痛苦。因此，消除你的一切欲望，你就会快乐。”他们中的一些人还建议“不要期望你行动的结果”。但是，你为什么要采取行动呢？即使傻瓜也不会不期待任何结果而行动。没有人会在没有目标、没有欲望或没有期望的情况下做任何事情。欲望本身总是为了结果，而不是为了行动。“付诸行动却不期望结果”的教导，让人变得纠结。即使克里希那神也不会付诸行动而不期望结果。

克里希那在《薄伽梵歌》中说，有欲望是一种赐福。

sa tayā śraddhayā yuktastasyārādhanamīhate labhate ca tataḥ kāmānmayaiva vihitān hi tān

他被赋予了那种信仰，参与那（天神devatā的形式）崇拜，从那（他崇拜的天神）获益，渴望之物系由我注定的。（7.22）

作为造物主，神赋予了人类认知力（jñāna-śakti）、意志力（icchā-śakti）、行动力（kriyā-śakti）。人类与动物不同，人类并不是完全程序化的。这些力量（śaktis）反映在人类身上，并始终保持活跃。想象、认知或计划，认知力（jñāna-śakti）即通过它你能够认知和理解事物。欲望力（icchā-śakti）是你存在好恶的原因，在每一个欲望中，神显现。因此，消除欲望既无可能也没必要，你的欲望不是问题，当你受到欲望诱惑时，欲望会成为一个问题。因此克里希那说：“不要受到它们的诱惑，它们对你是有害的。”如果这些欲望变成了主人，而你被其魔咒所迷惑，那么你就不再是以前那个自由的人了。

欲望的实现也是神的另一种表现形式，就活动的行动力而言。掌控而不是满足你的欲望才是成功。每个人都可以成功，这产生于心智净化（antaḥkaraṇa–śuddhi），摆脱自己的好恶（rāga-dveṣa）。Rāga是获得和保持的欲望，dveṣa是避免和消除的欲望。如果你被它们迷惑了，那么按照你的自我评价，你就是个失败者，没有什么比自我评价低更悲惨的了。

### 祈祷是行动瑜伽

克里希那倡导行动瑜伽，以便将欲望转化为奢侈。这不是世俗的东西。不把神考虑在内，就根本没有冷静的行动（行动瑜伽）。所以当你祈祷时，你祈求的是神之恩典。当你在日常生活带着神之意识（Īśvaraawareness）时，优雅地接纳你所得到的是可能的。它不是一种哲学，它能让你直面失败，享受成功。它使你成为一个真正的人，一个具有所认知事物的视野、智慧的人，你知道该做什么。

行动或不行动是你的特权，你可以选择你的行动（karmaṇyeva adhikāraste）。但是一旦你行动了，行动的结果并不在你的掌握之中。谁创造了这个结果？法则，那个宇宙之法。你是行动的原因（karma–hetu），法是结果的赐予者（karma–phala–hetu）。这不是人为之法，这是神之法。

你的行为所产生的一切结果皆出自神，这是一种认知上的转变。这里没有物质性的东西，也没有什么可练习的。如果有什么要练习的，就是让自己平等地接纳一切结果，将它们视作来自神。这就是为什么在普祭之后，来自于祭坛的不论什么东西都被称为恩典（prasāda）。恩典可以是灰、一朵花，或一个水果、一片叶子。你的孩子、你自己的身体、你的感觉、你的心智都是赐予你的恩典，整个世界（jagat）皆是恩典。这里有什么东西不来自于神呢？在这种态度下，无任何抵抗（namaḥ），有优雅的接纳。这即所谓平常心

（samatvam），这即行动瑜伽（karma-yoga）。

因此在你所做的一切中，你认知神，你祈求神助——那第七个因素："神啊，请帮助我管理好自己的好恶，请赐给我认知的智慧，和做恰当之事的力量。"在神的帮助下，你可以掌控局面。只有这样，你才能获得最终成功，自我接纳，这即自我认知。神和你之间存在同一性，就像大海和波浪之间一样，海洋和波浪的实相皆是水。神和你的实相即：存在-意识-圆满（sat-cit-ānanda）。通过吠檀多的学习你会发现这点。

1996年12月于印度艾哈迈达巴德

## 盖娅曲梵咒（Gāyatrī Mantra）

om bhūrbhuvaḥ svaḥ tat saviturvareṇyaṁ

bhargo devasya dhīmahi dhiyo yo naḥ pracodayāt

造物主遍及三界，OM是一切的基础。主是最值得崇拜的，我冥想全知全能的主，愿祂把我的心智导入正途。

### 开启经典

盖娅曲咒的含义如此深刻，如果你已经学习了该咒语，就相当于你学习了整部《吠陀经》。该咒语出现在所有四部吠陀经中，《梨俱吠陀》（*Rigveda*）、《耶柔吠陀》（*Yajus*）、《娑摩吠陀》（*Sāma*）、《阿闼婆吠陀》（*Atharva*）。这是一个非常有力的咒语，已经被人们世代吟诵。在圣线授予仪式（upanayanam）时，男孩将被开启盖娅曲咒。对他而言，这只是一个祷告，他被传授一个简单词语的意思，以便他知道自己在祷告什么。开启盖娅曲咒为那个男孩打开了灵性智慧之源泉——《吠陀经》。

## 准备心智

念咒可以帮助你对自己的心智拥有一定洞察力。念诵时，你通常使用心智，因此念诵反映着心智的方式。当你开始念咒时，你会发现你的心智有时会从你想要做的事情上分心，因为心智习惯于机械思维。

在机械的、无目标的思维中，不存在内在干扰的问题。一个想法可以引出另一个想法，再引出另一个想法，以此类推。例如，看到一辆车，你注意到这是一辆福特、一辆林肯，就像你以前开的那辆一样，你会想起你坐那辆车去的地方，等等。这是一种思维模式如何随着对象演变而继续下去，直到出现一个外部干扰，然后另一种模式开始了。机械思维最糟糕的是它会自动进入一个不良思维模式，即使你不想难过，你还是会难过，你无法控制自己的思维方式。所以，你无法真正预测下一个想法会是什么。如果你能意识到你的想法，你至少能意识到正在发生的事情。这需要你和你的思维之间存在一定空间，然后你也许可以引导你的心智：你不必把自己设想为悲伤、沮丧或愤怒的。这对一个青少年是非常有用的，这就是为何要在那个年龄开启咒语。

当我给我的心智指定一件事情时，比如念诵一个特定咒语几分钟，我已经对自己做出了承诺，我的下一个念头会是什么，这与机械思维不同。因为这个承诺，我知道这个特定咒语将是我的下一个念头。如果任何其他的念头出现并引发一连串的念头，这显然违背了承诺。一旦你做出了承诺，分心就变得很明显。回到心智上来，克里希那神在《薄伽梵歌》中说道：

yato yato niścarati manaścañcalamasthiram
tatastato niyamyaitad ātmanyeva vaśaṁ nayet

不管出于什么原因，不稳定的、不断变化的心智开小差了，个人可以通过克制自己的力量，把它从那里带回来。（6.26）

因此，每当心智游离冥想对象时把它带回来，这也是冥想的一部分。这样，心智被有意识地带了回来。

### OM的三个意思

“OM”是一个美丽的单音节词，在《由谁奥义书》中写道：

sarve vedāḥ yat padam āmananti
tapāṁsi sarvāṇi ca yad vadanti
yad icchantaḥ brahmacaryaṁ caranti
tat te padaṁ saṅgraheṇa bravīmi om iti etat

我简要告诉你整部《吠陀经》一致提出的，所有苦行僧都谈到的，以及人们实践梵行的目标——即“唵”。（1.15）

盖娅曲咒始于“OM”这个词，它是一个名称“abhidhāna”，即神；“Abhidheya”即“OM”这个名称所暗示的，它也是神。这里，“OM”名称的含义是：主是创造之因（jagat kāraṇaṁ）。有三种方法可以理解这个意思。

### OM的语言意思

在语言学意义上，“OM”是一个源于梵语的单词，有自己的词根。它源于词根“ava”，是保护（rakṣaṇaṁ）和维持的意思。因此，“ava–man”指“由他的存在和意识，保护和维持整个造物者（jagat）”。

根据梵语语法规则，单词“ava–man”的后缀“man”失去了最后一个元音和后面的元音，从而形成“avam”。在发声过程中，va变成u；此外，a和u结合形成双元音o；最后产生OM。

## OM的叠加意思

这就是《奥义书》赋予“AUM”（OM的读音）某种意思，它是有意叠加的，就像你把这个国家的整部宪法叠加在一块布上，然后把它称作国旗。因此，这里的“A”指清醒世界，物质世界；“U”指精微的、思想世界；“M”指未显化的、因果的状态，譬如无梦的睡眠。未显化的在思想层面以梦境的形式显化，当你完全清醒时，它就会完全显现在物质层面上。在物质身体里，你体验物质世界。因此，整个物质界譬如清醒者；思想界譬如做梦者；未显化界譬如睡眠者；即“A–U–M”，这即你、世界和神，万元归一。

## OM的语音意思

在显化世界，维护者（jagat）被视为一；但我们可以说它有诸多形式及对应名称。每个形式都是神的形式，这个形式的名称就是神之圣名。如果神是你的一切，你想给神起一个名字，一个不使用任何特殊语言或字母的名字，一个纯音标的名字，它包括一切名字，你该怎么办？

在任何语言中，当一个人毫不费力张开嘴发出声音时，这个声音就是A。当你闭上嘴发出一个声音时，它是M，在任何语言中所有其他音都介于A和M之间。所有语言的单词都是由字母组成的，即使没有文字，字母也是声音。一个代表一切声音的声音由字母A–U–M产生，即OM。

## 该咒语的意思

Om bhūbhuvaḥ svaḥ：Om等同于bhūḥ，bhuvaḥ，svaḥ，它们代表着地球、生命和任何超出我们理解的东西。因此，从地球到生命再到未知的一切被称为bhūrbhuvaḥ svaḥ。因此，神，OM即一切。

Tat saviturvareṇyaṁ bhargo devasya dhīmahi：tat vareṇyaṁ，最值得崇拜者，你应该崇拜者。不论你崇拜谁，这种崇拜只归于神。当你崇拜某个特定的神，那也只是神的一个方面。bhargaḥ，全知的。savituḥ devasya，太阳，一尘不染的、明亮的。神是光辉灿烂的、全知的。神是我们要冥想的，我们要向他祷告的。Dhīmahi，我们全心全意地祈祷那光辉的、全知的、全觉的、最值得崇拜的神。

Dhiyo yo naḥ pracodayāt：dhiyaḥ，思想、心智。naḥ，我们的。yaḥ，那个。Pracodayāt，照明或照亮。意思是“愿祂，神照亮我们的心智。”请注意，你不仅为自己祈祷，也为别人祈祷。要想过平静的生活，有意义的生活，你身边的人也应该知足。否则，在你每天与他们打交道时就会出现问题。

## 对成熟的追求

Pracodayāt这个词也有另一种意思，“指引的”。因此，最后一行的意思是，“愿祂将我们心智导入那种思维方式，那将引导我们实现自我成长，从而达到适当清晰和自我发现。”我们的整个人生是由自己的思维决定的，清晰思维和正确决定是使人生成熟和成长的关键。生活就是一系列的决定，而这些决定必须来自一个清晰的心智。祷告带来清晰和神之恩典。只要做出正确决定，繁荣就会到来。当你召唤全知的神（bhargaḥ）时，你是在召唤知识。当你领悟祂为全知的神，你的心智变得光辉、聪颖和清晰。没有什么比清晰更吸引人，这就是我们所召唤的清晰，这是个人能获得的最大赐福。因此，我们祷告“愿祂将我们的心智导入正确的思维”。

1995年5月于宾夕法尼亚州塞勒斯堡

## 神之荣耀

在《薄伽梵歌》的第九章“知识之王，秘密之王”（Rājavidyā Rājaguhyam），克里希那说道：

mayā tatamidaṁ sarvaṁ jagadavyaktamūrtinā matsthāni sarvabhūtāni na cāhaṁ teṣvavasthitaḥ

整个造物都被“我”遍及，而“我”的形态不能被具体化。众生皆存在于“我”之中，而“我”并不基于他们。（9.4）

na ca matsthāni bhūtāni paśya me yogamaiśvaram bhūtabhṛnna ca bhūtastho mamātmā bhūtabhāvanaḥ

众生并不存在于“我”之内，看“我”与世界的这种联系。“我的”自我是众生的创造者、维持者，但“我”并不存在于众生之内。（9.5）

这些陈述揭示了永恒与时限、无穷与有尽、无限与有限、绝对与相对之间的关系。

我在电影中扮演不同角色，如果我在一部电影中是一个国王，在另一部电影中是一个伟大的弃绝者，在第三部电影中是一个大臣，所有这些人都存在于我体内，所有这些都是我这个演员扮演的各种相对角色。但我自己既非国王，亦非大臣。“我”是对于相对角色而言的绝对者，“我”充斥于所有角色中，每个角色都有“我”的存在。从我自己的角度来看，“我”是独立于所有角色的。

这就是克里希那所谓的“存在于‘我’之内”（matsthāni）和不存在于‘我’之内（na ca matsthāni）”。从你自己的角度来看，从自我（ātmā）的角度来看，你是意识。正是在这种意识中，造物存在着，而意识却超然于整个造物。区别在于实相和表相，金属是实相，链条是表相，链条除了金属之外就没有独立的存在。克里希那说：“‘我’是实相，‘我’独自闪耀，万物皆取决于‘我的’存在。因此，阿周那，你并非你自认为的那样，你认为你是有限的，但万物皆在‘你’之内。”

整部《薄伽梵歌》展开的这一视野，这也是《奥义书》的视野，汝即那（tat tvam asi），这就是秘密之王（rāja guhya）。克里希那说：“如果你不能理解这一点的话，你的心智必须被净化，付诸你的行动，然后，我会关照你。”

ananyāścintayanto māṁ ye janāù paryupāsate teṣāṁ nityābhiyuktānāṁ yogakṣemaṁ vahāmyaham

对于那些与“我”不分离、探究“我”、寻求“我”的人；对于那些永远和“我”同在的人，“我”关照他们所想获得和保护的东西。（9.22）

克里希那继续说，“结果由我之法则所导致，对有辨识力的心智而言，它是显而易见的。如果你接纳这一点，你将会具有一种来者不拒、去者不留的心态。好恶将被中和，心智将会自由。这是唯一的办法。”

虽然克里希那揭示了该揭示的，看不清楚的问题依然继续存在。因此克里希那想确保好恶被消除。

Jñeyaḥ sa nitya sannyāsī yo na dveṣṭi na kāṅkṣati nirdvandvo hi mahābāho sukhaṁ bandhātpramucyate

那个既不憎恨，也不渴望（任何东西）的人，应该永远被称作弃绝者（sannyāsī）。阿周那啊，因为摆脱了对立（好恶），他毫不费力地从束缚中解脱出来。（5.3）

## 和平的心智

起初，“我”必须具有相对镇静，这样“我”才能具有绝对镇静。如果“我”想完全和平，“我”必须相对和平。一个相对静默的心智会发现静默是“我”之本性；一个相对和平的心灵会发现和平是“我”之本性；一个相对同情的心智会发现同情是“我”之本性。起初，你就具有特定态度，享有和平作为一种价值，以相对的方式实现和平。该心智发现绝对的、持久的和平，这仅在心智和平的情况下才有可能。“‘我’是和平”和“‘我’的心智是和平的”，看它们的区别。在第二个句子中，和平是形容词，首先为一个形容词而努力，一个和平的心智；然后它就变成了一个名词。没有人指望在不安中发现和平。具有正确态度，培养和平心态。只要心智是和平的，它就是开放的。

## 敏感的心智

我们经常听到净化心灵的方法是消除发生的反应，这些反应由好恶导致，无人能在生活中避免这一点。你不能用没有好恶的永恒智慧来培育一个孩子，因为他不具备这样的智力能力。教育、文化和文明程度决定了你的好恶。你的好恶越精细，你就越成熟。我们的身体上已经成熟，自然静止不动，看着我们用这样的身体做什么。我们被赋予了选择和推理的能力，我们必须使用它，因为我们不是天生被设定的。我们被赋予了自由意志，随着我们成长，好恶也在增长，有些人的好恶粗糙，有些人的好恶微妙。

敏感会成为一个问题，因为你越敏感，你的反应就越脆弱。没有灾难你都会心烦意乱，即使天气变化也会让你愁眉苦脸，因为你没有力量。但是敏感就是坚强，强大就是温柔。如果你是敏感的，你必须对承受有一个缓冲。一个没有缓冲态度（一种出自理解的态度）支撑的心智是不强大的。

**如何改变态度?**

一个男人爱上了一个女人，想要娶她。然而，在婚礼前夕，他发现她在孩提时曾在一个盛大节日走丢了，她由养父母抚养长大。他记得自己的妹妹也在类似情况下走丢了。经过进一步询问，他发现他要娶的女人确实是多年前走丢的妹妹。现在他对她的态度完全改变了。这种态度的转变是认知带来的，除非有了发现，否则他不可能产生这样的变化。无论别人怎样恳求他将她当作妹妹对待都无济于事，因为这是一种条件作用。

同样，一个被告知要发展缓冲的敏感头脑，只有基于认知，基于理解的态度，才能做到这一点，这种态度是欣然接纳来自神的行动结果（prasāda buddhi）。为了确立这种接纳，个人必须领悟神之荣耀，看看我们在生活中真正能拥有什么。

## 生活中你拥有什么？

在生活中，我们所拥有的并不属于我们。我们在这里待多久，自己都不知道。当身体来到世上，在系统内它与生俱来有一定生长潜力。大自然或神似乎对我们的需要有着完美理解，我们所发现的不过是已经存在的东西，我们什么都没有创造。这就是为何在《薄伽梵歌》第十章里，克里希那说："你不具有创造中任何发现的原创者身份，你找不到你是唯一原创者的一件东西。如果你不是原创者，你就不能成为所有者。谁是创造者，谁就是所有者。"

让我们以高层建筑公寓住户来发现最大的所有权概念，让我们举住在五层楼公寓第三层的住户为例，看看他拥有什么。他把那套公寓称作自己的房子，他在那套公寓里拥有什么？他不拥有大楼所在的土地，他怎么能拥有这套公寓呢？在他自己的公寓里，他不拥有地板，这是楼下邻居的天花板；天花板也不是他自己的，因为它是公寓四楼的地板，左边的墙正好是隔壁邻居的右边墙，右边的墙自然是别家的左边墙。他不能说他拥有空间。但他仍然认为他是业主！所有权只是一个概念而已。

说他拥有一套特定公寓，可能仅仅意味着他不拥有该建筑中的其他公寓，以及街道上、城市里的其他建筑，等等！正是这种局限感自动伴随所有权概念。因此，克里希那说：

Yadyadvibhūtimatsattvaṁ śrīmadūrjitameva vā tattadevāvagaccha tvaṁ mama tejoṁ'śasambhavam

任何存在的事物，具有荣耀的、被赋予任何形式的财富、卓越的、强大的，你要知道，这些都是我荣耀的一部分（10.41）

克里希那说："因为'我'是整个创造的物质根源，它的任何荣耀属于'我的'。风吹拂是'我'；阳光照耀是'我'；智者的智慧是'我自己'；我是强者之力量。如果眼睛能看见，耳朵能听到，那是因为'我的'荣耀。在群山之中，'我'是喜马拉雅山；在河流中，'我'是恒河；在山峰中，'我'是珠穆朗玛峰。任何特别之物，或某处存在某种荣耀，你都能从中看到'我'。虽然我无处不在，但先学会在这些特殊事物中看到'我'。"

**谁拥有你的身体?**

没有人能声称任何东西属于他的或她的，尤其是身体。你的母亲宣称拥有你的身体，因为是她哺育了它；你父亲宣称拥有它，是因为他是它的根源；你的妻子说你的身体属于她，是因为有婚姻誓约；你的雇主声称拥有它，是因为他付钱给你；因为你是公民，国家也可以诉求；五大元素都对你有诉求；当然，你体内的微生物也有自己的诉求。因为它们世代居住在那里。尽管如此，你还是说，"这是我的身体！"理解所有权只是一个概念。即使是你所具备的知识，你也不是唯一的作者，因为它是由很多老师传授的。因此，你的任何所得皆归功于成千上万因素。你生活和享受的东西，是成千上万因素为你提供的。

**宇宙人**

在《薄伽梵歌》第十一章，克里希那向阿周那显示宇宙视野。阿周那看到整个创造和时间的杰作被包含在可怕的形式内。克里希那对他说："万物皆在我之内。现在你知道有'整体'这回事，不要以为你置身度外。看'我的'荣耀。让你的心智、感觉和身体始终接纳'我'。你所看到的东西是'我'，因为'我'，使你看到的东西是

‘我’。你越接纳这点，你就越认知规则。这是借由认知所呈现的真正宇宙视野。”

神是光辉灿烂的、全知的、毫无无知。那位神即我们所冥想或祷告的。

## 在臣服中有信任

无须你的意志，你就是你自己，这个单纯的人是有意识的，接纳正在发生的事情，总是放松的。中止你的意志连同好恶，让事物保持原样，让人们做他们自己，让你自己的身体、心智和感觉保持原样。在这个过程中，你会成为一个有意识的、简单的、放松的人。

熟知你自己是个质朴、简单的人是有益的。熟知你自己是件好事，你可以认同意志和好恶，也可以自由地中止意志和需求。

你具有自由意志，可以选择各种事物，而意志也受到个人好恶的制约。但是，如果你能中止自己的自由意志，那就是自由。真正的自由是拥有可随意中止的意志。你对自己了解得越多，自我认同的过程就越容易。

在认同中也有自由，你认同好恶是自由。作为一个个体，即使在这个相对水平上，你也有很大的自由。这就是祈祷的人，在祷告中，同样存在一种很大的自由，因为不做任何事的意志也像祈祷一样是自由的。在其他任何事情上，存在一种情境压力或一种内在强迫。无内心强迫，无环境压力，意志是可以自由地祈祷。在这个祷告中，有意志的人臣服了。这是一种臣服，给个人生命带来秩序。在臣服中有信任，有自由。

我接纳主，祂的秩序始终是普遍的，祂的秩序遍及我的内在生命、我的外在表现和我表达自己的世界。由于同样的秩序，使物体成为物体，身体成为身体，眼睛成为眼睛，耳朵成为耳朵，每个器官都以一种智能的方式运作。存在秩序，肝脏不能代替肾脏工作，就像肾脏不能代替肝脏工作一样。

在特定的时间和地点，我的心智以一种我可能根本无法接受的形式表现出来，但它的行为遵循一个秩序。我不接受这种行为也在秩序内，我不接受我的心智在秩序内，这证明了我对自己心智的反应。我在神的秩序中放松下来，立刻被神拥抱。关于神没有其他方式。思考这点，在此，我既不放弃也不屈服，我只看着秩序支配我的内在生命和我在外部世界的表现，这是神之博大秩序。我看到这个秩序，在对这个秩序的领会下，我的抵触消失了，我内心的斗士消失了。抵抗的消失表现在我向神臣服。神啊，我愿臣服于您。

当我将神视作秩序形式，它包括我自己的心智、个人和性格，涵盖我的心理状态，然后我获得一定空间。只有这样，我才能在秩序中验证我的“无意识”。

1991年11月于印度瑞诗凯诗

## 达克希那穆提神（Dakṣiṇāmūrti）

祷告包括对神的一般祈祷和某一特定方面的特殊祈祷，神显现为达克希那穆提形象尤其有意义。

湿婆神显现为第一位老师称为达克希那穆提。据说在《往事书》中，造物主梵天在造物之初，从他的心智创造出四个后裔，称为萨纳塔库马拉斯（Sanatkumāras）、萨纳卡（Sanaka）、萨南达纳

（Sanandana）、萨纳塔纳（Sanātana），梵天请他们帮助他完成创造任务。然而，他们是天生的弃绝者，对实相怀着强烈求知欲。于是，他们向北方进发，去探寻实相并进行苦修。湿婆神被他们取悦，作为一位老师显现在他们面前，他坐在一棵榕树下，面朝南，传授了梵知（Brahma–vidyā）。

据说达克希那穆提神在静默中阐述揭示了实相，那即个体（jīva）与梵（无限）之间的同一性。这就有了名为吠檀多的传统知识，并由我们的老师以师生传承方式传授给我们。因此，传统经文说：

Sadāśivasamārambhāṁ śaṅkarācārya madhyamāṁ asmadācāryaparyantāṁ vande guruparaṁparām

我顶礼师生传承，它始于湿婆神，中间由商羯罗阿查雅（Śaṅkarācārya）连接，一直延续到我们的老师。

因此，湿婆神，作为达克希那穆提，是主或神和一切知识之源，从《吠陀经》（一种被揭示给仙圣们的知识体系）开始。达克希那穆提因此象征着知识，对于知识求索者而言，他是一个非常合适的崇拜对象。

### 达克希那穆提

湿婆神显现为第一位老师时，被称为达克希那穆提。这个词可以用几个不同方式来理解。

Dakṣiṇā是“南方”的意思，而mūrti是“形式”的意思；因此，Dakṣiṇāmūrti是“一个面朝南方者”的意思。老师在传授知识时面朝南，而弟子面朝北。在吠陀传统中，北方与知识、进化和自由有关。

在梵语中北方是uttara，字面意思是“上升并跨越”；因此，这个词象征超越感官并越过生死轮回（saṁsāra）。

在印度，人们在北方喜马拉雅山探寻精神启示，因为喜马拉雅山是湿婆神、圣贤之居所，也是神圣恒河的源头。另一方面，南方则与无知和死亡联系在一起。知识从北方流向南方，在礼拜或打坐时面朝北方也是传统习俗。因此，弟子们面朝北方，从老师那里获得启示和知识。另一方面，老师则面向南方，因为他已经开悟，并且战胜了死亡。

在《达克希那穆提奥义书》（*Dakṣiṇāmūrti Upaniṣad*）中对dakṣiṇā一词给出了特殊释义，它说：

Śemuṣī dakṣiṇā proktā sā yasyābhīkṣaṇe mukham dakṣiṇābhimukhaḥ proktaḥ śivo'sau brahmavādibhiḥ

根据婆罗门的解释，dakṣiṇā一词指开悟的心智，这是直接感知神之法眼，因此湿婆神被称为达克希那穆提。

根据该定义，Dakṣiṇāmūrti指那个人的形式或实相（mūrti）被开悟的心智（dakṣiṇā）所感知。如此开悟的心智是浸润于老师话语的教导，并对实相反思和沉思发展起来的。

Dakṣiṇāmūrti也可以视作由dakṣiṇā和amūrti两个词构成。Dakṣiṇā在此指“能干、熟练、胜任”；Amūrti指“无形的”。神的真正本性是无形的、无属性的，通过摩耶（māyā）的力量，他也是这个宇宙胜任的创造者、维持者和消解者。在这个意义上，Dakṣiṇāmūrti指那个神即宇宙的基础，他超越一切局限。作为老师，他有能力传授梵知。这里的“技巧”指当他感知二元和多元世界时，他了悟自我是非二元性的。

Dakṣiṇā也指“仁慈对待”（anukūla）的意思。达克希那穆提总是仁慈地对待他的信徒和知识求索者，他以爱和慈悲来传授知识。

### 永远年轻

我们听说在榕树下坐着一位年轻的老师，他的周围都是年老的弟子。达克希那穆提是永远年轻的，因为“自我”永不衰老。他超越时间，因此，他不受时间的影响。他不受生死束缚，也不受时间束缚。他永远年轻，永远朝气蓬勃，永远兴高采烈。他的本性是圆满（ānanda），他喜悦的面容流露出毫不费力的喜乐。事实上，弟子们也具有喜乐本性，但是他们不知道罢了。他们将自己视作身体，受制于无始劫的生死轮回。为了象征这一点，达克希那穆提被描绘为年轻的，而弟子们被描绘为年老的。

### 静默的传授

另一个奇迹是，该阐述是以静默的方式进行的，弟子的一切疑虑均被驱散。老师通过静默来传达这种知识，令弟子们醍醐灌顶。

mauna-vyākhyā是什么意思，沉默阐述吗？该理念是梵，实相，是言语和思想所不能触及的。即使老师运用言语来展现梵，梵并非任何言语的直接含义。它超越了一切概念，但仍然需要通过言语来交流，言语所做的就是否定那些不是梵的东西。在技术语言上，据说梵并非该词的直接含义（vācyārtha），它是该词的隐藏含义（lakṣyārtha）。当无知的面纱被老师否定非梵的话语所揭去时，梵即自我光辉的、自我证明的自我就显露出来了。

梵之本性是静默，这里所说的“静默”，指一种不被声音扰乱的心智状态。梵就是那种静默，它是和平与声音的基础。当有话无语时，得到的是静默。要了解这种静默，就必须消除个人的一切观念和误解，这就是老师言语所能达到的。当在清晰的头脑中理解了这些言语的真正意思，没有反应和分心，弟子就保持在静默中接纳实相（即梵）。这是言语所展现的静默，这是言语的基础，不被言语所否认或取代。当这种绝对的静默被视作个人的本性时，言语就完成了它们的工作，剩下的就是对自我的接纳，一种快乐和满足的静默。

### 形式

在经典中（śāstra），为了崇拜和沉思的目的，神被赋予了一个特定形式，这种形式有许多特征，每个特征都具有一定含义。

达克希那穆提被表现为坐在榕树下，被弟子们环绕。主坐在南迪（公牛）上，他传统上是湿婆的坐骑。主有四只手，右下手持秦手印（cinmudrā，也叫知识手印）和一串念珠（japa-mālā）；右上手握达玛鲁鼓（damaru，小鼓）和套索（pāśa）；左上手，我们看到了火；左下手是一本书。在他的头顶，右边是太阳，左边是月亮；少女形象代表神圣恒河（Gaṅgā），见于他的发髻中。主右耳戴男性耳环，左耳上戴女性耳环。他戴着项链、臂环、手镯和腰带。左脚翘在右大腿上，该姿势称为英雄坐（vīrāsanā）。在他的右脚下是侏儒般蜷伏着的恶魔阿帕萨马拉（Apasmāra）。

一些特征比如静默阐述、秦手印、书本、榕树、恶魔阿帕萨马拉是达克希那穆提所特有的，而其他特征是湿婆通常具有的。

### 秦手印

秦手印，是达克希那穆提作为梵知（brahmavidyā）老师的象征，这是右手食指和拇指相连成一个圆圈的手势。大拇指代表梵，它远离创造的三德（guṇas）特征，却是这些特征的基础；食指代表着个体灵魂（jīva, ahaṅkāra），它连着其他三个象征三德（萨埵sattva、罗阇rajas、答磨tamas）的手指，这构成了生死轮回（saṁsāra）。当个人认识到那种联系无用时，他就会放弃从这个世界寻求享乐和安全的努力。个体感（jīvatva）是一个概念，是对自己的真正本性（即梵）无知的产物。一旦领悟万物皆是神，就放弃了个人认同的概念，私我（ahaṅkāra）不再与神疏远。这就是冷静（vairāgya），源自辨识力（viveka）。通过秦手印，主揭示了个体（jīva）与梵之间的同一性。这即解脱，非二元性的视野。食指与拇指相交形成的圆圈表示了这一点，它象征着圆满俱足，无始无终。

书籍代表知识，神是一切知识之源泉。念珠（又称为 akṣa-mālā）代表所有宗教仪式和祈祷，有助于获得理解个体非二元性所必需的心智。持咒时使用的念珠通常有108颗珠子，梵文字母表中的字母前后相加是108个。字母表是所有语言的来源，所有咒语由它演变而来。

达克希那穆提端坐的那棵榕树代表着无始无终的轮回（saṁsāra）。然而，轮回在梵中具有实相，即根源，因此，达克希那穆提被表现为坐在树根上。

恶魔阿帕萨马拉代表私我，它是对自我无知的产物。达克希那穆提脚踏恶魔，象征在自我知识觉醒中，私我就被征服了。

湿婆神是宇宙创造、维持和毁灭的基础，支撑着由五大元素——地、水、火、风、空组成的宇宙。这一点由达玛鲁鼓来表现，那个小鼓发出声音，因此，鼓代表空元素，象征创造；而火代表毁灭；湿婆之发髻被一条头巾固定，代表风之流动；从湿婆之头上流出的恒河代表着水；湿婆之身体象征着地元素。

皇冠上的太阳代表着所有自我发光的天体，月亮代表着所有卫星和行星。经文把整个宇宙描述为湿婆之身体，天是他之头，地是他之脚，日月是他之眼睛，等等。这是一种诗意演绎，暗示湿婆神的宇宙形式。各种饰物代表湿婆之荣耀。

南迪是湿婆所骑的公牛，代表正义、美德（即正法）。他是湿婆神之喜悦，也称南迪克斯瓦拉（Nandikeśvara）。他是湿婆神的一个伟大信徒，根据《往事书》，他在一个叫乌塔拉·玛育拉·克希恰（Uttara–May ū ra kṣetra）的地方进行伟大的苦修。湿婆神满意他的苦修，以达克希那穆提的身份出现在他面前，并传授自我的知识。所以，南迪克斯瓦拉被视作湿婆派（Śaivism）的一个老师（ācāryas）。

湿婆神据说是阴阳自在天（Ardhanārīśvara），半男半女，代表原人（puruṣa）和原质（prakṛti）的合一。由此可见，湿婆神不仅是创造的智力根源，也是物质根源，这被象征性地表现为神右耳戴着男性耳环，左耳戴着女性耳环。

在阿夏·韦迪雅古鲁学堂的寺庙供奉的达克希那穆提的形式被称为莫达·达克希那穆提（Medhā即智力 Dakṣiṇāmūrti）。因此，达克希那穆提是灵性知识之源，求知者祈求神之恩典，以获得探究和学习（medhā）的能力，以及清晰的自我认知（prajṣā）。这是神之绝妙形式，因为祂是完整的。灵伽（liṅga）是一个包含一切形式的形式，神的这个形式揭示一切形式。达克希那穆提的其他形式是，瑜伽–达克希那穆提（Yoga–Dakṣiṇāmūrti），持瑜伽坐姿；维纳–达克希那穆提（VĪṇā–Dakṣiṇāmūrti），神手持维纳琴。

1990年5月于宾夕法尼亚州塞勒斯堡

## 顶礼（Namaḥ）

### 人生是无助的

人生是复杂的，要想快乐，就得尽量使它简单化。但由于你不得不为快乐而奋斗，你常常会发现自己很无助。所以，如果你能找到简化生活的方法，那么就可以说你做得很好。

你在完全无助中开始了你的生命，除了吃奶，你什么也做不了。另一方面，看看海龟，它们在海滩的沙坑里产卵；当蛋被孵化后，小海龟立即冲向大海，以躲避秃鹰等食肉动物；即使作为新生儿，它们也能照顾好自己。但你作为婴儿却毫无防备。

这种无助感会持续下去，即使你已经长大了，你发现自己对社会上许多事情无能为力。在知识、力量和改变人（即使少数人）的能力方面，无助感仍然存在。所以，你要么变得冷漠，要么听天由命。当你请教占星家时，他说因为土星对你有七年半的影响，所以你什么也做不了。

当涉及情绪时，你也无能为力。愤怒的事情发生了，悲伤的事情发生了，你无法控制它们。有人劝你“不要伤心”是很愚蠢的，因为伤心不是出于你的选择。情况就是这样，你不能不感到悲伤。作为一个孩子，当你感到无助时，你可以跑向你的父母。作为一个成年人，你继续无助，但你却无人可以求助。

### 寻求帮助是明智的生活方式

为了摆脱无助，生活必须过得有智慧。生活中有很多选择，当你过着被安排好的生活时，你无须太多选择，犯错误的机会更少。今天的生活很少被安排好，因此，你必须认识到自己的无助，在恰当时间寻求恰当帮助，从而更明智地生活。

每当我们发现自己无助时，只有当我们知道有绝对可靠的人帮助我们时，我们才能够放松，我们称这个绝对可靠者为神。发现有绝对可靠者并与“绝对可靠”相关是明智的生活。对许多人而言，神是一个模糊的概念。我们假设神是绝对可靠的，然后，我们想要神证明他自己！我们看到一些人努力祈祷，但他们的祈祷没有得到回应，而另一些从不祈祷的人似乎获得了一切！所以我们不得不怀疑“这难道就是神绝对可靠的标志吗？”

## 神是被经文揭示的

当你信仰某种宗教时，你发现它给你的只是一种归属感。你被告知，如果你遵循某种信仰体系，你死后会去一个叫作天堂的特殊地方。这就像促进旅游业一样，他们画了一幅关于天堂的宏伟蓝图，并要求你相信它，这样你就可以去那里。他们还告诉你，你将享受天堂，去到那里后，你将永远待在那里。

所有这些都是无法证实的信仰，你可以相信超越逻辑的东西，但你不能相信不合逻辑的东西。例如，你不能相信有一个永恒的天堂，因为任何事物都是有始必有终的。如果你不进行分析思考，你将成为任何宗教团体的一员。奇怪的是，即使一个人在自己领域内是天才，但在涉及宗教话题时，却拒绝进行分析和批判性思考。包括印度教在内的所有宗教都只会给你一种归属感，它们不能回答你的问题，也不能消除你的无助感。

这个世界（jagat）在你出生之前就已经存在了，在你出生时你被赐予了一个身体。为了保护你，为了你的生存，一切必要条件都赐予了你。如果所有这些都是被赐予的，那么就应该有一个赐予者。通常的结论是：是的，确实有一个赐予者，他就是神，但他在此地是看不到的。假设他一定存在于空间的某个地方，人们总是得出这样的结论：他一定在天堂。印度教徒称之为凯拉萨（Kailāsa）或瓦昆塔（Vaikuṇṭha）。除非神的概念在逻辑上得到了充分理解，否则你将面临一大堆没有答案的问题，比如，“如果神在天堂，谁创造了天堂?”“神在创造天堂之前在哪里?”“谁创造了神？”，等等。

这时我们就会转向我们的经书——《吠陀经》。圣人说一切知识来自于神，因此它是天启的。这就是为何《吠陀经》被视作一种有效的知识手段，只要《吠陀经》所启示的与你的理性或经验不冲突，你就接受它。如果某件事与理性相悖，你不能称它为“天启”。

## 认知神

在实践中我们看到，为了创造某种东西，我们不仅需要物质，还需要智力。陶罐和陶匠是两个截然不同的实体，彼此不同。我们倾向于把这个概念延伸到神作为创造者，于是就会感到困惑，即使是伟大的神学家也以这种方式思考。在牛顿物理学中，空间被视作绝对的，但现在不是这样了，《奥义书》说空间是物质创造的一部分。因此，制造者自己也必须是材料之源。这怎么可能呢？经书给出了一个例子，以便我们能够吸收这些知识，例子就是你自己的梦境。

在睡眠中，你完全失去了时空概念。当你做梦时，你看到了整个世界，一个由你自己潜意识创造的世界。你从哪里获得创造你的世界的材料？它完全来自你。而且，你在梦中看到的一切都是你以前知道的，对于你在梦中所创造的人而言，你是无所不知的（sarvajña），无处不在的（sarvavyāpi）。梦的每一部分都有你的存在，整个梦就是你，只有你自己。所有出现在你梦里的山、天空等，都是你想到它们时创造出来的。事实上，梦境不是你创造的，它是你自己的表现。同样，整个宇宙是神之显现，他既是创造者又是材料，世上只有神。

一个被创造的物体不能独立于其物质根源而存在，这就是mithyā这个词的意思。Mithyā并不意味着幻相，你穿的衣服不是幻相，它们是真实的；但与此同时，它们的实相并非独立于布料之外，衬衫的重量就是布料的重量，如果你触摸衬衫，你就是在触摸布料。Mithyā

是一个术语，指一个事物完全依赖于另一事物的事实。如果神是整个世界的根本原因，根源是独立的，这就是事实、实相（satyam），那么，世界是被创造之物，是表相（mithyā）。

既然神既是世界的创造者又是其物质，他还能脱离世界吗？当布料是衬衫的原料时，衬衫能脱离布料吗？衬衫只是布料的一种名称和形式。以名称和形式出现的事物（nāma–rūpa）是由它自己的材料作为其根源来维持的。因此很明显，这个世界不能脱离其根源之神，他遍及世界各个方面——物质上、生物上、心理上，仅举几例。神是世界，也是其智力根源，或创造者，是有意识的，世上没有无知觉的东西。

### 神作为秩序

神不是信仰的问题，吠陀传统不是一种信仰。大多数信教的目的是到达天堂，天堂的存在无法证实，这就是为何它们被称为信仰。但吠陀传统目的是领悟你确实是神，这即吠陀的视野。很难相信神坐在一个地方创造了这个世界；另一方面，“汝即那”（tat tvam asi），是需要被领悟的事情。

人们可能会问，“我，一个微不足道的个体，怎么能成为那个全知的、全能的、无所不在的神呢？”领悟这点就像领悟一个等式或一个谜题，是一个需要面对的挑战。例如，一个孩子可能对“5+4=10–1”这个等式感到困惑，看着等式两边不同的数字和符号，孩子可能无法理解等式所表达的真理，因为他的知识有限。但是在适当时候，做适当准备后，孩子会看到这个等式的真实性。

大多数宗教把神描述成一个超能，他坐在一个偏远的地方，发布诸如“不许偷盗”之类的命令。《奥义书》指出，作为自我意识，人类被赋予了意志力和选择自由，“你可以做，可以不做，或者以不同方式做”（kartum śakyaṁ, akartum śakyaṁ, anyathā vā kartum śakyaṁ）。自由容易被滥用，事实上，不能滥用的并非自由。因此，要适当地应对出现的情况，你必须了解某些共同的价值观、正法（dharma）和非法（adharma）。这个知识是唯一控制，你必须引导你的自由意志。

没有人应该在身体上或精神上伤害你，这是不用人教你就知道的，如果你把这个观念扩展到你与他人的交往中，而不伤害任何人，你就会按照价值观（正法）行事。价值观并非硬性规定，而是一种选择，你要么运用它，要么滥用它。你滥用这种自由（非法）将导致恶果（pāpa）；而你坚持正法，将产生善果（puṇya）。如果一个当权者犯罪了，他可能认为他可以逍遥法外，但他无法摆脱普世秩序。因此，当我们说可取的和不可取的结果时，善果–恶果（puṇya–pāpa）是一种信念，它并非不合逻辑。这是一种从我们自己的经历中得到某种认可的信念。因此，业力法则也包含在这个秩序中。一切已知的和未知的东西，整个宇宙，都是神，一切众生都包含在这个秩序中。

### 心理秩序是神

不复杂的生活是对秩序（即神）最小阻力的生活，只有当你的生活中神性更多，“你”（个性）更少时才有可能，因为这意味着你更多觉知到神。当存在这种接纳时，你也会从心理秩序上认知神。

在一个有自我意识的人身上，存在着某种“无意识”的个性。在面对痛苦等境况时，这种个性会以某些反应表现出来，比如愤怒。在愤怒中，肯定是“你”（个性）更多。同样地，在嫉妒中，个性更多，神性更少。如果你把整个宇宙理解为神，何以存在抵触法则的个体？只有慈悲的个体、理解的个体和给予的个体，一个完全不同的个体！慈悲不会抵触秩序，同理心也不会抵触。没有抵触，就有神；哪里有抵触，哪里就有“你”——个性。

当你心理上接纳了神时，你就理解了这种“无意识”个性的一定存在性。例如，在一个痛苦的情况下，一个孩子有能力自然地将该经历转移到他的无意识中，以减轻痛苦，这种痛苦并不意味着要永远停留在无意识中。所以，当孩子长大了，他需要帮助来释放这种情绪而不一味谴责自己。他需要把愤怒作为痛苦的症状来处理，是童年时积累的。孩子不需要对自己的无意识负责，每个孩子都有无意识。孩子希望他的父母一直和他在一起，他不知道这是不可能的，孩子不明白这一点，心想“我不好”。可是后来，孩子也知道“我很好，我没有做错任何事，但有些事情不对劲”。孩子无法应付这种困惑。因此，未被同化的经历进入无意识。迟早，它会出现，它会以愤怒的形式出现，或以其他形式出现。如果你能处理好愤怒，你也能处理好其他事情。

### 神可以证实

《吠陀经》将神视作不是一个或多个，而是此世界的唯一实体。我们发现神是可得的知识，事实上，任何知识皆是神。因此，当你以秩序的形式去看待神，该秩序包括你自己的心智和覆盖你的心理状态的人格。然后，你将获得一定空间，你验证你的“无意识”在秩序中。

现代心理学也是这样运作的。在治疗中，专家知道倾听和回应的方法。你觉得自己出了什么问题，而治疗师能够证明你是正确的。他说：“你的家不正常，在这种情况下，任何人都会有同样的精神状态，你不应该受到责备。”这种认可对康复非常重要，因为治疗师是在这方面受过训练的专家，你对他要有一定的信任。

之后，如果你发现他自相矛盾，或者他有自己的问题没有解决的话，这将削弱你对他的信心，你的自我肯定就不完全。你对别人的信任不可能是完全的，因为每个人的能力都是有限的，都有自己的问题。

只有神可以成为世上最好的治疗师，在他的眼中你永远不会犯错。在他的视野中，也就是说，在你对他视野的想象中，你永远是有序的。所以，是你在帮助自己呢还是神在帮助你，这是一样的。重要的是你对神的认知，他以秩序的形式遍及一切。承认你的问题，接受你的问题是完全有序的，这本身就是从问题中解脱出来。这种对秩序（即神）的臣服即“顶礼”（Namaḥ）。

1996年12月于印度艾哈迈达巴德

## 关于神，保持客观

世上有很多东西吸引着我们，有些东西是迷人的，比如海滨日出，宛若一幅美丽的绘画或雕塑。但其中最吸引人的是清晰，清晰意味着没有困惑。牛之所以清晰，是因为它不会困惑，在涉及各种情况时，牛没有主观因素。而作为人类，我们每个人都有自己的好恶，我们对他人和自己都有评判，人类的选择力伴随着自我意识的能力。

人类意识到自己为个体，在意识到世界的同时又意识到自己，这不是一件普通的事情。当你读到这些文字时，你会意识到自己是一个读者，这是很特别的。自我意识使你作为一个人能够做出判断，不仅是对情况，也对自己做出判断。这些判断产生对一切事物的好恶。因此，你发现拥有自我意识和选择力，会带来关于你如何看待事物的很多主观性。

主观性导致困惑，关于你自己，几乎总是存在某种困惑。这投射在其他人和物上，造成更大的困惑。这样，你的主观性就介于你和你面前的现实世界之间。因此，在印度教经文中有一个关于区分真实存在和我们所见事物的长期讨论。什么是神之创造（Īśvara–sṛṣṭ）？什么是个人之创造（jīva–sṛṣṭi）？由于造物不是你所创造的，我们可以说，凡是赐予你的都是神之创造。

**什么是被赐予的?**

太阳是被赐予的，月亮和行星是被赐予的，被称为银河系的星系也是被赐予的，海和山是被赐予的，南北两极是被赐予的；柔弱和坚强的力量是被赐予的；父母是被赐予你的，你是被赐予他们的；行动和创造的能力也是被赐予的，探索力是被赐予的，记忆力是被赐予的。既然所有这些都是被赐予的，你就是可被接纳的事物计划的一部分。借由身心感官复合体，接纳成为可能，这也是赐予你的。因为你是一个有自我意识的人，你把自己视作一个个体，通过这种身心感官复合体，你找到事物在计划中的一个位置，在你自己位置的计划中，你与世界联系在一起，因为它是可得的。

一头牛也会获得一个位置，通过这个位置，它与事物的计划有关。它有特定的身体和性情，它被设定以特定方式反应。即便鸟类的飞行模式和习惯也是可预测的。相反，人类因为不可预测却被预测！因为我们有自我意识和选择能力，我们很难找到自己的位置。在任何特定情况下，我们将如何表现是完全不可预测的。今天被接纳的东西，不管是音乐、食物还是某个人，第二天可能就不被接纳了。因此，人似乎存在着很多主观性。

你总在摸索进入你位置的方法，这种探索更像是摸索出你在事物计划中的位置，这是生活中的挣扎。一般来说，你会根据自己的职业倾向等来寻找自己的位置。对“我应该成为医生、律师还是工程师，我该不该结婚”等可做选择。“但我不想放弃我的时间。”于是，你就有问题了。这类人的位置在哪里？当你还在摸索着在计划中找到你的位置时，你的位置在哪里？你的位置是你可以放松的地方，就像你经过长途旅行到达目的地，你终于休息了，然后你可以说“我到了”。意思是现在你可以放松了，休息了。“位置”就像一个球在棋盘上滚动，它不停地移动，直到找到它的位置，然后它就舒适地适应自己的空间。

同样地，你也摸索着在所有事情中找到一个位置，在那里你可以感到绝对自在的感觉。最终，你应该在整个宇宙的任何地方感到自在，但这需要极大悟性。你不应该只在某个特定地方或时间才感到放松，因为你不可能一直待在同一个地方。一旦你达到了一个位置，无论你在哪里，你都必须有同样的感觉。无论你走到哪里，你都应该发现自己与整体有联系，这是每个人都在寻找的东西。找到这样的位置是人生抗争的结果，许多年过去了，你即使在九十岁的时候，也会说：“斯瓦米吉，我已经做了所有的事，但我的心还是不平静。”即使活到九十岁，似乎也找不到你的位置，这是因为缺乏客观性。

### 个人的创造是主观的

你对自己存在着看法，这完全是主观的。你知道一切都是被赐予的，但你对所有这些事物存在自己的看法。这其中既有客观性，也有主观性，主观性是你有一个身体，但你不喜欢它的肤色，你喜欢它的高度，但不喜欢它的重量，你不喜欢鼻子的形状。这一切意味着什么？你不是完全客观的。这种主观性是个人的创造（jīva-sṛṣṭi）。只有当你的主观性降到最低时，你才能发现自己的位置。找到个人位置是个问题。所以做你自己，你无法解决那个问题。因为你到底是什么？你是你的好恶，你自己的条件，无论那是什么。因此，你必须开始用不同的眼光看待自己，你必须把自己和更大的事物联系起来。如果你能做到这点，那么你就能摆脱这种基于你的主观性看待自己的特殊方式，客观是一种简单的接纳。

### 客观性是如实看待神之创造

当你变得更加客观时，你就会不带任何投射去看待这个世界。一个绿色的山谷，一群飞翔的鸟，或者咆哮的海洋，都不会在你心中唤起任何主观性或困惑。它们似乎只唤起一个接纳的人，一个不评判他人的人。整个世界都应该以同样方式被你接纳，接纳世界的本来面目，没有你的主观投射，是对神具有一种意识，接纳神就是接纳所赐予你的一切。那就是欣然接受神之创造，抛开你所有的主观观念。然后就会有一个客观的你，你可以享受任何你被赋予的家庭，你可以享受任何年龄的身体能力和残疾，你可以享受所有赐予你的条件。这是对神主观性的减少，关联并不意味着你献上崇拜等等；这意味着你的一生都活在对神的觉知中，这种觉知意味着接纳你被赐予的一切。

当你领悟这一点后，寻找位置就变得很简单了。你意识到你已被赐予了一个位置，你在这个位置上工作，为神之创造（Īśvara–sṛṣṭi）做出贡献，这是清晰的，这是与神有关的。

没有复杂性的生活，是对神之秩序阻力最小的生活。

1994年2月于印度苏拉特

## 关于神，认知秩序

### 信仰和知识的区别

有些事情我们必须相信，有些事情我们必须理解。试图理解所信仰的是无用的，需要理解的不是信仰。《吠陀经》告诉我们有天堂，但天堂的存在不能被证明，也不能被推翻，因此，它变成了一种信仰。这就是为什么相信有天堂被称为信仰。

你会上天堂的信仰是无法证实的。假设有人告诉你巴德里纳特（Badrinath）有一个鲜花谷，你没有理由不相信，因为你总能验证它，你的整个人生只不过是建立在这种可验证的信仰上的一种活动。一旦你把神置于天堂，这种信仰就变得不可验证，因为它在今生无法验证。而当你看见一个陶罐，这就不是信仰的问题了。同样，当你说1+1=2时，也不是信仰，而是知识。

有些事情是需要我们一开始就相信的，这样我们才能进一步探索，去发现某些事情的真相。比如能量=物质，$E=mc^2$的物理等式。首先，一个人必须相信这个等式，因为他需要学习物理至少25年才能理解这个等式，所以这个等式不是那个人的信仰，它是知识。最初，那个人并不确定，但怀着有待进一步理解的信念，这是所谓的信仰（śraddhā）。虽然理解来得晚一些，但我们还是要真诚地去学习和探索。

我们继续真诚地接纳许多事物，我们相信未知事物的存在。即使我们看似知道的事情，对我们来说也可能是未知的。例如，即使你认识一朵花，它仍然可能是未知的，这是因为，虽然花的存在是已知的，但与它有关的许多事情对你来说可能是未知的，比如我问："某种花的植物学名称是什么？为什么它会有这样特殊的形状、香味和颜色？"对答案的寻找是无止境的。

整个造物是由我们已知和未知的事物组成的，你知道已经存在的东西不是信仰的问题，你知道你读到的这些话是谁写的，你看不到作家本人，但你知道他的存在。同样地，当有人说物质等于能量时，这是一种信念还是一种知识？你知道物质的存在，是因为你看到它以各种形式存在。你怎么知道有能量存在呢？能量没有形式，但你知道它的存在，因为你房间里的风扇转动了，灯也亮了，所以你知道能量是无形的，而物质是有形的。虽然两者之间的区别很明显，但实际上并无本质区别，这就是为什么你需要一个等式来理解能量和物质之间的关系。等式不在某个确定的地方，它只存于个人头脑中，以帮助他理解两个看似不同的事物之间的关系。同样，当你看到这个世界时，你看到的只有造物，你看不到造物主。你怎么知道它们是有关联的？你怎么知道有造物主呢？你需要用什么样的等式来证明这个？虽然没有明显的关联，但这种关联可以通过对秩序的认识看出来。

**什么是秩序？**

当你看世界和你自己时，你必然会接纳它们是某种智慧的创造的说法。你看到一棵树、动物或人的身体，你知道这其中的每个部分在事物计划中都具有一定作用。理解相机这样有零件的产品是很容易的，因为所有零件都被智能地组装在一起。在这种情况下，整个产品的每个部分在设计中都具备有意义的位置，每个部分都有自己的作用，它们是由一个知识渊博者创造的。所以，当你观察你的身体时，你会发现其中包含了很多知识。

眼睛和耳朵意味着知识，肝脏的结构本身并不是普通东西，它也许是世上最伟大的化学复合体。因此，每个器官里面都有许多器官，每个器官里面也有许多部分，这个器官本身在身体中拥有位置，单单在这个身体的创造中就涉及了这么多的知识。因此，第一步是要认识到，在这个创造中，事物是智能地组合在一起，就像相机一样。对于这个智慧组合的身体，其创造者不能追溯到母亲或父亲，因为就连他们自己的身体都是被赋予的，因此，他们不是你身体的创造者，存在一个超越你理解的创造者。

这个创造者用知识和技能来组合任何创造，而且他似乎也拥有创造所需的材料。这个智慧的存在，这个造物主，会是坐在宇宙角落里创造这个造物的人吗？这种神之概念，天堂的存在，源于对因果关系的不正确探索。当你看到一个产品时，你会很自然地接纳有一个智慧根源，就像陶匠对于陶罐一样。

因为存在陶罐，所以存在陶匠。然后，你自然接纳陶匠拥有制作陶罐的技巧；除非他拥有一些材料，否则这个罐子是不可能存在的。因此，物质根源和知识渊博的创造者同样重要。因此，我们发现每一种造物都有两个根源，一个是创造者，另一个是材料。陶罐的创造者需要合适的材料来制作一个陶罐，所以，神也必须有合适的材料。从哪里找到这种材料？陶匠在造物中找到该材料，但神在自己身上找到材料，事实上，神就是材料，这样祂才能去创造。当我们研究材料与产品的关系时，我们发现有陶罐的地方就有陶土，有衬衫的地方就有面料，有金链的地方就有黄金。因此，有造物的地方就有神。神可以没有造物，但是造物不能没有神；就像陶土可以没有陶罐，而陶罐不能没有陶土。神是一切知识的知者，一切造物不过是神的一种表现，神的一切知识都以造物的形式显化，这就是为什么万物都有知识。哪里有知识，哪里就有秩序，整个造物不过是秩序。

### 混乱中秩序

你的房间很乱，因为你没有收拾东西的习惯，有因必有果。如果你患了胃病，你去看医生，他问“你吃了什么？”你吃过的东西可能是导致胃病的原因。所以本质上说，无序是有原因的，一切原因皆有其因，其因也有其因，但这一切都是在秩序中。当你生气时是有原因的，所以存在一些秩序。这并不意味着你可以生气，相反，认识你的愤怒在秩序内。当你理解愤怒时，就会存在秩序。当你克服愤怒时，你就有了秩序，因为哪里有失序，哪里就有秩序的可能，这就是所谓的终极秩序。所有的心理状态都是秩序，你所需做的就是找到导致混乱情况的真正原因，比如沮丧、悲伤等。然后，你就理解了该秩序。当你问：“我生活的目的是什么？”我说：“在秩序中发现这种理解，那么一切目的就得到了满足。”

## 没有秩序之外的东西

一切都在秩序之内，像量子理论和热力学等原理也都在秩序内。熵，使事物从有序变为无序，也在秩序内。在我们的日常生活中，在我们的日常关系中存在秩序。一个人因其特定背景而以特定方式行事，当一个人犯罪时，他触犯秩序；但如果这个人有不同背景，也许他不会犯罪。当你理解了伤害你的人的问题和不利背景时，你就能理解他的局限性，并释放你受到的伤害。只有当你理解了秩序，你才能免受他人的伤害。只要你坚持复仇，你就不会免于伤害。你有能力把事情置于正确的秩序内。

你首先以知识的形式认识神，知识以秩序的形式存在。当你不违背这个秩序时，你就会发现你与神有关联，因为神是客观的。当你对神的规则、神的存在没有任何抵触时，你就会发现你与神有关联。当你没有抵抗时，你就会发现神主宰着内外。当你在一切事物中发现神时，个体和神之间的区别就消失了。这都是知识的结果，意识到神，本质上是与神有关联。

> 任何形式的祷告都和其他祷告一样有效。这一点很好理解——不是对自己以外的崇拜形式的容忍或迁就，而是理解其中所隐含的宇宙秩序。不存在异教的祈祷，只存在祈祷。

1994年2月于印度苏拉特

## 蒂鲁瓦鲁尔（Tiruvallur）附近的神庙

在教授吠檀多时，斯瓦米吉经常讲一些故事，来帮助学生清楚地理解主题。下面的故事摘自斯瓦米吉的讲座，引自罗摩那·马哈希（Ramana Maharshi）的《教导的本质》（*Upadeśa sāram*）的第六节——冥想被揭示为崇拜的最高形式。

印度的每一座古庙背后都有一个故事，在南印度有一座这样的神庙，它有一个特别有趣的故事，讲的是对比物质和口头崇拜，精神崇拜的重要性。

冥想是一种精神崇拜，而物质崇拜指的是仪式，口头崇拜包括祈祷、诵经和其他形式的赞美。虽然我们不知道这个故事是否属实，但它确实强调了冥想作为一种崇拜和奉献形式的功效。

这个故事是一个历史故事，讲的是一个小领地的国王，他让臣民在农闲时建造神庙。建造神庙是他们谋生的一种方式，也是一种服务。因此，这位国王一直在修建一些神庙。

在建好一座巨大的神庙后，国王要为它安排圣化仪式。在圣化之前，神庙只是一个地方，虽然它看起来像一座神庙，但在它被圣化之前还不是一座神庙。因此，圣化是一个非常重要和精心的仪式，神像被安置，其中的神祇（devatā）被唤醒。这种祈祷包括进行各种宗教仪式，这些仪式完成后将使该建筑成为神庙。一旦圣化完成后，偶像就被当作神祇来崇拜，因此，它是一个崇拜的祭坛。没有人崇拜偶像本身，人们只崇拜神祇，神像不过是一个象征，唤醒偶像中的神祇，使偶像成为崇拜的象征。

圣化的日期和时间也很重要。只有当太阳在北半球时，神庙才应该被圣化。根据月亮的运动规律，每个月的某些日子是吉祥的，而其他日子则是忌日。因此，根据这些占星资料，确定最吉祥的日期和时间圣化寺庙。因为出席和参加寺庙圣化被视作一种极大赐福，成千上万的民众都期待着，并做了一切必要的准备工作。

在这件盛事即将举行的前一天晚上，国王彻夜未眠，他只是打了个盹儿，他处于一种特殊的状态，既非做梦，亦非睡着，而是介于两者之间，在这种状态下，人可能会有预感。在这种特殊状态下，国王看到一位斯瓦米坐在树下。这位斯瓦米也建造了一座神庙，该神庙的圣化日与国王神庙圣化日在同一天。国王接到命令，好像是神的吩咐，让他的神庙改日圣化。

因为国王看到整个梦境像现实一样生动，他不能把它当成毫无意义的梦而置之不理。于是，他和大臣谈了谈，想弄清楚这件事是否属实。他告诉大臣，他看到了一个山丘般的地方，一位斯瓦米坐在池塘边的一棵树下。大臣听了国王的详细描述后，遵旨出行，在几英里外发现了国王描述的那个地方和那位斯瓦米，他正闭眼坐在一棵树下冥想。这位大臣回来把这一切都禀报给国王。

于是，国王亲自拜访这位斯瓦米，跪倒在地向他致意，但斯瓦米的眼睛仍然闭着。国王说道："斯瓦米，我有话要对你说。请仔细听着。"斯瓦米睁开了眼睛。国王作了自我介绍，并向斯瓦米讲述了他的故事，"我已经建好了一座神庙，我准备今天圣化这座神庙。今天是一个吉日。但是，昨天晚上，我'看见'有人告诉我，我得改天圣化，因为好像你也建造了一座神庙。这是真的吗？"

"谁告诉你的？"斯瓦米问。

"我觉得是湿婆神告诉我的，但这可能只是一个梦。"国王回答说。

"我确实建造了一座神庙，"斯瓦米说，"但它尚未完成，我确实今天要圣化这座神庙。"

“你建造的神庙在哪里？”国王问。

“全在这里。”斯瓦米摸着自己的脑袋回答。

国王接着问：“你从什么时候开始建造这座寺庙的？”

“20年前，”斯瓦米说，“20年前，我设计了这座神庙，然后把所有的石头都搬到这里，把它们一块接一块地砌好。我建造了整座神庙，雕刻了所有这些神像，这是一项花了我20年时间的大工程。不过，我还没有完成。因为圣化日已经确定是今天，我现在特别忙。所以，请你改天再来吧。”斯瓦米然后闭上眼睛，继续做他一直在做的事情，给他的神庙做收尾工作！

于是国王安排了另一天为他自己的神庙举行圣化，仪式结束后，他再次拜访斯瓦米并问道：“你的神庙的圣化进行顺利吗？”

“噢，确实进行得很顺利，太棒了！”斯瓦米回答。

于是国王向斯瓦米索要他神庙的设计规划，斯瓦米就把规划告知了国王。国王后来又建造了另一座神庙，但这一次是按照斯瓦米的规划建造的，他也让斯瓦米为神庙举行圣化。

这就是至今仍矗立在马德拉斯（Madras现称为金奈）城外蒂鲁瓦鲁尔附近神庙的故事。

该神庙最初是一种精神崇拜行为，是神偏爱的神庙，因为神告诉国王忘记他自己的神庙。也许斯瓦米告诉国王改天再来，在他不忙于建造他的神庙时，意在让国王明白，精神上的奉献并不比物质上或口头上的奉献少。

不管这个故事是否属实，它都具有一种独特之美。奉献行为纯属一种态度，因此，你所需要的就是这种态度和投入，你就会看到它是多么真实。精神崇拜其实是最有效的，为了使它有效，你必须避免分心，为此，有一些特定的方法要遵循。只是坐着冥想是没有用的，但如果你过着一种有祈祷仪式的生活，包括物质上和口头上的崇拜，你会发现冥想或精神崇拜是最有效的。

Uttamastavāduccamandataḥ

Cittajaṁ japadhyānamuttamam

比起大声或低声赞美和持颂圣名，精神上的崇拜或冥想（按此顺序）更好。——《教导的本质》第六节。

## 三重恩典

为了获得解脱，需要具备三个极难达到的条件，这在《辨识力之宝石》（*Vivekacūḍāmaṇ*）第三节有描述。

Durlabaṁ trayam ev'aitat daiv'ānugraha hetukam manuṣyatvaṁ mumukṣutvaṁ mahāpuruṣa saṁśrayaḥ

只有通过神之恩典，我们才能获得那三种难得的优势：生而为人、渴望解脱和成为开悟上师的弟子。

在这里，解脱所需要的一切条件被简化为三件事，这三件事包括了所有其他条件，即：生而为人（manuṣyatvaṁ）、渴望解脱（mumukṣutvaṁ）、开悟者的帮助（mahāpuruṣa saṁśrayaḥ）。

这三件事皆依赖神之恩典，恩典是你自己善业的结果，并非神随意分配给人们的。恩典是永远存在的，获得这种恩典要付出很多努力、很多行动、很多祈祷。要赢得神之恩典是不容易的，你必须努力去争取。

**生而为人——恩典的结果**

此时此刻，你正在学习《辨识力之宝石》，没有恩典，你就不会学习到它。若无恩典，哪怕生为人类无数次，你也根本不会去学习它。你死后也许会采取各种身体形式，而且有数百万种可能的身体，如此，生为人类的可能性就微乎其微了。

一个人可能生来就残疾、弱智或失明，健康的出生绝对是一种福报。我们不把自己的能力视为理所当然，双手不仅仅是手，它们是恩典的结晶；整个身体是恩典的延伸。生而为人，拥有健康的身体和理智的头脑确实是一种福报。

这种恩典不会停止。在成长为成年人之前，个人可能会死于上百种不同原因。然而，个人幸存下来，成为一个成年人，那是恩典的滋养。当个人成为成年人后，他也受到了教育，并获得一定程度的成熟，获得机会成长，获得知识，学会正确思考，或者认识到我们思维中的错误。这些都不是普通的事情，这一切都是恩泽的一种表现。

### 渴望解脱的恩典

渴望解脱（mumukṣutvaṁ）是不平凡的愿望。人们渴望精神上的知识的原因各不相同，有些人为了心理问题而寻求精神上的解决方案，对他们来说，认清生活的根本问题是困难的。要正确认识根本问题需要神之恩典，只因恩典，个人才有解脱的渴望。

有些人渴望解脱却不知道它到底是什么，他们只知道想要摆脱自己的问题。他们可能会练习冥想，追求其他有异国情调的东西，因为他们想要不同的东西。但是寻求解脱不像寻求安全或金钱，这是他们完全未知的事情。他们不知道自己在寻找什么，就踏上了一条未曾涉足之路。

当问题没有被搞清楚时，解决方法也不会清楚。只有搞清楚问题时，才能寻求适当的解决办法。如果问题是错的，答案也会是错的。搞清问题本身就是一种恩典，因为那个恩典，你会发现解决方案并不遥远，因为你知道去哪里寻找它。

每个人心中都渴望解脱，但如果搞不清根本问题的话，这种渴望就不能称为“渴望解脱”。当有人想要名誉、安全、权力或其他什么东西时，对解脱的渴望就会在所有这些东西中体现出来。在追求安全的过程中，对摆脱不安全、追求解脱的渴望是显而易见的。但人们可能不会意识到他所追求的不是安全，他真正想要的是摆脱不安全的解脱。当他寻求安全时，就意味着他没有安全感，他的不安全感显而易见。但当他问“我是否没有安全感？”那么他就提出了正确的问题。

尽管努力追求和行动，但最根本的问题，即束缚感和局限感仍然存在。人们真正的寻求是从束缚和局限的感觉中解脱出来，如果这种束缚是真实的，如果限制感是真实的，那么解脱就是不可能的，因为真正被束缚的东西，仍然被束缚着。认识到这一点，人们就会质疑他是否受到了束缚。当你质疑你对自己的看法时，对解脱的渴望就会变成对自我知识的渴望，这种渴望成为一个人生活中的主导力量。

### 开悟者的赐福

为了获得自我知识，个人需要开悟者的帮助（mahāpuruṣa saṁśrayaḥ），Saṁśrayaḥ是“帮助”或“庇护”的意思，在此它被理解为立足于自我知识的老师（mahāpuruṣa）的教授、指导和保护。为什么老师的指导是必要的？因为对于自我知识，你需要一种知识手段（pramāṇa），吠檀多本身就是那种手段。那么，为何需要老师呢？

吠檀多展现了一个整体视野，如果它能同时说出所有的事情，那么就不会有混淆的可能。但由于它在一个特定时间只能说一件事，所以你无法看到整体视野。整体不是零碎的东西，一个特定句子之所以有意义，是因为它是整体不可分割的一部分。吠檀多中所说的一切都与整体有一定关系，它是被理解的，只与整体有关。

整体视野是必要的，有了它，你可以进入吠檀多，看看它说什么。但是如果没有整体视野，你将不会从学习中得到任何东西。除非你已经有了整体视野，否则你无法理解一个特定句子；除非你学习吠檀多，否则你不能获得这一视野。你处于无助的境地，因此你需要老师的帮助。整体视野必须被展开，而只有拥有那种视野的人才能展开它，这种展开只能来自一位老师。一旦你获得这样的视野，你就不再需要老师了，你就可以独立学习了。

现在你如何选择老师？你怎么知道他是立足于自我知识者？仅仅穿橙色衣服，或者教授了二十年的事实并不一定使他成为“立足于自我知识者”，甚至个人的行为也不能作为一个充分的标准。这些都是次要的，它们对这个人知道什么没有真正影响。由于你们不知道谁是合格的老师，你只好求助神之恩典，以寻找这样的老师。因此，据说开悟老师的帮助也是很难获得的。

最难获得的是解脱。要坚定立足于“自我是整体”的认识是最困难的。然而，这里根本没有提到这一点，为什么？因为以开悟者为师的人，必然会获得解脱。《奥义书》说，获得老师指导的人获得了知识，使人从束缚中解脱出来的知识确实是开悟者之赐福。

1988年于美国宾夕法尼亚州塞勒斯堡

# 自　由

## 自由，不存在自我评判

任何时候，根据自己的心智状态来评判自己，都是一种错误。目前的心智状态可能是悲伤、沮丧、挫折、遗憾、失望，或者只是对失败的一种反应。只要你根据自己的心智状态来评判自己，你就是一个世俗者（saṁāri）——一个沉浮于起始相对世界中的人。当你拒绝根据你的心智状态来评判自己时，你就是一个探寻者（mumukṣu）——摆脱一切表面局限，寻求自由的人，你就是一个通过知识寻求自由的人（jijñāsu）。当你停止从心智状态来评判自己时，你就自由了。这是唯一的自由，摆脱根据心智状态的错误自我评判。

错误是明显的。心智的本性是一直在变化的，早上你用一种方式评判自己，晚上又用另一种方式评判自己。当评判被隐藏时，隐藏的评判就储存在记忆中，塑造一个人的个性。这种个性纯属心理上的，违背吠檀多教导所展开的自我视野。如果吠檀多所展开的自我知识对个人不起作用，它也不会仅仅因为这个评判而起作用。当你拒绝以你的心智为基础来评判自己时，你就会认真地在真理和自我的视野中寻求清晰。

这并不意味着你必须总是具有一种特定类型的心智，心智确实且将会改变，除非你在心理上麻醉自己，而这是不自然的。思想不会枯竭，因为思想、感知和记忆的源头总是存在的。

学生说：“我似乎理解了这个视野，但为什么我仍然被混乱的思想所困扰？”由于心智的状况，学生怀疑该视野、该知识本身，这种怀疑是获取知识的障碍。知识不是心智获得的条件，也不是一种心智状态；知识就是对“我是无念”这一事实的认知，这种认识不同于无念的心智状态。认识到“我的根本本性是无念”以及“无念的心智”这两者之间的区别，就是知识与无知之间的区别。

拒绝以自己的心智状态来判断自己，你对自由的追求是认真的，于是你就具有自由，没有别的自由。

1983年3月于美国加利福尼亚州皮尔斯

## 摆脱局限

“我”的存在无须任何证据来证明，“我”是自我证明的，而其他一切都是自我的证据。“我”作为自我的证明，“我”的存在不依赖于任何其他东西。因此，“我”是自我存在的，“我”永远不会还原成另一种东西，也永远不会经历任何形式的改变，任何事物也不能影响“我”的存在。因此，在任何特定经历中，“我”成为不变的因素。当我看到、听到、尝到、闻到或触摸时，“我”的存在并没有消失，因为“我”始终存在，所以我能听到声音，看到形式，享受味觉、触觉和嗅觉。当一个特定对象从我的视野中消失时，“我”依然存在。该存在继续存在以客体化其他事物。因此，在任何形式的认知中，“我”始终存在而不经历任何变化。

现在，让我们考虑两个物体，比如桌子和椅子，它们的存在并不依赖于彼此。如果椅子被毁坏了，桌子仍然可以存在；同样地，如果桌子被移走了，椅子仍然存在；两者是共存的，彼此独立的。但世界上也有相互依存的事物，没有无妻子的丈夫，也没有无丈夫的妻子；一个存在可以解释另一个存在，一个不存在可以解释另一个不存在。但是，世界和我之间的关系，既不是相互独立的关系，也不是相互依赖的关系，“我”独立于任何对象而存在，而对象的存在依赖于“我”，不变的自我。

我拿着一个泡沫塑料杯，如果我问你我手里拿的是什么，你说它是一个杯子。如果我说它是泡沫塑料，我是对还是错？我是对的，但你说它是一个杯子也是对的。我们用两个不同的词指称同一物体。我们不能说两个词都是错的，也不能说一个是错的另一个是对的。如果两者都是对的，它们是否同样正确？如果两个词同等指同一物体，那么这两个词就是同义词。你永远不会说，给我一杯加了液体的水，因为水和液体是同义词，指的是同一个东西。如果“泡沫塑料”和“杯子”也是同义词，那么，哪里有杯子，哪里就应该有泡沫塑料；只要有泡沫塑料，就应该是一个杯子。但事实并非如此，因为杯子不一定是泡沫塑料，而泡沫塑料也不一定是杯子，每个词都有自己要表达的对象，但这里只有一个物体。因此，我必须认识到，虽然这两个词都是正确的，但它们并非同等正确，一个肯定比另一个更正确，哪个更正确？有人说“杯子”这个词更正确，我认为“泡沫塑料”更正确。如果你认为“杯子”更合适，请仔细观察我。（斯瓦米吉撕开杯子）现在杯子在哪里？

之前我说过有泡沫塑料，现在，我可以说还有泡沫塑料，我的泡沫塑料还在，而你的杯子却不能装水了。现在杯子肯定没了，泡沫塑料让它消失了吗？不，因为事实上，从来没有一个独立的物体叫作杯子，只有一种特殊的形式叫作“杯子”。你无法想象一个没有物质的物体，杯子的存在依赖于一种物质，这种物质就是泡沫塑料。而泡沫塑料并不依赖于杯子，泡沫塑料对于杯子而言是自我存在的，但泡沫塑料并不是终极物质，因为它也生成于其他物质。泡沫塑料对于其本身的物质是有依赖性的，而这种物质是不依赖泡沫塑料的。终极物质是不能进一步还原的物质，它的存在不依赖于任何其他物质。因此，终极物质永远不可能是一个物体，因为任何物体都有一种可溯源的其他物体的形式。不能成为客体的东西只能是主体，即不变的“我”。在该造物中，“我”始终自我存在，从不依赖其他，“我”是整个造物的基础或实质。

像杯子这样的物体纯粹是一种形式，尽管它无疑是一种有用的形式。当某种物质以杯子的形式存在时，它确实能盛水。说杯子与泡沫塑料无关，是站不住脚的。一种自我存在的物质在梵语中被称为实相（satyam），任何依赖于实相而存在的东西都不是实相，但不是实相的东西是存在的，这不是什么假东西。你不会把别的东西错当成杯子，当它以杯子的形式出现时，它就是杯子，但它的存在依赖于别的东西。当它既不是假的和不存在，也不是实相，那么它被称为表相（mithyā）。

在吠檀多看来，只有两件事情需要理解：实相和表相。“表相”被定义为“其存在依赖于其他事物的存在”。因此，任何物体都是表相。例如，我们称为“轿车”的物体是由数百个物体组合而成的，如果你拿走钢铁，轿车在哪里？虽然轿车不是自我存在的，但它既非幻觉亦非错觉，它是表相，你通过一种认知手段而认识它，它也是有用的。另一方面，实相不依赖于任何事物而存在，它只能是不变的。不变的“我”本身就是意识。当任何物体存在时，“我”——意识存在；当该物体被毁灭时，“我”——意识依然存在。因此，

“我”作为意识不依赖于任何特定物体。同样，当时间和空间存在，“我”——意识存在；当时间和空间都消退了，就像在睡眠中一样，“我”——意识依然存在。如果意识在睡眠中不存在，你就不能在醒后说你睡着了。因此，“我”——意识，是不受时间和空间限制的。“我”——意识，不只是历史上的我，“我”不是传记，不是记忆，也不是个性，它们都依赖于“我”——意识；它们也是表相，而“我”——意识免于一切属性，是实相。

如果只有“我”是实相，而其他一切是表相，那么没有什么能与“我”相比。事实上，一个实相+表相不等于两个实相或两个表相，因为表相并不是从实相中分离出来的东西，泡沫塑料+杯子仍然是泡沫塑料。假设一个珠宝商买了一吨黄金，用这些黄金做了十万件饰品，所有饰品仍然只是金子。

这就是为什么吠檀多说实相是非二元的，不二论不是一元论，一元论的意思是一个和一个总是可分解成许多。一个宇宙有许多星系，一个星系有许多系统，一个系统有许多行星，一个行星有许多大陆，一个大陆有许多国家，一个国家有许多房屋，一所房屋有许多砖块，一块砖有许多原子，一个原子有许多粒子。你说的“一”是什么意思？事实上，没有第二。1个实相+表相依然是“一”，这就是不二论。实相就是“一”，也就是你。加上整个世界，包括已知的和未知的，它仍然是“一”。我们将看到，这种知识对一个人的生活有很大影响。

想象一下，假如杯子有一个非常发达的心智，它也有自我意识。有了自我意识的心智，它就会对自己有一些看法。如果杯子意识到自己是个体，它肯定也会拥有我们所有的情结。它的心智方式也同样会说“我是一个小杯子，我是可有可无的，我撑不了多久”，等等。杯子变得沮丧，并寻找解决问题的方法。一个人告诉杯子，它必须采取特殊膳食；另一个人说他要每天倒立，这样会有更多血液流向头部。这些当然是有益的，但也意味着如果之前杯子的想法是错的，现在，它的想法会更错了！它只会变成一个倒过来的杯子，它依旧是一只杯子，它不会变成别的东西。另一个人告诉杯子，它有很深的印痕，必须祛除；还有人说，它必须深入自己，才能发现自己的本性。在内心深处，在冥想的热度中，杯子会发现它是泡沫塑料。如果要我教导杯子的话，我会简单地告诉杯子："你不是杯子，事实上，你是泡沫塑料。"虽然杯子是泡沫塑料做成的，但泡沫塑料不是杯子，这是自我知识。杯子不必害怕自己是杯子，它应该知道，如果它坏了，"我"却没有坏。如果杯子知道"我"是泡沫塑料，就不会得出"我是凡物"的结论。现在有一百万个泡沫塑料杯，如果我是一只杯子，我和它们都不一样，它们也和我不一样。但如果"我"是泡沫塑料，那么它们都是"我"，而"我"不是它们中的任何一个。所有的杯子都存在于"我"之内，因为我是实相，是所有杯子的基础。

那么，所需要的就是简单地认识到"我"，即自我证明的意识是实相，其他一切都是表相。当身体是"我"，当感觉和思想享受"我"——意识时，"我"不是它们中的任何一个。虽然知者、认知和认知对象都享有意识，但"我"——意识本身并不依赖于它们中的任何一个。它们因为"我"而出现，依靠"我"而存在。所以，这个世界真的不能与"我"分开，当我和世界之间没有界限时，还会有什么东西限制我吗？其实，无论时间上的限制、空间上的限制，还是物体上的限制都是不可能的，因为从"我"的角度来看，一切都是"我"。回到杯子的例子，假设杯子带着认知，用"我"来代替"杯子"，那么，它就是一个开悟的杯子。作为一个杯子，它有其局限性，它只能装这么多盎司，但现在它已经足够自由，可以不在意杯子的局限了。

同样的，如果世界是表相，它也不会对你造成任何伤害，这个世界不会让你不快乐，你不需要消除任何念头来获得快乐或发现真我，就像你不需要消除波浪来发现水一样。我们的问题是，我们认为思想是“我”，这是正确的；而“我”是思想，这是错误的。我错误地认同这种想法，变得悲伤和不快乐。解决的办法是认识到，尽管思想是“我”，但“我”不是思想。即使在思考任何想法的时候，“我”也是自由的，就像演员在扮演乞丐的角色时是自由的一样。如果这一点很清楚，那么这个世界就不会给你带来麻烦。

吠檀多不排除任何局限，它只会让你明白，你已经摆脱了所有局限。

拒绝以你的心智状态来评判自己。

1993年于美国宾夕法尼亚州塞勒斯堡

**摆脱死亡**

只有一样东西是所有人共同追求的，尽管我们的目标似乎因人而异，或者在一个人的生活中不断变化，但所有这些目标背后只有一个根本目标。根本目标不是简单地获得一个对象或拥有某种经验，而是以自我为中心的，个人想要达到的成就与他不想成为的人恰恰相反。个人不想处于被限制的位置而成为一个凡人，个人寻求摆脱死亡，摆脱局限，而人生中没有其他目标与这个目标相关。个人在健康、财富、舒适等方面取得多少成就并不重要，因为获得任何想要的东西，或避免任何不想要的东西，并不能解决局限和死亡的问题。对死亡的恐惧不是由维持个人健康来决定的，因为个人为保持身体运转所做的任何事都不能对抗死亡。不管个人如何努力，他的身体仍在不断衰老，这就是说个人终有一死。只要个人认识到自己是凡人，对死亡的恐惧就会一直存在。这种恐惧不是私人的，而是普遍的。个人想避免死亡，是因为他非常害怕死亡，那种恐惧即我们所谓的世俗（saṁsāra）。

死亡可以以不同方式发生，但无论原因是什么，死亡本身没有差异，貌似外部因素导致了我的毁灭。因此，为了生存，我必须让它们都远离我。说我终有一死，意味着我受制于外在因素。在这种说法中，我成为行动的客体，行动基于外在因素，而外在因素反过来又成为行动主体，作用于我而导致我死亡。例如，如果时间是一个攫取因素，它成为主体，而我成为客体。无论什么原因，有许多独立于我之外的事物冲击着我，给我带来变化，把我逼死。因此，我不再是主体，而是变成了一个被其他主体推来推去的客体，他们联合起来要摧毁我。

因此，说我是凡人就涉及一个假设，即我成为某种行为的客体。但事实上，我始终是主体。“我”总是保持对客体的感知，独立于客体之外。例如，“他掴了我”这个句子，并不意味着某人掴了主体“我”，即使“我”一词是这个句子的语法宾语。这句话的真正意思是他打了我的身体，“我”意识到了。因此，“我”一词总是表示主体，“我”从不成为任何行动的客体。根据定义，主体是有意识的，而我所意识到的任何事物、任何客体都是无意识的，因为我所看到、听到、尝到、闻到或认知的一切都是惰性的。客体从来没有意识到“我”，只有“我”意识到它们。主体要成为客体，主体必须变得惰性。但是，“我”，一个有意识者，怎么可能变成一个被其他因素作用的惰性客体呢？

即使身体死了，并不意味着“我”也死了，变成了一个惰性客体，因为“我”是独立于身体外的东西。身体永远是一个惰性的客体，不管它是活的还是死的。身体在活着的时候反射了某种意识，但身体并不等于“我”。当我看到我的身体时，我并没有看到主体的“我”，因为“我”永远不会被客体化，成为被看到的客体。当我看到另一个人时，我并没有看到第二个主体，我看到的只是另一个身体，另一个客体；当一个人死亡时，我也没有看到“我”的死亡，我只看到身体在经历某种变化。在分析别人背后的主体时，我发现该主体和我是一样的，因为主体是单一的、无条件的意识。“我”这个词的意思是“纯意识”，它是每一种认知的基础，那种意识并不因思想或人的不同而不同。这就是为什么《奥义书》说，在一切造物中只有一个主体，每个人皆可说“我是那唯一的主体”，其他万物皆是客体。

要毁灭“我”，就应该有第二个“我”，它客体化第一个“我”，并对第一个“我”采取行动，从而导致“我”的死亡。但如果“我”是唯一的主体，其他一切都是客体，那么在造物中就没有第二个“我”来影响和毁灭“我”。客体本身不能影响主体“我”，从客体的角度来看，主体甚至不存在，因为客体是无意识的，不能认识到主体“我”的存在，那么客体如何摧毁主体呢？这些客体没有视野。没有任何客体能客体化“我”，无论是时间、空间还是别的什么。唯有“我”意识到它们一切。什么能客体化“我”，影响并导致“我”这个唯一主体的死亡？“我”的本性是无条件的、无限的意识，它不经历任何变化而存在。

说“我”是会死的，就是把“我”当作身体，从而把“我”变成一个客体。身体死亡不是问题，问题是“我”死了。但当身体和“我”被看成相同的东西时，“这个身体死了”就变成了“我死了”。说“我是这个身体”包含了主体和客体的混合，而这是永远不可能的。然而，“我是身体”这句话是一个关于自我的普遍结论，两者的混合或合成是不可能的。因此，这个结论肯定是错误的，只能是“我”由于无知而产生的错误。《奥义书》所述旨在消除这种无知以及由此产生的错误。在深度睡眠中，死亡的感觉和任何其他特定想法都是不存在的。但当我醒来时，“我”再次面对死亡和对死亡的恐惧。为了永远消除该恐惧，“我”必须消除错误的根源，那就是“我”对自己的无知。因此，这样的观念意味着究竟的自我知识，它通过消灭无知来消除错误，让我发现自己摆脱了死亡。

1980年4月

## 摆脱悲伤

悲伤这个词不仅描述悲伤，还描述所有与悲伤有关的情况，如挫折、绝望、愤怒和怨恨。事实上，所有被你拒绝的感觉，都被悲伤这个词涵盖了。悲伤是一种心境，由某种思维模式引起的，如果它存在，你就想消除它。通常，你会把注意力转移到别的事情上一段时间，但一般来说，你又会回到最初的悲伤状态。这就是为什么我们继续悲伤，偶尔也会有片刻快乐。

为了避免陷入悲伤或绝望的状态，人们会尝试用各种方法来控制心智，这总是被证明为一种权宜之计。要想永久摆脱悲伤，你需要从根本上去认识悲伤的问题。你要明白，悲伤的产生是由于心智和你之间的混淆。如果你能清楚地知道到底是什么构成了心智，到底什么是“我”，以及两者之间的特殊关系是什么，那么你就会发现，实际上摆脱悲伤或抑郁是有可能的。

为了理解“我”和心智之间的特殊关系，让我们虚构一个演员A，他在舞台上扮演一个乞丐的角色B。根据剧本，B经历了极度贫困的乞讨生活，因此，A在剧中不得不非常真切地乞讨。然而，在这样做的过程中，A的内心似乎是自由的。根据剧本，他应该流泪，而且他能够让自己的眼睛真正流泪。同时，A也为自己能够做到这一点而感到庆幸。

看看他的处境！在剧中，B存在着导致悲伤和眼泪的问题，尽管B存在着问题，但A并没有受到影响，也不存在乞丐的问题。为什么？B和A之间是否存在身体距离，使得B的问题不能触及和影响A？完全不是。B的身体完全依赖于A的身体，B站在哪里，A也站在哪里。因此B肯定是A，如果是这样，那么B的问题也应该是A的问题，但我们发现事实并非如此。虽然B是A，但A不是B，B和A是有区别的，但不是身体上的区别。就A的认知而言，A不是B，A知道他不是B，而他根据剧本扮演了B这个角色，不管剧本中出现的是愉快的还是不愉快的情况，A不会因为B这个角色而迷失自己。

现在假设A忘记了他在扮演这个角色。在剧中，当恶棍掴B一巴掌的时候，B应该容许他再掴一巴掌。但是A忘记了剧本，他非常生气地反击了。当导演问A怎么回事，A回答说："他掴了我，你以为我会让他得逞吗？"A的问题是他自己（A）和角色（B）之间出现了混淆，A不再有行动，而只有反应。当A记住剧本并行动时，它就是一个行动。如果他忘记了剧本，忘记了自己在演戏而付诸一个行动时，那么这个行动就是一种反应。A不再是演员，而是反应者，因为他没有自我意识，他没有扮演任何角色。

A不是B这一事实必须以一种没有无知或误解迹象的方式来理解，这样才能扮演角色。一旦A在舞台上失去了自我认同，他可能会被建议避免扮演角色。但在现实生活中，你不能不扮演角色，你有无数个角色要扮演。如果角色被当作你，那就没有问题。但如果你把自己当作这个角色，那么肯定会有自我困惑导致悲伤和绝望。

在生活中，扮演角色意味着与世界保持联系。无论你是感知某物还是付诸一个行动，总有一种主体-客体关系。只有在昏迷或持续睡眠的状态下，你才完全没有联系。你可能活着，但你并不是在生活，你的悲剧和喜剧只有在你与这个世界有联系时才会产生。有一件事是确定的——你所关联的对象一直在变化，但“我”却始终在那里，“我”保持不变，在每一种关系中都是不变的。

我们怎么能说“我”在所有情况下都是一样的呢？我似乎也在改变。假设我喜欢一个东西，我就变成喜欢者；如果我不喜欢这个东西，我就变成不喜欢者。如果对象是父亲，我就变成儿子；如果对象是儿子，我就变成父亲。随着对象的变化，“我”似乎也有相应变化。答案是，当你说“我是父亲，我是儿子，我是见者，我是听者”，等等，“我是”涉及每一种情况。“我是”一直是不变的，而变化的是父亲、儿子、见者、听者等等。假如父亲是不变的，我就应该是整个造物之父，但“我是父亲”只是相对于我的孩子而言的。所以父亲是我，而“我”不是父亲；儿子是我，但“我”不是儿子。在父亲里有“我”，在儿子里有“我”，但“我”超然于两者。因为这个角色是我，如果我对不变的“我”不清楚的话，我很有可能把自己当作这个角色。

如果你作为父亲、儿子、丈夫或妻子有问题，你必须知道是你把自己和角色混淆起来。你希望你的儿子成为一名医生，这样你就可以通过他，圆了你的医生梦，但他被邪教带跑了。现在只要一想到儿子，你的大脑就会有所反应，你的血压就会升高。在这里，“我”完全认同父亲的角色和心智反应。然后“我”就遭受着心智的反应，你说“我悲伤和沮丧”。然而，虽然角色无疑是“我”，但“我”绝对不是这个角色。如果角色的问题变成了你的问题，那么不仅B是A，而且A也变成了B。作为一个父亲或丈夫，如果你有问题，你没有扮演好角色，你将不得不经历悲伤。

每个角色都充满了挑战，正如没有规则就没有游戏一样；同样，没有改变的事件，就没有挑战和戏剧，也就没有角色。

只有当你迷失在角色和角色的思想中，而不知道“我”是不变的，不知道所有的思想和角色时，角色扮演才成为问题。因此，如果在某种情况下，你说“我很沮丧，我毫无价值，我是个失败者”，实际上你把自己当成了所有这些人。也就是说，“我”与情况及其产生念头的认同才是真正的问题。当“我”如此困惑于自身时，那么心智就把你扣为人质，让你困在悲伤和痛苦之中。然而，事实上，情况和反应的心智只是你必须注意的事实，这就是扮演角色所涉及的问题。你必须知道，“我”不受所有情况和角色的束缚，不受心智本身的束缚。这样你就会成为自己心智的主宰，把心智当作一种工具，利用它去学习、去欣赏、去爱，这纯属心智应该做的事情。这种对不变的“我”的认知，解决了关于你自己的普遍困惑，构成了吠檀多的主题。

1993年于美国宾夕法尼亚州塞勒斯堡

## 摆脱欲望

《薄伽梵歌》开篇声明：悲伤没有理由。整部《薄伽梵歌》和其他吠檀多经典都在分析这句话，吠檀多不会尝试消除悲伤，因为即使你能够消除悲伤一段时间，但它总是会回来的。我们总是不断试图消除悲伤，这形成了一种局限和束缚的生活。另一方面，生活在自由中的人看到了悲伤不可能的事实，吠檀多是发现该事实的一种认知手段。

我们已经看到，世界不能使你悲伤，因为世界是表相，它依赖于别的事物而存在；无法改变的是实相，那就是你自己。杯子不能改变泡沫塑料的实相，因为杯子是表相。思想也不会成为你的噩梦，思想离开了“我”——意识就不存在，而“我”——意识本身是超然于思想的。现在你可能会问，除了世界之外，是否还有别的悲伤来源。其实唯一可能的来源就是你。你会成为自己悲伤和不快乐之源吗？让我们来分析这种可能性。

尽你所能回顾一下你的生活，试着回忆起一天中完全无欲的12个醒着的小时，我说醒着是因为在睡眠中你没有欲望，这就是为什么我们都喜欢睡觉。

现在想象一个拖延症患者。由于他具有拖延倾向，他的工作日渐堆积。但这是一个简单的问题，可以得到解决。你能在特定时间用同样方式处理你的所有欲望吗？如果每个欲望都能得到满足，这样你就能摆脱所有欲望了吗？这是不可能的，你永远无法摆脱欲望。这些欲望本质上是双重的，积极的欲望（rāga）是你没有却渴望的东西——金钱、工作、关系、财产等，你想获得它们，一旦你拥有了它们，你就想留住它们，也许你想得到更多，但你绝对不想失去它们。也有消极的欲望（dveṣa），你想要避免衰老、皱纹、头痛、疾病等，尽管你试图避开它们，但它们总是偷偷溜进来。

这两种欲望都以你为中心，这就是你为何变成了欲望者。事实上，在你的一生中，你一直是个欲望者。甚至在你还是孩子的时候，你就有了欲望，你不想去上学，但你不得不去，可见，消极的欲望无法避免；你不能拥有一个特定玩具，积极的欲望没有实现。

在学校里，也许你想每门功课都得满分，每项体育赛事都拿第一名。简而言之，你想成为一个成功者，但你做不到。作为一个孩子，你有你的一份心痛。作为一个年轻人，你除了欲望什么都没有。后来，你长到25岁，你被内疚和伤害折磨着。再后来，作为一个老人，你有很多欲望。至少在你年轻的时候，你有希望满足其中一些欲望；但作为一个老人，你不再能够满足其中许多欲望。

因此，在你的一生中，你认为自己是一个欲望者。如果这是真的，那么从逻辑上讲，任何人都不可能获得片刻快乐。当有那么多的欲望存在，构成“我”时，你怎么能发现快乐时刻呢？除非你清空心思，否则你怎么能从所有这些欲望中解脱并获得快乐呢？快乐和以自我为中心的欲望是矛盾的。这就好比一个人不喜欢自己的齿形，个人在不得不笑的情况下意识到自己的牙齿，就会有意识地闭上嘴巴，想到“我不应该露出我的牙齿”。他需要更加客观，要认识到这是别人的问题，如果人们不喜欢你的牙齿，那是他们的问题，与你无关。当你大笑的时候，你是快乐的，同时又是欲望的。

只有当欲望完全消失，你才能体验到快乐。从逻辑上讲，你永远也找不到片刻的快乐，因为你永远无法满足所有愿望。然而，尽管你把自己视作欲望者，你还是能获得片刻快乐。假设你去看马戏，你非常严肃地坐在那里说“我才不会因为这个小丑的滑稽动作而发笑”。但随后你发现自己不由自主地笑了起来，即使是意识到自己牙齿不好看的人也会笑起来，然后才想起自己的牙齿。不知不觉中，你还是偶尔能享受到快乐时刻。这样的时刻也许很少，但总是存在的。即使一个病人，一个老人，也会为一个笑话而笑。

尽管你有很多欲望，你偶尔也会觉得自己是个快乐的人。如果你能快乐，你必定能摆脱那个欲望者，而不必满足你的所有欲望。事实上，你不需要满足所有欲望来获得快乐，因为“我是欲望者”是一个关于你自己的错误结论。在快乐的时刻，你忽略了那个结论，因为它纯属一种可以忽略的感觉，一种你对自己的错误观念。在快乐的时刻，你不会摆脱“我”；当你快乐的时候，你就是处于当下；你只是摆脱了欲望感，一种由于不理解“我”而产生的观念。因此，“我”变成了欲望的“我”，因为我认为自己是身体、心智或感官，所有这些在本质上都是有限的。当身体是有限的，而“我”又被视作身体时，我自然认为“我”是有限的。一个有限的“我”变成了欲望的“我”，想要摆脱它的限制。然而，我们已经看到，即使身体是“我”，心智是“我”，感觉是“我”，一切都是“我”，但“我”不是其中任何一个，“我”已经摆脱了所有限制。

在快乐的时刻，你不能说这个世界通过满足你的愿望而给你带来了快乐，对象可以导致快乐或不快乐，但快乐从不来自对象，如此，同样的对象应该总是让你快乐的。有时你会满足一个你从未满足过的欲望，因此，欲望的满足并不构成快乐。事实上，你根本无须通过满足任何欲望来获得快乐。假设你听到一个笑话后笑了，你实现了什么欲望？大多数快乐时刻都是这样的，你未满足任何欲望就获得了快乐。突然之间，你看到一些有趣的事情，然后就笑了起来，或者你看到了一些东西并赞赏它，仅仅仰望星空，你可能就会感到快乐；或者享受一些感官体验，你可能会感到快乐；或者有人说“我爱你”，你发现这是实话，就会变得快乐；科学家可能会观察一个细胞，看到那里的模式，然后感到快乐，也许只需要看到一个肉眼无法看到的细胞，就会满心欢喜。

在快乐的时刻，世界并没有消失，你看到你喜欢的东西，你就会高兴起来，此时世界是存在的。你也不会越过心智而处于快乐经历中；同样的心智存在，世界存在，感觉存在，快乐存在。没什么东西到来，只是欲望感暂时消失了。当欲望存在时，你希望某些事物或人发生改变，你成为一个寻求者，想要一些改变，这样你就能快乐。这就存在着一种寻求者-被寻者的二元性，你和世界的鸿沟会让你不快乐。但是，当眼前这暂时的目标能暂时取悦和吸引你的心智时，你就放弃了寻找者-被寻者的区分，你暂停了所有欲望，你忘记了你想成为的那个人。

这就是为什么当两个人之间有了真爱时，寻求者-被寻者、想要-被要的区分就会得到化解。有一种快乐并非由任何人或任何事引起的，它是你的圆满、无限的经验表达，“我”是纯粹意识，不受时空或任何属性限制的实相。在一个快乐时刻，当情况能够完全吸引人的注意力，并使欲望暂停时，自我就会显现出来，然后你发现“我圆满了，我即一切”。“我”即一切，因为其他一切事物的存在都依赖于别的事物。一切事物是“我”，而“我”是无限的、自由的、完整的。因此，“我”永远不会成为自己不快乐的根源，没有第二个“我”会造成不快乐，因为“我”——意识，是一元，非二元的，没有第二个“我”。

世界也不会造成任何问题，因为世界只是一个依赖的现实，它的存在依赖于“我”——意识。当你走路时，你的影子投射到尘土上，你不必为此而洗澡；你也不必担心如何控制你的影子，让它远离尘土。同样地，你不必控制心智，因为“我”是不受心智支配的。有人可能会说：“我想控制我的心智，因为它只想到坏思想。”没有所谓坏思想或好思想，也许有正确行动和错误行动，但思想只有一种。思想不是控制的问题，而是理解的问题。要明白，思想只在意识中来来去去，它们没有自己的现实。如果这是关于你自己和这个世界的实相，你能做出什么自我评判从而变得悲伤呢？没有任何理由悲伤。

称自己为绝望或沮丧的人，是你给自己贴上的标签。由于你对不愉快的事情有着不可思议的记忆，你把它们都放在一起，仅凭它们来评判你自己，因此，你越想摆脱记忆，你就越记得它们。记忆导致自我评判，你评判自己是悲伤的、沮丧的、绝望的，这源于你自己或他人形成的观点。

如果你说你很沮丧，到底是什么东西让你感到沮丧？是你的鼻子、眼睛或耳朵吗？“我”——意识，会感到沮丧吗？“我”是无以复加的俱足。你必须客观地看待事物的本来面目，并从每次经验中学习。例如，如果你找不到工作，那么调查一下情况并找出原因，而不是去沮丧。也许你敲错了门，或者你认为那是门，而那只是墙；或者你敲得不够努力；或者如果你不够资格，那就让自己够格。事情本身没有什么会令人沮丧或不愉快，只有一些事实是你必须客观去了解的。做你该做的事情，接受现实，接受真实的自己。

记忆不是用来自我评判的，而是纯粹用于实际的事情，你的记忆力该怎么用就怎么用吧。用它们去探索，去学习，去享受。身心是有限的，但你有足够的自由来享受有限的身心。它们是有依赖性的，没有“我”它们就不存在，而“我”则不受它们的约束。

因此，心智的方式是简单的，只要你不把它们复杂化。只有当你感到困惑时，你才会把它们复杂化，把思想当作“我”，把“我”当作思想。如果你有困惑，你会把自己投入各种旅行中——感官之旅、心理之旅甚至精神之旅，所有这些都将证明需要更深入的旅行，你必须了悟你本自俱足，如你所是，你是无限的，摆脱了悲伤和痛苦。

1993年于美国宾夕法尼亚州塞勒斯堡

## 行动自由

### 人的生命是一种特权

作为人类是一个极大的特权，因为我们可以这样说！我不知道当我说我是个享有特权的人时，猴子会有什么感觉。但可怜的猴子不会说：“我有幸成为一只猴子！”在我们的经文中有对人类生命的赞美：“在一切众生中，生为人类确实是珍稀的。”（jantūnāṁ narajanma durlabham）

人类与地球上其他众生的真正区别是什么？一个特殊的身体不能成为这种特权的基础，事实上，每种动物都有自己的特点。但是，人类独自具有一种能力，那就是做出选择的能力。我可以做出选择，我可以选择以任何形式和你交谈，我可以迷惑你，也可以交流，这种能力是我与生俱来的。

## 选择主宰着我们的生活

如果有什么是我没有选择的，那就是行使这种选择的能力。即使我没有刻意做出选择，我也会选择默认选项。你穿什么样的衣服，吃什么样的食物，吃东西的态度，这些都是可以选择的。

行使选择权是一件非常重要的事情，它必然意味着一个人应该知道选择什么。有些事情你必须清楚地知道，政府希望你了解他们制定的所有法律，因为在法庭上，无知不是借口。所以在生活中，你也不能对生活一无所知。

## 人生目标就是活着

前几天有人问我，“斯瓦米吉，人生的目标是什么？”这个家伙40岁了，他问我这个问题！一直以来，他的目标也许是婚姻、工作、金钱等，但在40岁后，他突然想知道人生的目标是什么。

人生的目标是什么？有人说是去天堂，如果是这样，我为什么要先到这里然后再上天堂呢？是绕道走吗？有人说生活的目标就是死亡，死后我就不存在了，出生前我就不存在！那么我为什么要出生？因此，天堂或死亡不能成为我人生的目标，人生的目标就是活着。

过你自己的生活。活着是一回事，而过自己的生活又是另一回事。一个处于昏迷状态的人是活着的，在我们现有一切支持系统下，他可以活很多年，但那不是活着，活着是与世界联系。

## 活着是与世界联系

一个处于昏迷或深睡眠状态的人与世界没有联系，为了生活，一个人必须与世界保持联系，即使动物也必须与世界有联系，一个拒绝与世界联系的人不需要被赐予感官和其他官能。在这种联系中，你有多客观，或者你多善于运用你的选择能力，决定了你离你的目标有多远。

为了完成不同事情，你必须明智地与世界联系，行使选择的自由。我们更机械而非自由，如果有一台电机每分钟旋转的次数被设定，那它将按程序运转，这是机械的。如果云层聚集，大气有利，就会下雨，云没有选择，这也是机械的。在特定条件下，特定事情会发生。为了便于我们理解，我们将无选择的事件称为反应，它与基于自由选择的行动相反。如果我们要达到人生目标，我们必须学会做出有意识的、自由的选择，避免机械化。

## 反应是机械的

如果我要求大家鼓掌，有些人可能会鼓掌，有些人可能不会。你的行动是自由的，你可以鼓掌一次、两次、三次或五次，自由就在你的手中。当你决定鼓掌时，你意识到你在做什么，换句话说，你还活着。

现在，我要求你生气一分钟，然后继续。发生了什么？我们都是天使吗？你永远不会因为有人让你生气而生气。你可能会说："不，斯瓦米吉，我确实生气了。但是，我不知道什么时候我会生气。"就像愤怒发生了，它无须你的许可，愤怒是一种反应。同样，嫉妒、悲伤和痛苦都是反应。如果你允许自己生气，你就会假装生气，你的孩子也会知道。当你真正生气的时候，你的孩子会跑得离你远远的。愤怒是会发生的事情，在愤怒中发生更多的是反应。

## 联系是行动

反应是在你无意识情况下发生的事情，你的行动而不是智力决定了你。你可能有一定的认知技能，你可能理解了难懂的智力概念，但那并不构成人类的生活。你可能是一个成功和博学的人，但你在与世界打交道时却是一个可怜的人。由于你知道如何与世界打交道，因此，即使你可能是一个没有任何学位和证书的普通农村人，但在生活中仍然可以成为一个成功的人。

你必须成长为一个师父，你必须减少你的机械性，你必须懂得如何明智地与世界联系。除非你意识到你在做什么，否则你的心智不能为你服务，你的记忆也不能指导你，任何在你无意识情况下发生的事情都是一种反应。如果你选择你的行动而不屈服于环境压力，你就是一个“行动者”，而不是“反应者”。你甚至可能被迫服从周围发生的事情，但那是你的选择。既然它不是出于压力而是你的选择，你就能够改变甚至放弃它。无论何时你做出选择，你都要小心看看你能从中得到什么。你会放弃你的选择吗？你会失去自由吗？

## 联系是深思熟虑的选择

与他人交往时，你必须格外谨慎，因为他们也享有行使选择的特权。我们很容易与狗、老虎或大象建立联系，因为你可以研究它们的行为模式，它们是程序化的。但你不可能完全了解一个人——他是不可预测的，你如何与一个也行使自己选择权的人相处呢？

如果他错误地行使了他的选择权，那可能是出于无知。我们皆生来无知，我们无须为无知而努力，摆脱无知，当然是我们的特权。驴可没有这种特权，它没有做、不做或以不同方式去做的自由，如果它想踢人，它就会踢人，它别无选择。

动物有反应，它们的反应是天生的，往往是可以预测的。如果无法预测，那只因我们对这些动物的认识失败或不足。而人类并非完全程序化的，因此，你必须有意识地做出反应。你可以踢，你无须踢，或者你可以用不同的方式达到同样效果，你可以使用或滥用你的脚。同样地，当你用言语伤害别人时，你就是在滥用这些言语。你往往不是故意的，那意味着你对你说过的话感到后悔，然后说“我根本不是那个意思”。你做了一些无意义的事情，别人怎么会尊重你？你自己也不会有任何自尊。当你机械行动，当你没有行使你的选择，你所拥有的教育、文化、地位、威望和一切对于你就是无效的。

### 行动上的选择是一种特权

只有当你选择行动时，行动才是自由的。当你允许事情发生在你身上时，你就没有行动上的自由，这是每个人都应该懂的事情。只要你意识到你的行动，你就能从中学习，你可以改正你的错误。如果这只是一种反应，你就不能从中吸取教训。你会做同样的事情，然后说：“我根本不是那个意思。”多么可怜的生活！你和我必须一起生活在这个星球上，你可以期望我意识到我说了什么，我也可以期望你意识到你做了什么。如果你对我有敌意，至少让我知道，而不是把我当成你的敌人。

我们所谓的普世价值和态度——正法（dharma）源于有意识的生活。你很清楚自己不希望别人对你做什么，你希望人们甚至整个世界，对你表现得友好。即使你是个小偷，手里拿着一把刀，你也会问屋里的女人“钥匙在哪里？”你期望从女人那里得到真相，这意味着你希望世界以某种对你有益的方式运转。每个人都应该关心、爱护和真诚，没有人应该被欺骗，和对你生气，你对此很清楚。

不幸的是，这个世界也期望你以同样方式行事。如果你的行为不符合世界的期望，那很可能是你有意识的选择，这种选择的能力使你成为一个享有特权的人。当你使用得当时，它就变成了祝福；如果你误用或滥用它，它就变成了诅咒。因此，在日常生活中，你必须审视自己在与人交谈和交往时是否有意识地选择。如果你在选择上有困难，那么你可以咨询别人。

《泰迪黎耶奥义书》（Taittirīyopaniṣad）说：

yāni anavadyāni karmāṇi, tāni sevitavyāni no itarāṇi; atha yadi te karmavicikitsā vā vṛttavicikitsā vā syāt; ye tatra brāhmaṇāḥ sammarśinaḥ yuktā āyuktāḥ, alūkṣā dharmakāmāssyuḥ yathā te teṣu varteran tathā teṣu vartethāḥ（1.11.4）

如果你必须做出选择，如果你对何谓对错感到困惑，去找当代社会中那些致力于正法的人，他们是冷静的，因此有能力保持客观。去找他们，和他们交谈，听从他们的建议，直到你获得理解、变得成熟，以便做出正确的选择。

我读过很多书，但从来没有遇到过比这更好的建议。

**生活是一种挑战**

有人说你得经历过才能明白，没有人会通过触电经历去理解什么是触电。听从智者所言，直到你明白为止。如果他们不理解你的处境，跟他们谈谈，让他们理解。

作为这个星球上的人，我们的特权就是要过负责任的生活。生活充满了挑战，没有挑战，生活将一事无成。

一位伟大的慈善家花费数百万建造了一座体育场，并把它献给了这座城市。开幕式上还举行了一场足球比赛，他邀请住在农村的叔叔前来观看比赛。叔叔从来没有看过足球比赛，他在观赏时变得很伤心，他对侄子说："我真搞不懂你，你为这个体育场花了一大笔钱，可是你却如此吝啬，二十多名球员只给了一个球，看他们为了争夺一个球而如此拼命！"

他不知道，只有一个球才能让比赛变得有挑战性，如果每个人都有一个球，就没有比赛了。生活中真正的挑战不只是在教室或实验室里，而且是在生活的实验室里，挑战是有意识地选择你想做的事情。如果我能理解有意识生活的美丽和特权，哪怕只有一瞬间，那么，我的整个生命就会在所有的痛苦和磨难中变得光彩夺目。

1995年4月于印度卡拉库迪

## 和谐，摆脱孤立

如果你分析自己的经历，你会看到它包含了经历者——你，以及被经历对象——客体。感官经历，比如用眼睛看，用耳朵听，闻、尝或触摸，都涉及主体和客体的区分。所有这些经历向我们展示了一个孤立的人，与所经历的世界不同。作为一个见者、听者、闻者、品尝者，甚至思者，你是主体，经历者和你所经历的对象是分离的。

你周围的每个人都是你经历的对象，没有人是你——经历者，世界上每个人皆如此。其他人都是不同于你的，因为他是你所经历的对象，这会确认你是一个有别于其他一切事物的人。

"其他一切"指整个宇宙，而你与它是分离的，因为你只是这个宇宙中许多事物中的一个小点。你认为自己与这无数事物截然不同，而不是宇宙中无数事物中的一员。你把自己视作一个小人物，与其他一切都是分开的、不同的。你的经历，包括对见者—看见，知者—认知的划分，揭示了一个孤立的存在。每一次经历，无论是愉快的还是不愉快的，都证实了这一点。

### 两种经历

与这种二元经历相反，存在着另一种形式的经历，它摆脱孤立，即深度睡眠经历。在这种状态下，你看不到、听不到、想不到任何事情，因此，主体与客体的划分不存在。然而，这是一个有效的经历，因为你与睡眠有关，你经历了睡眠，当你醒来后说“我睡着了”。如果你不处于睡眠中，只处于当下的话，你永远不会与你睡眠的事实有关。你意识到你的睡眠，当你醒过来后，你可以谈论你的睡眠是好的、深的或浅的。在睡眠中，同样的“我”作为沉睡者、做梦者；醒来后，同样的“我”就是清醒者。

在睡眠中，这种经历并不是孤立的。同样地，在清醒状态下，也有一些时刻，个人不感到与任何事物分离。当你经历了快乐，比如实现了预期成功，观赏星空、日出日落，欣赏你喜欢的音乐，或听到孩子的笑声，你发现你自己不是一个孤立的人，而是一个快乐、自由的人。你发现自己置身于一个并不孤立的世界，一个不会让你感到渺小的世界，一个让你感到完整的世界。与深度睡眠不同，主体—客体的划分仍然存在，但你发现客体并没有把你孤立起来，也没有让你感到渺小。事实上，它们能让你快乐。如果你觉得自己和它们是分离的，把自己视作一个孤立的存在，你就永远无法欣赏星星，更谈不上和小孩一起欢笑了。

因此，只有两种经历，一种是孤立的经历，其中个人会有“我是渺小的”的想法；另一种是不孤立的经历，尽管个人对客体存在不同知觉。一旦我经历了非孤立和整体，我就再也无法忍受孤立和渺小，因为我知道我可以连接和完整。因此，我一再寻求不孤立和完整。我尽量避免人际关系中的冲突，与周围环境和谐相处。每当冲突出现时，我就会经历孤立，这与我在经历上所了解的完整存在背道而驰。试图分析这些经历，我无法制定出一个规则，即通过获得或摆脱某些东西而变得俱足、摆脱孤立。当我发现没有这样的规则时，我就获得了所谓的初始辨识力。

如果一个人能够接纳这一事实，即挣扎源于这两种相互矛盾的经历——孤立经历和非孤立经历，那么他就能明白为什么接受自己为孤立渺小的生命会如此困难，因为渺小的观念与完整的经历是矛盾的。

在处理这些矛盾的经历时，我们必须检验哪种经历对于个人本性是真的，渺小或俱足哪个才是自己的实相？一个人是在为自己的渺小而奋斗呢，还是在追求自我的完整？在快乐的情况下，一个人努力保持这种俱足感。人们不会为了孤立而努力摆脱幸福，相反，人们努力保持一种快乐的经历，在这种经历中，人们感觉没有改变的欲望。因此，很明显，个人“自在”的经历就是摆脱欲望的经历。这种经历应该是自己的实相，对自己来说是自然的。但无论它是否自然，它都是人们努力获得和保持的唯一经历。个人甚至可能没想到它是实相或非实相，但是已经从经历上领会了它，个人只想要一件事——俱足。

因此，这些相互矛盾的经历构成了你每天交流的参照标准。如果这些经历被消除了，就没有人会在生活中挣扎了。你们所经历的挣扎不仅仅是为了获得衣食住行，因为获得这些东西仍然让人感到匮乏。你需要和努力的是克服孤立感，这样你就能与你的设置和谐相处。如果你不能与周围的人和谐相处，你就永远不会感到与宇宙合而为一。事实上，对你来说重要的宇宙只是你周围的少数事物，当你看着一朵花，那就是宇宙，这就是你必须和谐相处的世界。无论何时，当你摆脱了孤立，与周围的环境和谐相处时，你就感到自在，在和谐中，你把自己视作完整的人。

## 感到完整

吠檀多解决该孤立问题和实现摆脱孤立的愿望，它引用了两种经历，并告诉我们，那个人们所渴望和追求的、使人感到自在的是个人自我的本性，那个自我不是被创造出来的，成就和损失都不能创造自我，完整是人之本性。

如果我是整体，那么，就像我偶尔经历过的那样，是什么把我从整体中分开？当我睡觉时，我并不感到孤立；当我醒时，我才感到孤立，尽管不是一直如此，偶尔我觉得自己快乐和俱足。是什么造成了这种不符合我本性的孤立？它不是世界，也不是我的心智，因为它们即使在完整的体验中也存在。使我孤立的只能是对于我自己和世界的某种思维，这种思维的特点是坚信生活中存在挣扎，这种挣扎基于我是一个孤立的人的结论。尽管偶尔会出现矛盾的经历，但这一结论不会消失。这种经历只会增加我想摆脱孤立的欲望，因为它已经成为我的常态，我不能满足于其他任何事情。快乐经历成为我继续努力寻找和谐经历的基础，而不是肯定自己是一个完整存在的理由。

个人是独立于困住和压倒他的宇宙之外的，但经历并不能消除这一结论，因为经历本身并不产生知识。人应该从经历中学习，而从经历中学到的东西叫作知识。

自我是一个整体，每个人都能体验到完整的存在。我感到渺小和孤立，因为经历来了又去，而我没有我真实本性的经历知识。如果我认识到我吃饱了，我怎么能否定这种认识，并认为自己没有吃饱呢？我不认为太阳在日落后就不存在了，我感觉日落了，但我知道太阳仍然存在。我是一个渺小、孤立的人的结论违背了我的本性，并导致了问题。除非我通过分析这两种经历来学习，除非我永远知道我的本性是完整的，否则这个结论不会成立。

当获得这些知识后会发生什么？一旦相信你是整体，你就是整体，整体不会因为你做什么或不做什么而有所改变。这种知识被称为解脱，自由——每个人都热爱、渴望和为之奋斗的自由。

没有人对束缚和孤立感兴趣，从这个意义上说，每个人都是探索者。然而，有一个特殊词mumukṣu，用来形容那些知道自己是追求这种解脱的人。这是因为，并非所有人都将解脱视作孤立问题的终结。对于那些明白自己在寻求自由的人，自我作为一个整体，不与任何事物分离，这就是吠檀多的观点，它给予关于你的真实本性的知识。拥有这些知识，你会发现自己从所有形式的局限和孤立中解脱出来，圆满俱足存在于你自己之内，你与整个宇宙和谐相处。

只要你摆脱了孤立，找到了和谐，你就获得了自在。在和谐中，你将自己视为一个完整的人。

于加拿大皮尔西

## 祈祷——内在自由

你给予别人自由，你就拥有自由，你拥有的自由不比你给予他人的更多。当你买到一张去孟买的票，但是和你在一起的二十个人却没有票！困扰你的人总是跟随着你，那是因为你的脑子里装着很多人。

《薄伽梵歌》第5章第27段说，开始于“让外部对象在外”（sparśān kṛtvā bahirbāhyān），所有你感知的对象被称为sparśās，它不仅是你触摸到的东西，也是构成世界的所有感知对象。神问道“它们是什么？它们在你体内还是体外？”眼睛和耳朵都是外化的，因此，所有对象都在外部。

现在来看这句话，神说“让一切外部对象都留在外部”（bāhyān sparśān bahiḥ kṛtvā），他应该这么说吗？“让太阳在天空中”，他应该这么说吗？它已经在天空中了。你会这么说吗：“让太阳在天空中，让星星在夜晚出现，让火变热，让水找到自己的位置。”这里的任何事物并未经过你的容许。为什么神说“允许外在事物留在外界”？因为你把它们都装在脑子里了。

一条吠陀戒令说“任何人都不应该喝酒”。但没有任何地方说“不要喝铁水”，那是因为没有人喝铁水。戒令的存在有其必要性，因为我们把他人装在脑子里，所以经文告诉我们“把他们留在外面”。

说起来容易做起来难，你受到了伤害，你希望人们的行为有所改变，你想让他们对你说话温柔一点；你希望他们多一点理解，多一点付出，多一点不同。这并没有什么错，因为你必须和这些人生活在一起，除非他们改变，否则你不会快乐。

你希望他们都能更好地理解你，对你更宽容、更同情，而他们并非如此。人们希望你变得不同，每个人都认为别人有问题。当我们真的想让人们变得不同，当我们想让某些事情在我们的生活中发生时，显然有外部世界参与其中。

你的生活要更有意义或更和谐，并不需要很多人，而需要有一个外界的参与。你与外界相连，这是你无法摆脱的，你无法摆脱它。这个外界有能力进入你的内心，与你同在，把你压垮。你怎样才能减轻这个重负呢？只有理解了才能做到。

是否有人在他自己的心理构成之外？你能置身于支配物质世界的法则之外吗？

如果你站着不悬浮和飞走，那是因为某些法则使然。同样，任何人可以摆脱或支配生物学、生理学等的法则吗？它们是一个庞大的法则网络，没有办法逃避它们。因为存在这些法则，一个人在特定时间和地点的行为是可以解释的。

和其他任何法则一样，心理法则也不是人类创造的。同样，支配知识和错误的法则，认识论法则等也不是人类创造的。有法则支配着我们的记忆和回忆，我们视这庞大的法则网络为神。不管我们是否接受神，这些法则确实存在。经文说，缔造一切法则者是神，来自他的东西并不与他分离。

如果你理解了这一点，即使是很少的一部分，它也会给你一些空间，让你做你自己。你越了解一个人是什么样的人，你就越能帮助这个人改变，如果你认为这样的改变对你和另一个人都有好处。只有当你把这个人放在心外，你才能对他有所帮助。

当你把这个人放在心里时，他就会给你带来很多麻烦，以至于每当你和他说话时，你都不可能讲道理，那个人会让你厌烦，让你生气，你常常会在愤怒中变得不可理喻。如果你真的想改变一个人，你必须是一个理性的人，理性就是要有同情心和理解力。要理解一个人，你必须理解这个人的背景，你理解越多，你就越能接纳和理解这个人。这不是一件普通的事情。一个人能享受世界、享受自己；另一个人心里则装着负担，这就是区别所在。

如果你有适当的情感或认知免疫力，外界的人就无法进入你内心。你可以保护自己不受这个世界的伤害，而这个世界也不再是危险的源头。世界就像你一样，你如何影响世界，世界就如何影响你。你通过让世界保持原样，而使自己不受到世界的影响。

你不能改变一个人的背景，如果那个人想要改变，他就可以改变，你也许可以帮助他。如果你理解一种危险的传染性疾病及其传播方式，你就会知道如何装备自己，让自己免疫和得到保护。同样，一个有效的保护是认识到人是无法改变的，每个人的行为都取决于他或她自己的本性。你越理解人的这一方面，你就越能学会如何与人相处。如果你希望一个人改变，而且你确定这个愿望不能实现，那么就把这个愿望转化成祈祷吧。你祈祷，并有了这种理解，你一半的精神负担就卸下了。

祈祷是唯一有完全自由意志支持的行动，在其他任何形式的行动或选择中，意志都会被扼杀，它受到自己的日常压力和外界形势的影响。因此，在生活中的所有决定，自由意志并不是完全自由的。然而，在祈祷中有完全的自由意志。你根本不需要祈祷，你可以自由地去撞壁或疯狂购物，而你选择祈祷。

祈祷源于自由的自我，这是内在自由的完整表现，或者我会说这是你完全自由的表现。如果自由意志有任何自由，那它就是完全的，而且是有效的。当自由意志受到折磨时，它更多的是一种反应，而不是行动。而祈祷是完全的行动，行动会产生结果。毕竟，你的资源、时间和精力都是有限的。你能做的不是举起你的双臂，而是双手合十祈祷，这就是自由。

祈祷和信仰赐予你内在自由。你越了解别人，你就越自由，你越给他们做自己的自由，你就越能划定界限来保护自己，你就越能享受自由。同时，你也不想对他人完全漠不关心，他们就是他们，你希望他们不一样，为此你祈祷。他们在你的边界之外，并一直在那里。你爱他们，你可以在你所在之处关照他们，没有担心和焦虑，这称为相信神。在你的祈祷中包含他们，你内心会感到更轻松。当你内在具有那种轻盈时，吠檀多会走进你。

1994年12月于印度阿奈卡提

# 吠檀多和心智方式

## 分心——一个问题

认识自己是“我”的障碍有三，无知、心智不洁和分心。为了消除无知，我在老师展开经文教导的帮助下探究自己，这是认识自我的首要方法。只有当心智享有一定程度纯洁，即相对摆脱好恶的不洁时，这才有可能。要获得心智的纯净，没有比以冷静态度行事更好的方法，这是认识自我的第二个方法。

第三个障碍是分心，或心智不稳定（vikṣepa）。心智的本质是变化，而且变化快速，这使得对变化对象的认知成为可能。如果心智变化不快，对一个对象的认知就会停留很长一段时间，新的感知就无法跟上外部对象的快速变化。所以善变的心智不是问题，感知也不是问题。我看到了蓝天和美丽的日出，它们不会使我产生问题。个人不能说思想是个问题，因为每个感知都涉及思想。记忆不是问题，当一个人记忆力不好时，问题就出现了。因此，善变的心智、感知、思想、记忆，对人类来说都不是问题。真正的问题是，当你想要心智安住时，它却无能为力。如果你在想保持沉默时却做不到，那就有问题了。我们不知道心智的运作方式，更谈不上掌握它，这就是我们说心智是个问题的意思。

分心的心智是没有效率的，即使世俗成功，比如获得财富、名声或权力，一个人也需要一个相对不分心的心智，能够持续地朝着所选择的目标努力。如果在追求目标的过程中，心智容易被小的失望分散或打击，一个人就会一事无成。

发现世俗追求徒劳无益的探寻者，绝对需要一个不分心的心智。要学习和理解所学，或以冷静的态度行事，你需要不分心的警觉心智。当个人开始冥想时，分心是最大的问题。个人初始想着神，但头脑很快就会游离。个人什么都想，唯独不想神。尽管开头很好，但不管他的意愿如何，他的心智总会转移到其他主题上。个人必须意识到心智中所发生的事，然后才能不分心地思考。

### 机械性和警觉性

如果我没有意识到我心智的转变，它就表现为机械性。在演讲中，如果我能记住从一个主题到另一个主题的所有连接，那么我就不是机械的，我是有意的和机警的。就像开车一样，只要你握着方向盘，你就控制着汽车；当你失去控制时，就会发生事故。你的心智也是一种工具，像汽车一样的工具。它不是用来对你发号施令的，你要使用它，好好利用它。

有了机械的思维方式，生命的活动也会变得机械；如果一个人能够获得片刻平静，那也只是一种偶然，一种意外！只有在这些心智恒定的时刻，才能进行学习。只有在静默的、不投射的心智中，学习才能发生。问题在于如何控制心智，以便让这个静默的心智能遂人意。

当你听别人说话时，你的心智不会思考，它是静默的。你做了什么来保持这种静默？你什么都没做。当你不思考时，心智自然是静默的。你必须运作才会感到不安或悲伤，你想到一些话题，那给你的心智带来不安。为了静默，你不需要任何形式的思考，静默是与生俱来的，自然的。

当一个欲望被满足，而新欲望未出现时，心智是消停的，是静默的。或者当心智的全部注意力被一个有趣的话题吸引时，它是静默的。因此，静默对任何人来说不是一种未知的经历。说“我想变得静默”是不对的，因为一个人不必做任何事来变得静默，本性就是静默。但我们仍然发现自己在为静默而努力，因为心智是机械的。如果我能打破这种机械性，我就能消除心智的分心。

心智的通常体验是分心。心智是纷乱的，走它自己的路线。你似乎无法控制它，你每时每刻都在经历这种纷乱，尤其是在冥想时。只有当心智从自己的蜿蜒道路上，回到冥想对象时，你才会意识到这种分心。在《薄伽梵歌》中，克里希那告诉阿周那：“当不稳定、分心的心智走神时，把它带回来，引导它走向冥想的对象——自我。”

## 有意识的静默

消除机械性意味着你回归自己，自我就是所有的和平。我们所说的静默不是沉睡时的静默，在睡眠中尽管心智是静默的，你却意识不到它，你不知道你就是静默。在睡眠中获得的静默就像岩石的静默，我们不称岩石为静默，因为它不可能不静默，它没有意识。在睡眠中获得的静默就是这样的，因为人类作为一个有意识的实体是不存在的。要有意识地保持静默，这是你的本性。

这种意识，你的静默，是需要被理解的，让你的心停留在静默中。我们对自己的本性如此陌生，以至于我们认为我们必须有所成就，获得一个外在目标，才能获得静默。我们只有在睡眠中才经历静默，或者尽管我们处于机械的状态下，静默发生了。把心智带回来，并让它保持静默，说起来容易做起来难。当心智游离时，我们无法捕捉它；我们要么顺从它，要么就去睡觉。所以我们必须采取一些步骤来慢慢地掌握我们的心智。

### 如何克服分心

如果我们分析任何形式的反应，我们会发现，只有当我们失去理智时，反应才会发生。心理反应是机械的，不是有意的，一个有意的行动不可能是机械的。当你不能控制自己的行动时，它就不是一个行动，而只是一种机械反应。当你对一种情况做出反应时，你没有任何选择。如果你的行动是有意的，那么你就有一个选择，并改变行动的过程。

既然人类具有辨别力，人们就期望他们的行为具有理性支持。如果你的行为是基于理性的，即使你的行为是不合理的，你也可以学习。如果你总是机械地行动，是学不到东西的。你固步自封，一遍又一遍地重复着同样的错误。如果你认识到你的思维方式，你就可以确定你的哪些行为仅仅出于机械反应。

自我暗示可以帮助你从行动中获得自由。让我们以愤怒为例，告诉自己在任何情况下你都不会生气。如果你确信在你每次生气的时候，你都会受苦，那它就不会是一个空洞的建议，这一基于理解的建议是有效的。愤怒会降临，因为它是碰巧发生的，但只有在事件发生后，你才会知道你生气了。如果你能注意到它，而不对你的机械性做出反应，下一次你就能在愤怒出现之前察觉到它，尽管你可能仍然会无可奈何地生气。如果你坚持下去，你就不会为自己的失败而后悔，你会发现当愤怒产生时，你自己能够察觉到，也能够无任何抑制地检查它。一旦你完全意识到愤怒升起，你就不会生气，在克服机械性上取得了重大进展。

没有必要以这种方式不断地观察每个机械反应，如果你能够完全意识到你的任何一种反应，你就会发现你不再是机械的。这是因为你所有的反应都是机械性的，这就像拉一把椅子，如果你拉椅子的一条腿，所有其他腿都会随之而来。

认识到你的思维方式是一种手段。一天仅仅冥想一个小时是不够的，余下时间的机械生活肯定会潜入那一小时的冥想中。在日常生活中，机械性反映在一切活动中。这就是为什么在经书中甚至给出了吃东西的指导："把胃的一半填满食物，四分之一填满水，剩下的四分之一让空气流动。"遵循这种做法的探索者在吃东西时不会机械化。

关于各种活动的表现，没有绝对规则。一个人能为自己决定多少比例的饮食、工作、睡眠等，才最有利于达到目的。当一个人在这些常规活动中消除机械性时，他的冥想就变得有意义。

### 持咒（JAPA）

在冥想或持咒唱诵咒语中，如果一个人通过辨识力减少了喜恶的能力，通过一种警觉的生活减少了机械性，那么他的心智就很少会分心。在《薄伽梵歌》中，有一些关于坐位、姿势和其他冥想细节的提示，但这些只是提示，不是严格的规定："在不高不低的地方，铺上席子、鹿皮和一块布，坐时使头、颈、背呈一条直线。"没有规定具体的姿势，但如果一个人能够以一种姿势坐45分钟，那么在冥想时，身体就不会成为分心的根源。这可以按时完成。

下一步是向你所选择的神祇供奉精神崇拜，这个供品可以像你喜欢的那样精心制作，然后开始持咒。一个被辨识力和其他价值净化的心智，一个在很大程度上消除机械性的心智，将不会有许多分心，并且将会一直安住持咒。

如果我观察它的运行，就能理解它的思维机制。当思维从一个话题联想到另一个话题时，就会分心。思维模式已经建立在心智中，心智不断从一个想法转移到另一个想法，而我却没有意识到。任何两个连续的想法之间都有一个间隙，由于思想流动迅速，我没有注意到这个间隙。在两种思想之间的间隙中没有思考，但我存在。在那个状态下，我不是以思想的形式存在，而是从思想中解脱出来，我是无形的静默和意识。现在我是思想，是静默。我因此是思想、静默、思想、静默，这就是思考的方式。如果我是思想之前的静默，思想之后的静默，难道我不也是思想中的静默吗？没有思想的时候，我是静默；当有思想时，我是静默。我的本性就是静默，我不能被思想所干扰。尽管思考，我仍是静默。

持咒可以帮助你承认你是静默。你一遍又一遍地持咒，不是机械地，而是有意识地。重复同一个名字或咒语，以避免形成、联想和发展思维模式。每次持咒都是完整的。通过意识到两个连续持咒之间的静默，你避免了机械性。如果以此理解来持咒，你会发现心智自然地安守在静默中。如果你经常承认两个持咒之间的静默，随着时间的推移，你会发现持咒变成了两段静默之间的夹心。如果有任何想法发生，你就把这个咒语带进来。

这个持咒的过程，使你能自在地与自己相处，与俱足的自我相处。

你成为完整的、无限的喜乐的三个障碍是无知、不洁和分心。在一位合格的教师的帮助下，通过探究自我、学习而获得的知识可以消除无知，这是认识你自己的首要方法。用冷静的态度，优雅接纳一切降临到你身上事情的态度，来发展价值和行事，夺走你平静心智的不洁就会被清除。最后一个障碍，分心，被持咒消除了。通过这些方法，一个人可以化解所有限制和悲伤的问题，开始认识并接纳自己是一个完整的、无限的存在，那是他一生中一直在寻找的东西。

1981年于加利福尼亚州旧金山

## 心智不纯粹（Malaḥ）

### 好恶的根源

每个人都有好恶。在孩子成长阶段，父母为他们创造了一种价值观，孩子们被告知什么是对的，什么是错的，直到他们自己能够发现对错。随着孩子的成长，他们周围的世界对他们的好恶产生强烈影响，社会和文化把行为准则强加给个人，每个人都有自己看待世界的价值观。

每个人看世界都有三种不同方式：有些东西是人们喜欢的，有些是人们不喜欢的，还有一些是中性的。喜欢的东西指其存在、拥有或出现时使人快乐，而缺少或失去时使人不快乐；没有不喜欢的东西使人快乐，而它的存在使人不快乐；中性的东西指那些不会因其存在与否而引起快乐或不快乐。

因此，根据个人多年来所建立的价值观，个人对一件东西存在喜欢、不喜欢或无所谓的看法。我没有创造那个东西，它们存在那里是为了实现某种目的，好恶并非其属性。一个人喜欢的任何特定东西，可能另一个人不喜欢，还有人无动于衷。一个人因为得到一件东西而感到快乐，而另一个人为了摆脱它而感到快乐！这表明好恶都是私人的、主观的概念，所以我们本质上不是生活在真实的世界里，而是生活在我们自己的好恶世界里。当看到一个东西时，头脑会立即将好恶叠加在它上面，于是对一个被扭曲的物体的视觉就会呈现给智力，并作出判断和反应。因此，我们不能说这个世界让我们快乐或不快乐，由于我们的好恶，我们对它没有认知。

### 好恶制造问题

我依靠好恶来获得快乐和内心平静。当一件东西的存在使我不快乐时，我就会产生一种避免或摆脱它的冲动；当一件东西的存在使我感到快乐时，我就渴望占有它，而要得到它就会经历一番挣扎；这种摆脱和获得的斗争是经常的。如果我与这个世界的接触是不可避免的，那么这种斗争也是不可避免的。这就像在路上驾驶一辆车，我必须保持警惕，以避免发生事故，因为难免遇到事故。

如果好恶的东西是有限的，我可以计划一个一个地实现它们。但它们的本性是这样的，当一个愿望被满足了，它就让位给下一个愿望，但满足它们并不能穷尽好恶。

个人的价值观也在不断变化，因为它们是主观的。今天喜欢的东西，明天可能不喜欢；在一个地方喜欢的东西，可能换到另一个地方就不喜欢；早上喝一杯咖啡可能对你有好处，但晚上就不一定了；饿时想吃的东西，在不饿时可能就勾不起食欲了。因此，价值观会随着时间、地点、条件的变化而变化，人们的好恶也在不断变化，这使得满足它们变得更加困难。我似乎是无助的，我通常为好恶无法得到满足而悲伤。

敏感的人，即使在小事上也会有忧愁。我们甚至不能接受我们无法控制的事情，我们不想变老，我们的身高和体重一直是个问题，甚至信仰也会影响人们的好恶。对一个追求精神生活的人来说，一个物欲横流的人会成为他厌恶的对象，对他来说，任何与精神追求有关的东西都可以成为他喜欢的对象。我们接受的知识、观念也是通过好恶来过滤的，这为那些追随或不追随精神追求的人创造了新的好恶。甚至神也受我们的好恶支配，我们只喜欢其中一个，不喜欢另一个。如果我们不能接受我们所拥有的东西，而这些东西又让我们无能为力，我们又怎么能让我们的生活幸福呢？当人们玩弄有限资源时，没有人能满足所有好恶。一个人在生活中遇到挫折是很自然的，如果他没有受挫，那只是因为人心总是对未来怀有希望。

## 好恶否定自我

好恶使我成为一个追求喜乐的人，从而否定了我真正的本性——喜乐。我不能悲伤，因为我见证了悲伤来来去去。虽然貌似快乐来来去去，但如果快乐是个入侵者，当它到来的时候，我是不会快乐的，但事实并非如此。我对悲伤感到不高兴，所以悲伤一定是入侵者，悲伤是外物，这不是我的本性。我对快乐感到高兴，所以快乐一定是我的本性。一个人知道自己是喜乐，就会喜乐，就像火无缘由地热的一样，因为热是它的本质。在《薄伽梵歌》中，克里希那将智者描述为自得其乐的人。

一个无知的人，他的头脑中充满了无数好恶，他依靠无数事物来获得快乐。这样的人需要一个理由才能感到快乐，而快乐似乎取决于除他自己之外的其他因素。所以，好恶使人无法享受自己的快乐，使人在本质上并非快乐的事物中寻找快乐。

我们的经验是，当我们的好恶很强烈时，我们会对情况感到不安。如果我对食物中的盐有强烈的好恶，那么每顿饭都会成为问题。与此同时，我们都知道我们喜欢的东西，如果得不到它们，我们也不会烦恼。我喜欢喝咖啡，但如果有人给我茶，我也不介意。在这种情况下，好恶没有刺痛我们，我们能够接受事物的本来面目。所以我们所要做的，就是使好恶不再扰乱我们的心智，然后我们和自我同在，于是，心智不投射，心智是安静的。

如此镇定的心智（samatvam），与自己同在，称为瑜伽。当可取和不可取的事情到来时，保持镇定，这就是正念，这就是瑜伽。但只要我有强烈好恶，当发生一些我无法接受的事情时，我就会失去镇定，所以必须找出一个值来求得平衡。必须明白，平衡有助于我保持自我，平衡的心智能接纳世界的本来面目，这样的接纳会带来快乐。

当我们接纳天空、太阳和星星时，是一种客观的接纳，因为我们的头脑不会把好恶投射到它们上面。我们不希望它们与其本来面目不同，因此接纳大自然会带来欢乐。一个没有强烈好恶的心智可以客观地接纳整个造物，任何事物都不能扰乱心智的镇定。所以，镇定的心智是快乐的心智，它能发现并接纳绝对的和平与快乐，那即自我的本性。

探寻者在平衡中发现心智的价值，并找到达到平衡心智的方法。当平衡心智的价值被认可时，人们就会试图通过中和好恶来获得它。获得如此心智的方法在《薄伽梵歌》被概述为行动瑜伽（karma-yoga），它源自《吠陀经》。

### 掌控心智

自我知识是通过探究（vicāra）来实现的，这需要有准备的心智，心智中阻碍知识发生的障碍必须被清除，这是通过瑜伽来完成的。在《薄伽梵歌》中克里希那教给阿周那两种自我知识：梵知（brahma-vidyā）和瑜伽论（yoga-śāstra）。

在《薄伽梵歌》的第六章“冥想”中，阿周那向克里希那请教方法，以获得心智稳定，安住于自我知识中。克里希那说：

Asaṁśayaṁ mahābāho mano durnigrahaṁ calam abhyāsena tu kaunteya vairāgyeṇa ca gṛhyate

毫无疑问，伟大战士阿周那啊，躁动的心智是很难控制的。但是，贡蒂之子啊，通过修炼客观性，它就被掌握了。——《薄伽梵歌》（6.35）

克里希那首先称阿周那是伟大战士（mahābāho），作为一名伟大战士，阿周那当然被视作强大的。但是体力和力量不一定意味着能控制心智，一个人的力量可能在压倒另一个人时有用，但它不足以关照自己不断变化的心智。克里希那证实了这一点，他说，毫无疑问心智是不安分的、躁动的、难以掌控的。

### 接纳是第一步

认识到心智是不安分的、不断变化的，就已经成功了一半。假设有人告诉我，他或她的心智很躁动，我说：躁动不能解决任何问题，所以，不要躁动。因为不是这个人想要躁动，所以，告诉某人不要躁动不能解决问题。当我接纳这个事实——我无法控制我的躁动、我的愤怒、我的不安善变的心智，那么就成功了一半。

克里希那接纳这个心理事实，即心智的本质是躁动的。个人无须试图消除躁动，仅需接纳躁动，不要因为躁动而不安，以为这是你要解决的问题。另外，不要认为你躁动的心智是什么特别的东西。躁动是心智的本质，因为心智必须变化，它注定要变化。试着想象一成不变思想的心智，一成不变思想意味着你看不到其他东西。还在十英里远，你就看见一棵树，那棵树现在还在你面前！其他别的什么都没有，没有车、没有人，什么都没有。有这样心智的你根本活不下去。

心智必须变化，就像电影中，画面必须总是以一定速度变化，这样你才能看到事物和运动。心智也必须不断变化，你才能看到更多。一个特定思想总是短暂的（kṣṇikam），它甚至连一秒钟都持续不了。因为心智的本质是稍纵即逝的，它自然会变化。因此，克里希那说："阿周那，毫无疑问，心智非常难以控制。"要接纳这一事实，即心智是不断躁动的，它有自己的根源和逻辑。

我们总是认为心智是不合逻辑的，但那是不正确的，心智确实有自己的逻辑。如果我们突然想到某件事，它貌似空穴来风；而它来自某个地方，意味着它有一定的逻辑。可是，为什么外界啥都没有发生，一切都很平静时，我突然产生这个看似随意的想法呢？这仅仅意味着一个想法的产生并不需要外部环境，我们有足够的内在力量来让这一切发生。比如，为什么我在冥想时突然想到南瓜？为什么当我说话时，想要说一些有趣的词时，南瓜这个词会出现在我的脑海里？这里面一定存在某种逻辑。每当某件事在脑海中发生时，总有一些原因。因此，我们必须明白，心智就是这样的，这是它的本质。

这是否意味着我应该让心智维持原样？是的。如果心智变得躁动，就把它忘掉，别为它担心。但问题是，当心智躁动时，我也会躁动。为了解决这个问题，我必须学会发现“我”和心智之间的距离。

### 关照内在小孩

克里希那认为在阿周那内心仍然存在着一个小孩。每个人都有一个内在小孩，那即心智本身的根源。总有一个小孩对他或她的期望失望，“我妈妈不喜欢我，我父亲讨厌我。”这些都是小孩的感受，由于涉及人的行为，它们具有一定的有效性，这就是小孩留在人内心的原因。藏在内心的是一个哭泣的小孩。这就是为什么心智会突然躁动，尤其是当你35岁时，此时，小孩的所有失望一个接一个地显现出来。如果你开始学习吠檀多，它们都会冒出来！

吠檀多告诉你要正视自己。之前，你在做其他事情，这就是为什么小孩会冒出来。你什么时候才能关照这个小孩呢？他必须被关照，这个问题必须得到解决。否则，即使你活到75岁仍然是一个小孩。

### 修炼和客观

克里希那告诉阿周那，通过修炼可以掌控心智。通过练习瑜伽，你和心智之间会产生一定距离，这种距离使你能积极地看待自己，看清真实的自己，看清“我”的本质是什么。这样，你就会明白，每一个思想都是你自己，而你超然于这个思想。

一次又一次地看到这种特定的情况，思想是“我”，而“我”不是思想，这就是修炼的意义（abhyāsa）。反复做同样的事情，即克里希那所说的能使人掌控心智的实践。

你越接纳自我独立于思想之外，思想就越会变成一个纯粹角色。这是你逐渐了解的距离，一种并不指物理距离或心智特定状态的距离，它是一种洞察，一种接纳，最终会成为现实。

克里希那教导的第二种方法，让心智安于自己，即客观（vairāgya）。为什么心智起初四处游离？只要出现更有趣的事情，或吸引它注意力的事情，心智就会去到那里。

你不需要付出任何努力，心智就会转向喜爱或痛苦的对象。从一个你喜爱的对象中，你可以获得一种喜悦、一种满足，因此心智自然会靠近。心智也会很自然地靠近任何伤害你，或曾经伤害过你的对象，因为疼痛需要关注。

### 客观的意思

给一个对象加上不属于它的属性就是“叠加”（adhyāsa）。根据你的思维，当叠加的是一些积极的东西，称为积极（śobhana），意思是非常令人愉快的东西，你对它有某种痴迷和迷恋。因此，认为一个特定对象会给你带来快乐或安全的想法是“积极叠加”（śobhana-adhyāsa）。“积极叠加”认为，通过实现这个或那个目标，你将变得不同，你将被别人和你自己接纳。为了寻求自我接纳，你把某些属性叠加在对象上，认为它们能够给予的东西比它实际能给予的更多。所有对快乐和安全的渴望的根源是“积极叠加”。

没有这种叠加就是所谓的客观。客观使人们能够将一个对象的客观属性，从人们可能赋予它的主观叠加中分离出来，当叠加属性被理解为叠加属性时，对象就恢复了其自身客观状态。

例如，认为没有钱会让我不体面的想法是不正确的，没有钱使我贫穷，这是一个事实；没有钱使我没有购买力是另一个事实；但是，说我没有钱就不体面，这并不是事实，这就是一种叠加。

无价值感是一种非常私人的感觉，因为个人对成功抱有一种成见，这种成见发生在一个金钱被尊重和高度重视的社会中。在这样一个社会里，人们只会用金钱来衡量个人成功。以这种方式来衡量金钱是毫无意义的，因为一个人有钱，并不意味着这个人是成功的或快乐的。

### 非有意的叠加

有一个叠加，不是个人有意而为的，而是一种在特定社会中浸染于特定价值结构的内在心理。“积极叠加”必须通过把钱只视作钱本身来中和，仅此而已，说钱没有价值是另一种叠加。同样地，如果你给钱增加了比实际更多的东西，这也是一个叠加。将对象还原为它们自己的状态是一个过程，在这个过程中你会发现自己有一些冷静，即客观。

一个人之所以是冷静的，是因为他的判断是客观的，冷静要从客观的角度来理解。除非我们清楚地理解客观性的意义，否则就会出现更多的问题。这并不意味着你没有欲望，我们在此不是创造理想，创造理想只会使我们与自己更加疏远。客观意味着摆脱对对象的渴望，这是通过中和叠加来实现的，从而正确地判断情况。

### 中和叠加

为了中和叠加，人们必须理解强加在对象上的客观价值和主观价值之间的区别。怎么可能看到这个区别呢？在商羯罗的注疏中，客观被定义为一种能反复理解所见和所不见的享受对象局限性的能力，这在当下和未来都有意义。

这里的局限性指的是一个特定对象能和不能提供什么。任何对象都有其优点和缺点，因此，我们必须清楚看到这些局限性。例如，钱可以买房子，但不能营造一个家。认清这个事实会让你冷静下来，帮助你与金钱建立一种客观合理的关系。

同样，痛苦的对象也会在你的心智中引起问题，你以前得不到的，你现在得到的，你过去失去的。然而，如果存在客观性，那些过往的失败，那些给你带来痛苦的东西，就会消失，而新的对象就不会对你产生任何控制。这就是一遍又一遍地看到事物的局限性，从而带来认知上的改变，在很大程度上解放了心智。客观和修炼可以使自己和痛苦之间产生一定距离，虽然这可能需要一段时间。

客观是指你实事求是地看待对象，这里不涉及判断，只涉及对对象本来面目的理解。看到对象的局限性是客观，一次次重复即修炼。重复是必要的，因为主观价值不会就此消失，这是因为价值并不是你故意强加给对象的东西。

### 客观和主观

假设你买了一尊铜像，你认为它是古董。事实上，它只是被氧化了，看起来很古老。为了增加它的价值，一只耳朵被移除了，还故意加上了一些划痕。你以为它是古董，你就给它赋予了一种与该物体的客观价值几乎或根本没有关系的主观价值，把一件简单的青铜制品看作伟大的东西纯属主观。

由此我们可以理解一个对象的客观价值和主观价值的区别，以前你认为这个青铜制品是古董，现在你知道它不是古董，只是青铜制品。物品本身和你买它的时候一样，它当时没有耳朵，现在也没有耳朵！只是你看待它的方式产生了变化。

当你不再把这件物品视作古董时，你对它的态度是冷静的。如果它是古董，那它就是古董，你仅仅把它当作古董就行了，社会因为主观价值而对它过高标价，这与你无关。

当叠加在物品上的主观价值消失时，物品就只是物品，这适用于所有物品，必须识别出物品中不存在的额外属性。因此，你一次又一次地看到物品的本来面目。认识到这一点之后，这种主观叠加就消失了。

如果一个人想要掌控自己的心智，那么反复看到事物和情境的局限性是非常重要的。重复是必要的，因为叠加不是故意的。你将某物变得超出其本身价值不是一个错误，如果这是一个错误，一次性纠正就足以使心智客观。但是，叠加不是一次性错误造成的，它是通过你自己，一个在心理上对成功、幸福和自我价值具有根深蒂固观念的人所造成的。

**情绪成熟**

归根结底，客观基于个人情绪成熟和成长。成长是能反复看到所有对象和追求的局限性，直到叠加消失，至此，这个世界就不能控制你。否则，心智自然会追逐某些东西，因为它们已经被你和社会赋予如此重要的意义。

修炼和客观可以驾驭那难以驾驭的心智。你不能简单地坐在那里，期望心智照顾好自己，你必须对它多加关照。

接受这样的事实：心智的本质是躁动的，是转瞬即逝的。

## 关于爱——获得恒定的心智

吠檀多关于自我的观点认为，人们发现“我”这个词意即自我，它的本质是绝对的满足和爱，不受任何限制。要如此接纳你自己，你需要一种恒定的心智，一种在绝对中寻求发现的，具有相对性的心智。因为自我是绝对的满足，你的心智一定是相对的满足；由于自我是绝对的爱，你也必须是相对有爱之人，能欣然接受人和事物的本来面目。一个脾气暴躁，没有爱心的人是不会发现自我的，因为他的心智总是躁动的，从来不会安定。

那么，你如何获得一种相对安定的、满足的、有爱的心智呢？通过你对他人的爱，你能获得安定的心智吗？你必须首先拥有安定的心智，才能发现对某人持久的爱。因此，安定的心智以两种方式为你服务：一是帮助你有资格接受吠檀多的观点，二是帮助你在与另一个人的关系中发现持久的爱。

对他人的爱是当那个人取悦你时，你在自己内在发现的东西。爱不是一种可以选择的行动。如果它是，并且有人恳求你“请你爱我”，你可以决定爱这个人，不爱这个人，或者明天再爱这个人。就行动而言，有三种自由：做、不做或以不同的方式去做。然而，就爱而言，这种自由并不存在，因为爱不依赖于你的意志。因此，爱是一种你只能在自己内在发现的东西。

此外，一个被爱的对象，无论是人、动物还是无生命的物体，均无任何天生能力来唤起你所谓的爱。如果它能做到，它会在你和每个人身上创造爱，但事实并非如此。你最终会对爱上的那个人说“我想我们之间需要一些距离”，这意味着你的爱结束了。事实上，爱与你所爱的对象无关，爱是存在于你——主体之内的。你的特定好恶决定了你的爱、恨和冷漠的对象是谁。然而，你爱一个人不是为了他，而是为了你自己，因为那个人让你高兴。因此，当你说“我爱你”时，你的真正意思是“你现在让我高兴了”，就好像你爱的是你愉悦的自我，任何唤起你愉悦自我的对象或人都会成为你爱的对象。

要想被某人取悦，就需要此人满足你的某些特定好恶，这些都是很主观的，而且时刻都在变化。不知何故，你确实会感到高兴，但这全靠运气。通常情况下，那个人最终不再讨你喜欢，你也不再讨他喜欢，因为没有人能在一段时间内满足自己的所有喜好。当快乐的自我消失后，爱的对象就会变成冷漠甚至憎恨的对象。因此，心智不会因为我们对另一个人的爱而安定。

你对一个人的爱是否会成为持久的爱，这谁都说不准。人们之所以立下结婚誓言，正是因为不确定爱情能否长久。人们常常违背誓言，即使许下了誓言，因为被取悦是不容易的，而取悦别人也同样困难。当你发现自己被别人取悦，并爱上那个人时，你就会变得不顾后果，忽视别人的局限性，因为它们暂时对你来说并不重要；只要它们对你来说仍然不重要，此人似乎具有某种取悦你的东西，爱上他是很自然的。然而，与此同时，你也是一个具有自己的愤怒、怨恨、伤害和内疚情绪的人，这些情绪不会因为你爱上某人而消失，那种爱只与一个人有关；但是对于你的老板、亲戚、政府和经济体系来说，你还是原来那个愤怒的人，那个你发现爱人之前的人。因为有许多事情会引起你的愤怒，这种愤怒总是藏在你的心里，即使它可能不总是表达出来。当你发现爱的新鲜感消失后，你的愤怒会以自己的方式进入你们的关系中。这时，你开始根据自己对对方的期望，看到对方的局限性。

如果你从一开始就不是一个具有持久之爱的人，你就不可能在任何一段特定关系中找到持久之爱。这就像当整个身体系统都不适时，你却希望你的鼻子健康一样。除非你完全改变自己，否则你与另一个人的关系中做出的调整并不能解决问题。迟早生气的人会生气，可恨的人也会可恨。任何改善关系的方法只能暂时起作用，要想在与某一特定的人的关系中发现持久之爱，首先你必须具有恒定的心智。

获得恒定心智，意味着发展某些价值观和态度，并清楚地认识到其重要性，掌握这些价值观，你就赋予爱适当条件。包容他人就是这样一种价值观，事实上，你的愤怒是由于缺乏包容，因为你希望整个世界都按照你的期望行事。为了培养包容他人的价值观，有一个事实需要被清楚地理解，那就是另一个人以特定方式行事，因为他没有能力做出不同的行为。你说“他本来可以做得更好”，如果他能，他一定会做到，你凭什么要求别人按照你的期望行事？他有权要求你做出不同的举动吗？如果你改变了，那他就不需要改变了。如果你有权要求他改变，他也有权要求你让他按他现在的样子生活。

事实上，只有通过包容他人，允许他们做自己，你才能在日常生活中获得相对自由。如果你从一个宽广的角度分析这个问题，你会发现每个人都在干涉别人的生活。通常，你从更狭窄的角度看事情，发现有一个人在你面前若隐若现，他的影响力似乎非常强大。事实上，就你的身体而言，你永远不可能不受任何人的影响，也不可能不受宇宙中所有力量的影响；你也不可能做一件事或说一句话时不以某种方式影响到别人。因此，没有人是真正自由的，因为我们都是相互关联的。

甚至斯瓦米也不是自由的，当我去植物园的时候，有两个人从我身边经过，其中一个人对另一个人说：“你看见那个新来的人了吗？”我尽量不去打扰别人，但是我穿的僧袍确实打扰到了别人。我穿这些衣服，因为在我的国家，它们是弃绝者的传统服饰；我来到这里，我想以同样的方式表现自己。如果我被评论所打扰，那纯属我允许它们来打扰我，因此，我只获得人们给予我的那点自由。然而，如果我把这个过程颠倒过来，给予他们做自己和想其所想的自由，那么，只有这样我才自由。我认为自己是自由的，给你自由去解决你的问题，所以我不和你争论，我的自由只限于我给你对我发表意见的自由。当有人看见我的衣服并问："这是怎么回事？"我可能只是笑着说："今年万圣节来得早。"即使他的意见可能不正确，我也不必改变他的意见。我给予他做自己的自由，我唯一的自由就是他的意见不打扰我。

因此，你必须在心理上接受自己是一个有个性的人。人们认识到存在某些问题，回忆那些真正让你不安的情景、人和事情。你所发现的不仅仅是记忆，而是剩下的反应。反应并非你有意而为的，比如你不能有意识地生气，因为生气不是一种行为，而是当你对事情没有发言权时产生的反应。这些反应对你产生了巨大影响，并成为你心里的一部分，塑造了一个人的个性。事实上，生气这种反应是错误的，是由于你缺乏警觉性，它们在心智里没有真正的根基。

因此，回忆那些对你造成困扰的人和时刻，或者那些你打扰过的人，你对他们怀有某种负罪感。在冥想的座位上，回想它们，让它们保持原样。

当你仰望蓝天、星星、鸟儿和群山时，你对它们毫无怨言，你被它们取悦，它们没做任何事来取悦你，但你很高兴，因为你不想让它们表现不同，你接受它们的本来样子，所以你是高兴的。这条河流兀自流淌，你不希望水量变大或者流向不同方向。事实上，你寻找自然的地方，因为它们不会唤起貌似不高兴、生气、难以取悦的你。你与环境合而为一并包容自我，无须世界做任何事来取悦你。

这是改变的机会，把自己看作一个快乐的人，把这个快乐的人带到所有情况下，那些曾经让你不快的人和你曾经让他不快的人的身上。接纳别人，就像你接纳星星、鸟儿和高山一样。如果你认为对方需要改变，或尽你所能帮助他改变，那就祈祷他改变，但首先要包容他们的本来面目。只有这样，你才能真正变成一个完整的人。你可能学习很多吠檀多知识，但除非你完全包容他人，否则吠檀多知识不会适合你。你只会存在一种感觉，那就是在你内心深处，还有什么东西有待发掘。完全接纳别人，你就自由了。只有这样，你才会发现爱就是你自己。

> 你不能愿意去爱，因为爱不是一种可以选择的行动，它是你在自己内在发现的东西。

1985年7月于加拿大多伦多

**和平**

生活中的情况可能是苛刻的、费力的、严厉的、不愉快的，你要做什么来获得和平与镇定？和平不在你之外，即使它貌似如此，你的内心仍然会有骚动。有人去喜马拉雅山区寻求和平，在一个绝对孤寂的幽静山谷隐居。过了几天，他对自己说："虽然这很吸引人，但它缺少一样东西，陪伴！"事实上，在一个孤寂的地方你不会找到和平；为了找到和平，你只需要你自己，这才是决定因素。

在《大林间奥义书》（Bṛhadāraṇyakopaniṣad）中，亚纳瓦卡亚（Yājnavalkya）对他的妻子麦崔依（Maitreyī）说道：

ātmanastukāmāya sarvaṁ priyaṁ bhavati
仅仅因为个人之故，一切都变得可爱起来。

丈夫爱妻子不是为了她，而是为了他自己。他们关系中的喜悦让他高兴，这就是他为什么爱她，她亦如此。如果你喜欢为社会做一些事情，那是为了满足你自己对名利或权力的需求，或者你无法忍受自己有同理心而不采取行动。如果有人正处于痛苦之中，你会产生同理心，视同于自己的悲伤。当你看到周围的人处于贫困时，你不会感到快乐，因此你做了一些事情来缓解。我们大多数慈善行为都是基于这样一个因素，那就是它能让你感到愉快，让你从中找到一些慰藉，不管这种慰藉是多么短暂。亚纳瓦卡亚告诉麦崔依，真正的和平只以你为中心。

ātmāvāre draṣṭavyaḥ śrotavyo
mantavyo nididhyāsitavyaḥ
嘿，麦崔依，自我是要被看到、被听闻、被探究和被沉思的。

即使在今天，该启示还是有意义的。和平既不是内在的，也不是外在的，它是以你为中心的。它是你如何看待自己，如何看待世界，如何看待生活的现实，以及你的人生重心，它们决定了你是否能安于自己。把自己视作俱足的人，不必尝试改变世界或自己来发现和平；如果需要改变，那就改变你的视野和理解。这是纯粹的知识，这是没有选择的。这就是你的实相，这就是你如何看待自己。

你可以扮演不同的角色，这是一种莫大的福气。所承担的挑战会让你意识到这个角色就是你，而你不是那个角色。如果你领悟到这一点，那么你的本性是和平的真相将变得清晰。

Śāntaṁ śivam advaitaṁ caturthaṁ manyate sa ātmā sa vijñeyaḥ
阿特曼即和平、吉祥，不二的一，被视作第四（pāda）要被认知的。——《唵声奥义书》（Māṇḍūkyopaniṣad）

从经验上可以这样看，当你看到白雪覆盖的山峰，听到海浪冲击岩石的咆哮声，或目睹日落时天空染上万紫千红时，你的反应通常是敬畏的，你发现你安于自己。这种镇定从何而来？它纯粹来自你，因为你用一种接纳的态度看待自然，你不希望它有任何不同。这意味着在那个特定时刻，你既不是喜欢者，也不是厌恶者，你只是接受世界的本来面目。

这些是和平的时刻，它们总是存在的。没有什么能夺走你的这种意识。没有什么要达成，因为它已经达成了，我们所需要的只是理解和改变视野。

对自我的无知是普遍的，而且一直如此，因为自我不容易被理解。

**静默，尽管有思想**

在非二元性的发现中，二元性消失了，尽管貌似二元，而我是“一”，这被称为不二论视野。这即臣服，这即认知，鉴于此，别的东西没有一席之地，除非它是为了使头脑准备好去理解该特定知识。

**准备心智**

要具有一种心智状态，消除你的一切错误观念，使你能够看到你的实相。带着关心、同情和理解，批评各种偏见。任何否定你对实相清晰认识的东西都必须被消除，同时也要消除你自己的狭隘观念和偏见。谴责自己“我毫无价值，我毫无用处”，阻碍了你认清自己。

当古鲁告诉你，你是实相（sat）、意识（cit）、无限（ānanda），你是创造的中心，没有什么超越你，这是一件美妙的事情。“我是如此深刻的实相，我什么都不缺，我就是我所寻找的一切。”这是一个惊人的发现。谁会想到你会是那一切呢？“我怎么能想象我在生活中寻找的就是‘我自己’呢？由于我正在寻找它，我不能想象它就是‘我自己’。”

实相被听闻了，但没有被吸收。对于那些似乎听从古鲁所言者来说，只要古鲁还在讲解，一切似乎都是清楚的。你会想，“这是真的，这是真的”。当古鲁离开后，你所感受到的俱足和他所说的一切都消失了。

于是，你开始怀疑你所理解的。“斯瓦米催眠我了吗？我想是他让我相信自己很棒，如果我看到自己很棒，为什么我不觉得自己很棒呢？”这是认知和经历的混淆。

如果催眠术可以做到，那我就不用教了。教学是一种展开，就像艺术家让你看到你认为司空见惯的事物中的美一样，老师也让你看到自己。他没有引入自己的经历，他用你的经历作为教学的基础，让你看到经历的真相，这带来了自我知识的吸收。

“那么，如果它是知识，为什么它对我没有帮助呢？”它不会对你有帮助，因为你的心智仍然是旧心智，它带着多年积累起来的好恶，它们不会在一夜之间消失。以前你很躁动，听了教导之后，你会再次经历一阵悲伤、挫折、痛苦、愤怒的阵痛。你不想发生的事一直在发生，所以心智一直在说：“我要一直把自己视作完整的人！当然，我一直是完整的人，但是我忘记了。在日常生活中，这些知识似乎对我没有帮助，因此，它似乎与我的生活隔绝。我该怎么办呢？”

## 静默的自我

你必须认识到你就是每个思想的实相，无论它是躁动的思想还是极乐的思想，你就是该思想的实相。没有你，思想就不存在，它只是你自己的自我光辉存在的反映，它是在你之后发光的东西，就像月亮反射太阳发光一样。因此，思想会不会打扰你，完全取决于你。另一方面，如果你是该思想，那么心智的状态就是你的状态，如果心智不安，你也会不安。

心智注定经历变化。你应该把自己视作静默者，尽管你的思想在变化。一旦你发现你的思想是表面的，它就不会引起问题。因此，你可以而且必须看到你自己，不是在没有思想的情况下，而是在有思想的情况下，这即所谓冥想。

尽管有思想，但看到的那个不变的“我”是什么？“我”是静默，“我”是喜乐，“我”是俱足，“我”是自由，它不缺什么。它永远是自由的，那自由、静默的自我。

现在，那静默（那即自我）和你并无不同。你曾获得过静默吗？不。你能重新获得静默吗？不。因为你就是静默，你不需要做任何事情来获得静默。你也无法重新获得静默，因为它并非来了又去的东西。

躁动来了又去，所有那些似乎要破坏静默的思想来了又去，但是静默在躁动之前、躁动期间和躁动之后一直存在。当躁动消失，你就静默了。因为你通常都很躁动，所以静默似乎来了又去。在英国，总是阴天，太阳好像来了又去。事实上，是云来了又去，太阳永远存在。同样地，在此，你心中的乌云消失了，你看到自己是静默的。它们又来了，你似乎又迷失了自己，这就是所发生的一切，静默从未远离你。

学习任何东西，你都必须保持静默，否则，学习就无法进行。因为你时常静默，所以你获得了一些知识。如果你试图吸收一些东西，但你的心智中有很多思想的话，那么什么也不会发生。当心智被占据时，你不能学到任何新东西。

### 转变思想

你知道静默对你而言不是未知的东西，它只是貌似来了又去，因为思想貌似制造了躁动。你把思想当成自己，由于机械思维而变得焦躁不安。好恶、未消化和未吸收的思想的积累，导致了如此多的冲突和挫折，使心智变得机械，只是反应而非行动。一旦一个思想来了，这个思想就会使你产生另一个思想，再引到另一个思想，你就会经历一段躁动的魔咒。

在这种无意识的机械思维中，你把那个思想当作你自己，你忘记了自己。然后，当这种思想消失的时候，你会突然回过神来，恢复片刻的静默。因此，静默似乎来了又去。但如果你分析它，问题就不是发现静默，而是打破思想模式。

一个思想来了又去，它来之前是静默，它走之后是静默。在另一个思想之后，是静默，在思想之间是静默。静默不是你必须争取的东西，思想来了又去，静默总是存在。你仍然错过它。这意味着什么？你错过它是因为你穿行在思想中，你被这些思想牵着走。

当你的思想聚集时，你就会错过那种静默，从而产生一个魔咒。你穿行在思想中，你没有脚踏实地。你的心智通过某种联想从一个思想跳到另一个思想，这种联想可以是一个简单的声音，甚至一个韵律。一个词的意思也可以让你联想起很多其他词，就像猴子跳跃着抓住下一根树枝一样，你也抓住了第一个思想而放弃最后那个思想，这就是为什么心智被称为猴子。你必须学会打破这种在思想中机械漫游的魔咒，并发现两个思想之间的静默。为自己提供一种环境，在这种环境中，你可以培养出在思考的同时与自己相处的诀窍，这种特殊的情况叫作冥想。

什么是冥想？当你消除一切思想时，你是在冥想吗？假设你试图消除一切思想，那么，当一个思想出现时，会发生什么呢？静默就消失了，你将会陷入麻烦之中，因为一个思想的到来变成了问题。你能拥有永远不会思考的心智吗？你是否会问神："神啊，请赐予我一个永远不会思考的心智。”那他为什么要赐予你一个心智呢？被赐予心智是一种福气，心智是用来思考的，思考不会产生问题，但从思想中制造噩梦才是问题所在。

如果你认为没有思考就是冥想，或者看到有趣的景象就是冥想，那是不对的，事实并非如此。如果你试图消除所有的思想，你只会变得沮丧，并谴责自己没有价值，因为你无法做到。

### 开发技巧

思考的过程好比许多不同思想组成的链条，这根链条可能被思想牵着走，陷于一种肤浅的、反应性的、机械的思维形式。这是一种运用你的心智做某事的方法，你有很多思想，同时，你会发现这些思想之间的静默。

你创造的不是许多不同的思想，而是很多相同的思想。如果第二个思想和第一个思想一样，第三个思想和第二个思想一样，就不会产生蛊惑的思想链。无关联，无连接，只有思想，句号，思想，句号，思想，句号。在第一个思想之后有什么？静默。在第二个思想之后？静默。在第三个思想之后？静默。

你单一重复的可能是一个有意义的词，可能是一种代表整体的东西，可能是创造的核心，也可能是一种不属于创造的东西。这是一个对你来说非常有意义的词，整个教学可以从这个简单的词中看出。它可以是任何你认为是神之圣名的词，当你重复这个词的时候，它会让你接纳自己，它应该是一个包含你在内的有意义的词。

可以是一个像Om这样的词，一个包含一切的词，包括它的意思和声音。它的发音是a，u，m。a代表清醒，物质世界，u代表思想世界，m代表未显世界。因此，整个创造及其基础都包含在这个Om中。

你可以选择说Om namaḥ śivāya, Namaḥ指“我顶礼”，Śiva指“一

切吉祥，一切圆满”。因此，“我顶礼主”。这样的词构成祈祷词，这些词是非常有用和有意义的。

Om，Om，Om，它们之间有什么联系吗？不，因为每个都是完整的，思想是相同的，即使它被重复了很多次。重复是必须的，为了发现思想之间的静默。你肯定有很多思想，却不是各种思想。有各种思想意味着这些思想形成了一根链条，你不会在这根链条中发现静默，因此，你会多次给自己灌输一个思想。你没有去打造链条，你看到一些思想，看到第一个和第二个没有不同，第二个和第三个也没有不同。因此，你为自己营造一种情形，在其中你发现了思想之间的静默。

当你唱诵Om时，下一个是什么？静默。Om，静默，Om，静默。你这样做是为了看到你是静默的，尽管你有连续的思想，这个新消遣谓之冥想。它会帮助你轻松发现你始终如一，尽管你付诸一切行动，聚集感知，接受思想，你仍然是静默的、无任何行动的自由存在。

> 对你而言，祈祷是一种深思熟虑的行动，因此，它是因果，受制于善业-恶业。祈祷是召唤第七个因素——恩典的一种方法。

1978年11月于加利福尼亚州旧金山

## 奉献的态度

达克希那穆提（Dakṣiṇāmūrti）神庙的圣化仪式在赛勒斯堡的阿夏·韦迪雅古鲁学堂举行。

奉献者是与神有关系的人，他永远是奉献者。你可能是基督徒或印度教徒，但你首先是一个奉献者。无论你扮演什么角色，你都是一个奉献者——一个奉献者父亲，一个奉献者母亲，一个奉献者公民，等等。从根本上说，你始终都是一个奉献者，扮演着不同角色。角色和个人之间的空间是对奉献者作为角色扮演者的认可。这并不是说你在早晨、星期天或每两周才变成一个奉献者。

但是，你如何把这个偶尔出现的奉献者带出并留在你之内呢？你如何留住这个奉献者——他在一群人的集会上被一场虔诚的符咒迷住，随后就离开了？你应该怎样做才能发现恒久的奉献者？唯一的方法就是作为一个奉献者去做些什么。

爱的行为就是我们所说的奉献、崇拜的行为。当你把一朵花放在神面前的祭坛上时，你就把这个奉献者带到了世上。虽然你崇拜一尊神像，但你并不是真的在崇拜神像，没有人崇拜神像。如果神像是神，那么雕刻家就比神更伟大，因为他创造了神像。雕刻神像的雕刻家在神像被奉为神之后拜倒在神的足下。可见，奉献是个人的态度问题。

当我们在一个公共场所敬拜，并且到那里只为敬拜别无他求，这个地方本身就因为我们自己的态度而变成了庙宇。还有哪里是神圣的地方？世上任何一个地方，只是因神圣的态度而变得神圣。是你的态度，你看待事物的方式使一个地方变得神圣。

达克希那穆提是神作为老师存在的形式。据我所知，没有其他文化把神视作老师。所有宗教皆认为神是无所不知的，但没有一个宗教说神是老师。信使和先知可能会在其他文化中出现，但在印度文化中，神本身就是一名教师。这是一个非常美好的概念，因此，今天我们奉神为老师。

1990年5月于宾夕法尼亚州塞勒斯堡

## 包容（Kṣānti）的态度

Kṣānti通常被译为宽容或宽恕，然而，这样的定义意味着傲慢，宽恕蕴含一种“比你更圣洁”的态度，这种态度源于傲慢。所以，宽恕某人并非Kṣānti的真正含义。

Kṣānti更有意义的翻译为包容，是让人们按自己的方式生活，让情况维持原状而不求其改变。这是一种非常美丽的人类点缀，需要人们有一定的内涵。除非你的内在足够强大，否则你不可能包容另一个人或一种情况。在需要培养的价值观列表中，对于诚心想领悟吠檀多的求索者而言，包容（Kṣānti）是最重要的态度。

为了发现能包容整个世界的自我，一个人必须享有一种相对程度的包容。自我包容了无知、错误、嫉妒、激情、愤怒、世界及其一切局限，它也包容了一切对立面。在《羯陀奥义书》（Kaṭhopaniṣad）中，自我被称为伟大包容者。自我允许或包容一切，因为它不与任何事物相抵触。

因此，要认知与个人不分离的自我，个人的心智就应该享有包容力。个人有多大包容力，他就有多大客观性。包容是一种内在性格，它与受苦或忍受他人的恶行无关。个人只需选择不内化人们的所言所为，允许人们做他们自己。

我们通常会内化外部环境，例如，当有人对你说了一些侮辱或冒犯的话，你往往会痛苦地咽下去。被别人所言所为伤害称为内化，当这种情况出现时，你可以有很多方法来应对。但如果你不想让外部环境伤害你，那么你得具有包容心。观察自己的心智是一件非常微妙的事情。

要享有包容，就必须明白每个人的行为举止都与其背景相符，每个人都有特定个人经历控制着他的行为。不管你是否了解一个人的过去，你仍然可以包容他，你可以接受他的行为是由其心理构成所使然，个人行为不会与他本身不同。

你可能会问，包容和同情有什么区别？同情是一种源于包容的品质，同情不会立即发生，首先发生的是包容，包容让你理解另一个人，让他做他自己。

我们常常试图控制别人的行为，因为我们觉得这些行为是不可接受的。试图控制是为了获得安全感，甚至爱有时也变成控制，因为我爱你，你就得“做这个或不做那个”。这是钳制，不是爱，爱是包容的，是允许人们做自己。

如果你想帮助一个人，你只有先包容他然后才能帮到他。这就像一个好医生，当病人来看病时，医生不能抱怨每天都有这样那样的人或事。医生首先要包容患者，然后才能医治他。首先他接受患者及其疾病，然后他做他必须做的事。

生活中也是如此。人就是人，你要接受他们的本来面目。你越允许别人做自己，你的内心就越自由。我们的许多问题，比如愤怒、嫉妒等，都是由于缺乏包容而导致的。

你其实包容了世上某些事物，如你不想改变星星、山脉或树木，你让它们保持原状，你包容它们。对人也有可能包容，人们背景不同，这决定了他们的行为。你不能指望他们按照你的意愿行事，控制源于一种不安全感，并导致紧张。

包容让你摆脱反应，并允许你采取行动，只有存在包容时，才有可能采取行动。反应是不宽容或不接受事实，一种情况是一个事实，只有当你感知它而没有反应时，它才会成为事实。当你做出反应时，你并没有看到事实。如果你让事实在不受反应干扰的情况下被理解，那么你就能采取行动。如果你对一个情况缺乏包容，你将无法做出恰当反应。

无法接受事实表现出愤怒、恐惧、嫉妒、悲伤和沮丧。死亡是很难接受的事实，一个活生生的人不存在了，人类的心智无法应对这一点，也无法接受死亡这个事实。但死亡是一个事实，就像年老和疾病也是事实一样。如果你能以同样的态度面对生活中不愉快和愉快的事实，那么你就是一个很成熟的人。

除非你认为接受事实具有价值，否则你不会努力去接受事实并据此采取行动，对事实缺乏认识会引发一种反应。要么因为某些东西的存在，要么因为某些东西的缺失，你都会发现自己心烦意乱，这种反应是由于缺乏包容所致。

一个行动不涉及任何思考，它就是自发的。冲动行为是一种反应，那一刻心智不在那里，你失去对它的控制。这就是说你生气不是有意的。通过理解行动和反应的区别，你就会意识到那些使你脆弱的情况。在日记中记录下那些伤害和引起愤怒的情况，你会发现一个模式，这也是为了了解你自己。如果你认识到这个模式，你就得到了预先警告，你就能了解你自己的情况。了解这种模式，是为了摆脱它。

只有当你理解人们并允许他们做自己时，你才能帮助他们。如果可能的话，尽量改善不愉快的情况。换句话说，你必须自由。要做到这一点，你需要行动，而不是反应。你可以从错误中学习，但不能从反应中学习。

因此，包容是一个惊人的美德，我认为它是在心智层面上（antaḥkaraṇa）接近自我的东西，因为自我是一个伟大的包容者，它包容一切，它没有任何设计或操纵，这一切在个人心里没有位置，如果个人能够包容的话。包容不涉及“我比你圣洁”的态度，它只是简单地接纳事实，并尽我们所能。那是健康的生活，明智的生活。因此，包容并非一种价值观，而是一种态度。

1994年9月于宾夕法尼亚州塞勒斯堡

# 冥想的心智

愤恨的心智不会冥想，意志也不能命令它冥想，因为冥想并非意志使然。只有在冥想的初始意愿中才涉及意志，即便如此，也无须涉及多大意志，仅仅是“让我坐下来冥想”的自然想法，一个决定，一个简单意志，本质上与“让我走走”的想法没什么不同。后来，当冥想开始时，最初的想法就消失了，只有冥想，没有行动者；没有行动，只有简单冥想；在冥想中无须思考，我看见自己的本性——无限、意识、无缺圆满。冥想不需要意志来维持，只需要特定性情。什么导致了冥想的性情？它存在于一个没有因理想而产生愤怒和痛苦的心智中。

痛苦来自对事物应该是什么样子的理想化要求，没有理想化，就没有痛苦。但是，一般来说，一个人是怀着某些理想长大的。一个人对自己的身体应该是怎样的有理想，对自己的家人、朋友，或对整个世界都有理想，对神也有理想。指责和痛苦由此产生。

当一个人曾经感到痛苦的事情变得无关紧要时，痛苦也就消失了。学习吠檀多可以应对很多情况。但即使已经学习过一些吠檀多，理想化可能依旧存在。即使在一个人曾听闻“自我是永恒存在、意识、圆满（saccidānanda），我是绝对实相，其他一切都是表相”，理想化仍然可能存在，只是理想化的语言改变了，人们现在抱怨的不是“我”，而是抱怨表面情况，比如叠加于“我”之上的身体、感官和心智（upādhi）。一个人说：“我知道我的心智、我的身体、我的人际关系、我的处境都是表面条件，它们不增减我之实相，但我确实希望我有更好的条件！”这样一来，人们就会继续得出这样的结论：“我不是很好。”

理想化是从表面的和否定的表相中，创造出真实的和不可否定的实相。当有人说条件有问题时，那么这些条件是真实的。因为个人对表相的理解并不清楚，将表相当成实相。任何条件都是表相，个人越是看到它的表面性，就越能从其中解脱出来。但当表相被视为实相时，二元性就继续存在。二元性意味着问题、开始、结束、不断地变化和局限。看到二元性的表面性解决了局限的问题，因为没有任何表相会完全像个人想要的那样，“我想要的”实际上是表面的。

我，无限俱足的，并非匮乏的。匮乏属于表相，表相没有绝对真实性。从“匮乏”中得出一个理想，就相当于得出一个关于“表相”应该是怎样的结论。表相是被创造的，任何被创造的东西都是适当的，所存在的即适当的。做什么或不做什么，事物就像人们发现的那样，适当与不适当的分类才有意义。

放弃理想并不意味着放弃指导个人行为选择的标准，放弃理想并不是过着放荡的生活，而是以恰当方式去做该做的事情，采取形势所需的行动，对于吠檀多论者而言应该很简单。放弃理想意味着接纳所看到一切的本来样子，而不要求其任何部分不同，接纳相对的事实，而不把它们归因于好恶、好坏的价值判断。停止理想化就是停止试图控制结果，对于结果，你无法控制，结果是由创造法则控制的。个人拥有选择的自由是对于行动而言，而非对于结果而言。个人选择做什么和怎么做，是根据人类社会集体利益必然产生的伦理标准。然而，这些标准并不是理想的。道德标准是行动的指南，指引我们做什么和如何做。理想衡量的是行动的结果与个人的模式。标准不会带来痛苦，痛苦来自理想主义。

有时候，放弃理想是很困难的，特别是对于那些从小就有理想价值观的人。有理想即有一种看似安全的东西要坚持，要努力达成。但你若竭力成为你所不是的人，就有损吠檀多的观点。吠檀多告诉你，你就是你要成为的一切，你是完全的圆满。如果你为自己的圆满设定了一个理想，你越追求理想，你就越远离那种圆满。

他说："我知道我是完全的圆满，但我却没有圣洁的心智！"这使他拥有理想心智的观念成为现实，这样的观念是一个人发现和享受圣洁本性的阻碍。当个人接受"我并非不是圣人"这一事实时，他就成了圣人。圣洁、爱、同情和慈悲是很自然的，它不是后天获得的，而是在没有心机、没有算计的心智中发现的，没有理想，没有成为与众不同的人的需要。

同样，冥想也是很自然的，就像欣赏美丽花朵的芬芳一样自然。因为自我是美丽的，个人在冥想中接纳自己，个人自然地走向自己。冥想的维持不涉及意志，只有当心智被困在表相中，保持冥想才会成为一种意志，一种努力、挣扎和紧张。当心智有理想时，表相控制。要在自己内在发现一个冥想的心智，理想就必须离开。倾向于冥想的心智是简单的，它如实看待事物——在本质上是有限的，不断变化影响着表相创造（不是心智的创作）和部分的创造。清楚这一点，表相将不给予你机会去创造理想。没有理想，就没有痛苦；没有痛苦，心智就安住了，冥想就会自然。没有任何意愿牵涉其中，心智所到之处就有冥想。

做一个苦行僧意味着做一个对自己的生活下定决心的人，这样的人可能来自各行各业。

1982年3月于加利福尼亚州皮尔斯

# 《薄伽梵歌》

## 《薄伽梵歌》

### 《薄伽梵歌》的主题

《薄伽梵歌》以薄伽梵作为主题，有两个方面内容，亦即两种生活方式，一个是瑜伽经，谈论冷静地行动——行动瑜伽（karma-yoga）；另一个是梵知（Brahma-vidyā）。这两个方面的内容蕴含着行动和行动的弃绝。

两种生活方式最终都会导致自我知识，因此，梵知是它的真正主题。弃绝者所追求的正是这种知识，桑雅士（sannyāsī）排除所有其他因素，他是放弃一切行动的人，一个冷静行事的人——行动瑜伽士（karma-yogī），追求知识，以特定态度行动，因此行动变成瑜伽。

### 梵知是什么

简言之，梵知指“是什么”的知识。梵是什么？神是什么？世界的实相是什么？个人的本质是什么？自我的实相是什么？个人、世界和神之间是什么关系？它们各自的实相是什么？它们之间有什么共同点？它们都是一个实体还是独立的实体？梵知揭示了所有这一切。

为了获得这种知识，必须具备一些条件，这些只有行动生活——行动瑜伽才能提供。为了帮助个人获得这些条件，行动瑜伽在《薄伽梵歌》中被详细讨论。因为涉及行动瑜伽和梵知，《薄伽梵歌》被认为具有完整的瑜伽思想，被称为《薄伽梵歌经》（Gītā–Śāstra）。《薄伽梵歌经》展开的主题完整性受到高度赞扬：

Gītā su Gītā kartavyā kim anyaiḥ śāstra–vistaraiḥ

更详细地学习其他书籍又有什么用呢？《薄伽梵歌》必须被好好学习。

据说，当陷入困境的人求助于《薄伽梵歌》时，他们的问题就会得到解决。也许他们确实在《薄伽梵歌》中找到了答案，因为人们可以随心所欲地解读它。但是，《薄伽梵歌》能提供独特的帮助和指导。

**理解《薄伽梵歌》**

理解《薄伽梵歌》需要探究（vicāra），商羯罗在他的注疏前言中说道：

《薄伽梵歌经》的意义，也就是吠陀所有文字的本质，是很难把握的。许多人试图提取它的意思、意义和整体作为一个连贯的论述。然而，一般人都认为这是一大堆自相矛盾的观点。注意到这种混淆，我将阐述其内容，以适当的辨识来诠释经文。

知识的意义表达得过于隐晦而无法理解。因为《薄伽梵歌》是精华，为了充分吸收《薄伽梵歌》所说，个人自然必须领悟整部经书

（śāstra）。即使阿周那有一定背景，这对他来说也不容易理解，他不得不提问题。如果这对阿周那来说都不容易，那么对我们这个时代没有同样背景，距离阿周那和《吠陀经》如此遥远的人来说肯定也不容易。对于现在的人来说，《薄伽梵歌》和其他《奥义书》一样难以理解。

自我的知识是以文字的形式出现的，但由于主题非常独特，这种知识不易通过文字参透。与此同时，文字被用来揭示自我。因此，个人不仅需要吠檀多作为一种手段（pramāṇa），而且还需要一位老师（guru）。

**需要一位老师**

Guru这个词中有两个字母，gu表示黑暗或无知，ru表示消除者。因此，古鲁是通过教导经典来消除无知黑暗的人，教导是经典，老师也是经典。

这是什么意思？当教学以某种方式进行时，它本身就具有了生命。否则，你拥有的只是死文字。尽管教学是一种手段，有一种方法被用来展开这些文字，老师是能够阐明这些文字含义的人。文字及其含义已经存在了，为了便于你理解，它们需要被展开，就像一个艺术家展现一道美丽的风景。

**《薄伽梵歌》作为一种对话**

整部《薄伽梵歌》是以对话的形式呈现。

我们在《奥义书》中发现同样方法，因为许多人的名字被引用。如果“汝即那”（tat tvam asi）就是启示，为什么不直接谈论这个启示呢？为什么要引入这些故事？只是为了揭示教学的方法（sampradāya），我们如何学习，以及它是什么类型的知识。

有不同类型的对话。如两个或两个以上的人参与的讨论，他们对某个主题的事实感兴趣，他们都在探索。在这类讨论中，没有师生关系，每个人的地位都是平等的，即使有一个人可能比其他人更了解这个主题。这种平等的讨论，被称为“辩论”（vāda），是自然健康的。

我们也要注意两种不健康的对话，一种是存在不同信仰的两人之间的对话，这种讨论称为“争吵”（jalpa），完全由每个人的智力来决定，任何狂热分子之间的讨论都属于这种，双方都认为对方是错误的，并试图说服对方相信自己的观点，尽管讨论没有任何依据。

假设你有一个信仰，我有另一个信仰，你的信仰可能是对的，我的信仰可能是错的；或者我对你错；或者我俩都是错的！或者我俩都是对的！一个信徒说“我相信这个”，而一个狂热者说“我是对的，你是错的”。

**开放心智的重要性**

科学家的心智可能始于一个信念、一个假设，但总是开放地去探索和了解，并随时准备修正观点。

我们可以也必须尊重他人的信仰，但我们不能以信仰为基础进行讨论，也许我俩都错了，最好是尊重对方的信仰，保持简单的人际关系。接受他人及其信仰，你不需要知道它们是什么，这是一种对待他人的健康态度。但是任何基于信仰的讨论都没有价值，没有赢家也没有输家。每个人都有更好的论据。

还有另一种讨论称为“无端指责”（vitaṇḍa），其中，一个人发表一个观点，而另一个人总是不同意这个观点，为什么？就因为别人这么说，由于某种原因，一方试图证明另一方是错的。这样的讨论也是无用的。

还有一种讨论，被称为“对话”（saṁvāda），是老师和学生之间的讨论（guru–śiṣya–saṁvāda）。在师生关系中，学生已经接受了一个人作为老师，因此很尊敬他，即使他们之间有对话，态度是完全不同的，讨论是基于学生接受“我是学生，这个人是我的老师”。这种事实，直到或除非被视作老师的人证明并非如此。

当你需要向某人学习的时候，你应该尊敬那个人。如果你不明白老师在说什么，甚至他有时显得自相矛盾，对老师也要表示善意质疑。

**对老师表示善意质疑**

如果老师貌似自相矛盾，那么学生就对老师表示善意质疑。老师可以被提问，如“你说梵是没有品质的（nirguṇa），现在你又说它有品质（saguṇa），梵怎么会有品质？”

貌似经书本身就是矛盾的。如果说梵不能被心智客体化，同时它又必须被心智认知，这似乎是一种矛盾。老师可以解决这类矛盾。

一个老师不能自相矛盾，自相矛盾的老师是不了悟主题的。教师也不能简单地与学生一起学习和教学，因为这会造成这样的情况：教师和学生可能会突然发现一个他们之前从未认知的新事实，一个与他们迄今所认知的一切相矛盾的事实。这就是要寻找老师的缘故，教学不应该是探索性的，教师必须全面了悟这门学科。

师生对话（guru–śiṣya–samvāda）所隐含的态度在这里尤为重要，由于整个教学本身就是一种知识传授手段，它不是哲学思辨；我们也不是出于学术兴趣而被这种学习所吸引，因此，教学是有价值的，而这个价值就是你自己。对于自由你有一种价值观，这个价值观使你想认知，你学习的目的无非是为了自由。既然教学本身就是一种传授知识的手段，那么你就必须认同教学和老师。

教学以对话的形式进行，因为这是一种需要理解和遵循的东西。在一种信仰中，没有什么可遵循的，只有可以消化的东西，完全接受，没有疑问，任何可能发生的质疑都只是为了确立信仰，而这根本不是质疑。这个人是否存在并不重要，教学才是关键。如果你认真对待教学，如果你对所教的内容感兴趣，你的整个态度和方法就会变得不同。在这里，对话意味着理解老师所教内容。

毗耶娑在他博大的、美丽辞藻修饰的史诗《摩诃婆罗多》中，呈现了《吠陀经》智慧，即《薄伽梵歌》，它就像一颗吊坠宝石在此巨著中闪闪发光。

1992年于宾夕法尼亚州赛勒斯堡

## 《薄伽梵歌》中战争的意义

在《薄伽梵歌》中，基于一个历史事件存在两个群体之间的冲突。一个群体准备不择手段，违背正法（adharma）；另一群体则致力于捍卫道德秩序，即正法（dharma）。

这种冲突也可视作个人常识和他想要达到的目标之间的冲突，可以说是一种内心战争，一部关于内心的《摩诃婆罗多》。毕竟，每一场战争首先发生在个人内心，然后才在外面发生。

道德秩序被看得如此重要，以至于一个人会为了它牺牲一切。《摩诃婆罗多》有许多这类牺牲的故事：一个人为了弘扬真理的普世价值，而放弃了他的王国和其他一切。

因为印度是一个重视正法之地，它在《薄伽梵歌》中被提为“正法之地”（dharmakṣetra）。《吠陀经》规范着人心，一切都服从由它们所规定的正法秩序。在婆罗多之国（印度），在一个叫俱卢之野（Kurukṣetra）的地方，这两群人集结，准备开战；一群人不明白价值观之价值，而另一群人则明白。

所有目光都聚焦于阿周那身上，他被视作最伟大的弓箭手。阿周那的战车车夫不是别人，正是克里希那，当时的情况就是这样。阿周那坐在由数匹白马牵引，由克里希那驾驭的华丽战车上的画面很美妙，因为它与个人的生命有关，这个画面也出现在《羯陀奥义书》中。

### 身体-战车类比

在此，你的身体被比作一辆战车，你的感官是马，心智是缰绳，你的智力（buddhi）是车夫，你是坐在战车里的人，换句话说，你是斯瓦米，是师父。如果你的智力是松散的，如果你的理解不是很清晰，你可能在任何地方停滞，因为你的战车——你的身体，不会带你到达目的地。

你可以前往安全（artha）、享乐（kāma）、职责（dharma）、解脱（mokṣa）之域。这一切都取决于车夫和你——斯瓦米。车夫——智力，真正说来，是他教育斯瓦米。你和你的车夫一样优秀，如果车夫没文化又喝醉了，你就有得受了！然而，如果你的车夫知识渊博，受过良好教育，那么他可以带你去任何你想去的地方。

在《薄伽梵歌》中，克里希那——车夫，就是教育阿周那的人。阿周那命令克里希那将战车停在两军之间，这样他就能看到他要与之作战的敌军队伍。克里希那遵命驱车，从克里希那选择的有利地点，阿周那看到在两个阵营中皆有自己的亲人，他认为打这场战争将一无所获。

阿周那发现自己面对的是毗湿摩（Bhisma），他是自己的祖伯，而德罗纳（Drona）则是他的箭术老师。他还看见叔叔、堂兄弟、朋友、熟人和其他亲戚，而这些人是阿周那将要摧毁的人。因此，他说："我宁愿不参战。"

阿周那的问题是“这些是我自己的人”，直到今天，我们仍然存在这个问题。例如，当我们说“我的人”，我们的意思是，我们的人可以做任何事而不受惩罚，而其他人、陌生人则不能。但在阿周那的例子中，这些人并不是陌生人。如果敌军是由阿周那不认识的人组成的，那就完全不会有《薄伽梵歌》了。克里希那只需驾驭战车，其他什么都不用做，而阿周那则会参加战斗。

但是阿周那碰巧看到了他认识的人，与他有关系的人，他必须和他们算账的人，以及在这个过程中可能会死去的人，这就是困扰他的事情。它会困扰任何有教养的人，任何成熟的人。这些人是阿周那生命中真正重要的人，难敌也看到了同样的人，但他并不像阿周那那样受到困扰，因为他的价值观是不同的。

### 阿周那的困境

因为阿周那不想战斗了，所以他遇到一个问题。根据当时的战争规则，没有所谓成功撤退，你不是赢就是输，输了就等于死，因为战斗总要打到最后。因此，阿周那知道，为了升起胜利的旗帜，他必须消灭所有敌人，他们在一起时他会感到快乐，他们不在时他会感到不快乐。

阿周那哭泣，不是因为害怕，而是出于慈悲，出于同情，出于关心，他的反应是一个成熟者的反应。他开始认为战争不能解决问题，这当然是正确的，因为输家总是准备东山再起，没有人愿意接受他已经失败的事实。

阿周那不仅认为战争解决不了问题，还觉得战争在社会上会造成巨大混乱。由于所有健全的人将被毁灭，社会将没有领导，社会的结构本身也将消失，因为人们将对自己的职责感到困惑。即使因为捍卫正法阿周那应该赢得战争，但正法也会陷入麻烦，因为没有人来把它传给下一代。

守正法既是一种戒律，也是一种戒律的生活，控制这一戒律的价值观也是正法。这种生活方式是必须由现在的人传给下一代的，而不是简单地装瓶窖藏以备将来之用的东西，正法是一种必须存在下去的东西。因此，当你保护一个居于价值观生活的人，你就是在保护正法。

你可以保护图书馆，但如果你不保护学者，你就无法保护学问，对学者的保护就是对学问的尊重。当一个社会重视学问时，人们就会尽其所能去获得学问，因为学问需要他们的尊重。当一个学者进入宫廷，国王也会跪倒在地；当学问受到重视和尊重时，学者就会受到保护和重视。只有这样，学问才能传承下去。

同样地，要保护正法，你必须保护安于正法生活的人，如果他受到尊重和重视，那么每个人都会效仿他。阿周那很自然地想到，如果毁灭了这些人，就无人能安于正法生活了，而正法本身也会因此被毁灭，这正是他想通过发动战争来保护的正法。这场战争本应是一场正法之战，但他认为，这场战争本身就会危及正法。

因此，阿周那觉得他会因为给社会造成混乱而招致极大罪恶，自然地，他想避免这样的后果。同时，他也没有从战场上逃跑。相反，他放下弓箭，坐在战车上。

### 主克里希那的战斗口号

阿周那完全被慈悲、同情和关心的情感淹没，他无法战斗。对着悲伤的阿周那，克里希那表现出他的惊讶之情。他说：“阿周那，你从哪里得到这种性格？我从没想到你会这样。这不是空谈的时候，而是采取行动的时候。在战场上空谈完全不适合你的性格，你应该采取行动。你是一位王子，也是最受人尊敬的一位。你是最伟大的弓箭手，是应该捍卫正法的人。如果你以及所有人都不愿意这么做的话，那将会发生什么？你现在空谈绝对是错误的。

“如果你几年前在森林里告诉我，你不想返回王国，你想学习和冥想，我就会接受的，我们会详细讨论这个问题，但不是在这里。你上了战场，你甚至还把我扯进来了！现在你正在向右转，当我赌马时，我虽有输掉赌注的心理准备，但我确实希望马能跑起来，这样我将会有更多满足。现在你却告诉我，你甚至不会开始！”

克里希那随后要求阿周那站起来战斗。

阿周那意识到克里希那似乎说他害怕战斗，于是大声说道：“我怎么能在这个战场上攻击毗湿摩和德罗纳呢？他们是值得我尊敬的人！我宁愿过乞丐的生活，靠施舍过日子，也不愿毁灭这些人。”这就是阿周那的想法。

**阿周那作为一个学生**

阿周那还说：“我不认为只要获得了一个王国，这种悲伤就会消失，不管此时或以后获得这个王国。即使我去了天堂，成为那里的统治者，我同样是悲伤匮乏的人，也会有同样的问题。”阿周那知道，作为一个王国的统治者会面对王室的问题，而且四处树敌，尤其是当这个王国非常繁荣或无可匹敌的时候。因此，他并不认为自己可以通过获得任何王国而摆脱悲伤。

正如阿周那所指出的，悲伤源于自我不接纳。事实上，这是初始问题。阿周那认为，“如果我不认为自己是一个被人接纳的人，不管是否拥有一个王国，这种自我不接纳都会一直存在。”因此，阿周那认为没有办法解决这个问题。他意识到自己把时间花在了直接的、经验的关注上，而从未涉及过生命的终极关注。

因为渴望解决初始问题，阿周那请求克里希那赐教他需要知道的知识。他认为自己有资格获得这些知识，因为他在生活中拥有足够经验，并且发现了问题。现在只剩下克里希那决定是否接受阿周那做他的学生（śiṣya），换句话说，决定权在克里希那的手上，阿周那说了他该说的话“我是你的学生，请对我赐教”。

对于“学生”梵文有三个非常重要的词：vidyārthi、antevāsi、śiṣya。Vidyārthi意思是“那个想知道的人”，也可以指那些为了获得学位而进入大学，但很少花时间在课堂上的学生。Anevāsi是和老师住在一起的学生，这类学生也想知道，但可能无法掌握所教的内容。Śiṣya是一个学生，一个真正有资格学习的人，因此，值得培养。他还可能在学习中获得其他经验，但这些都是副产品。对于学生来说，要想真正完成生活中的任何事情，都必须有一个明确的方向和承诺。

当阿周那告诉克里希那“我是你的学生，请对我赐教”时，他还说他对这个知识有承诺，他看到了它的价值，他也认为克里希那是一个合格的老师。他没有说自己是学生，而说“我是你的学生”，意思是他已经选择了克里希那作为他的老师。《薄伽梵歌》的诞生归因于克里希那重视阿周那，并选择当他的老师。因此，《薄伽梵歌》有十七章师生之间的对话，即克里希那与阿周那的对话（Kṛṣṇa-arjuna-saṁvā）。

每场战争首先发生在个人心里，然后才发生在外面。

1992年于宾夕法尼亚州塞勒斯堡

## 阿周那的悲伤也是你的悲伤

evam uktvārjunaḥ saṅkhye rathopastha upāviśat visṛjya saśaraṁ cāpaṁ śokasaṁvignamānasaḥ

阿周那在战场中央说完这番话，放下弓箭，坐在战车座位上，他的内心完全被悲伤所征服。《薄伽梵歌》（1.47）

第一章的主题是“阿周那的悲伤”，也是任何人的悲伤。阿周那感到悲伤并不奇怪，他的悲伤似乎很合理，如果这种情况都不会引起悲伤的话，还有什么情况会呢？我们非常理解和同情阿周那，因为我们会由于一些微不足道的原因而陷入更深的困境。受悲伤支配是一个人的状态，个人摆脱悲伤的渴望也是显而易见的。

一般来说，人们通过逃避来寻求解脱。这里重要的是，阿周那想永远解决悲伤，这成就了《薄伽梵歌经》。克里希那告诉他：“阿周那，你的悲伤没必要。”除了阿周那以外，你亦如此，你也有过悲伤，心智的这种状态称为悲伤（śoka）。

**什么值得悲伤**

“Śocya”指那个值得悲伤，悲伤有合理基础的事情。在社会上，我们普遍认为有些事情是令人悲伤的，而有些事情则不然。婚姻是一件快乐的事情，这在任何文化中皆如此。而对于死亡，即使是解脱，人们也会哀悼，同时，人们会悲伤。因此，死亡是哀悼的同义词，举世都可以称之为悲伤之事（śocya）。

也有个人悲伤之事，你可能会因为一些事情的发生或消失而悲伤。在文化上，可能会有一些奇特的悲伤之事，在一些文化中，生女孩是悲伤之事；而在另一些文化中，生男孩是悲伤之事。因此，悲伤的对象（śoka）被称为悲伤之事，悲伤的对象是指引起悲伤的情况，无论是一件事还是一段经历。

## 智者不悲伤

aśocyān anvaśocastvaṁ prajñāvādāṁśca bhāṣase gatāsūnagatāsūṁśca nānuśocanti paṇḍitāḥ

你们为不值得悲伤的人悲伤，但你却说着智慧的话。智者不会为生者或逝者悲伤。《薄伽梵歌》（2.11）

克里希那告诉阿周那，他的悲伤是完全不必要的，有认知的人（paṇḍitas）不承受任何悲伤。Paṇḍa是“自我认知”的意思，paṇḍita是“自我认知者”的意思。克里希那也承认，尽管阿周那为不值得悲伤之事悲伤，但他也说着智慧的话语。克里希那记得阿周那在《薄伽梵歌》第一章说过的所有话，他如此雄辩地谈到了那些将要下地狱（naraka）的人，以及为什么正法会陷入困境。在承认阿周那话语智慧的同时，克里希那告诉他智者不会悲伤。

阿周那不是智者，这就是他的问题所在。克里希那知道他所要做的就是把阿周那变成“自我认知者”，这样他就不会无中生有，使自己陷入毫无根据的悲伤之中。

死神阎摩可以随时出现。在每次呼吸之间有一个间隙，我们怎么知道哪次呼吸将是最后一次？只有当下一次呼吸到来时，我们才知道前次呼吸并不是最后一次。

这段经文区分了已经咽气的人和还没有咽气的人，智者不为逝者或生者感到悲伤。为什么这里提到了死亡？阿周那正在谈论他的老师和亲人即将死去的事情，因为随之而来的是一场战斗，所以造成了破坏。

死亡是唯一一致地、普遍地引起悲伤的事件，这是一件特别适合用来讨论悲伤及消除悲伤的事情，因为我们要讨论的是不受死亡影响的自我。克里希那告诉阿周那，任何他认为是悲伤根源的事物皆非悲伤根源。智者也不会把任何事情视作悲伤根源，因为他认识到根本就没有悲伤根源。

### 悲伤根源

是什么引起了悲伤？只能有两个根源，要么是你自己，要么是除你以外的其他根源。如果你是悲伤根源，那就没有问题，你总会悲伤，因为悲伤是你的本性，对你来说本性的东西不会成为悲伤的根源。事实上，当你悲伤时，你应该感到开心，因为悲伤是你的本性。

既然悲伤是一个问题，我们就必须分析是自我或非自我才是悲伤根源。这就是说，要么你遇到的世界是你悲伤的根源，要么你自己就是悲伤的根源，换句话说，你就是你自己的悲伤。因此，我们也必须从这个角度来分析自我和非自我，以发现我们悲伤的根源，这个分析是《薄伽梵歌》的唯一主题。

阿周那的悲伤是由于不知道自我和非自我的区别（ātma–anātma–viveka），知道了两者的区别，就解决了这个问题。这段经文将《薄伽梵歌》主题确定为自我和非自我的区别，并陈述了这些知识的结果，即了悟自己，所以智者不会悲伤。

《薄伽梵歌》揭示了什么是自我，从而使人变得明智。谁有资格获得这些知识？一个合格者是对自己的好恶有相当程度的冷静，并渴望解脱的人。在此，阿周那是合格的学生，而克里希那是老师。

当你悲伤时，你表现为一个完人。

1992年于宾夕法尼亚州塞勒斯堡

## 自我知识（Śreyas）的意思

阿周那希望克里希那教授他自我知识（śreyas），他说道："我是你的学生，请教导我。"阿周那似乎知道śreyas一词的深刻，是一个经常在经书中提到的词。在《羯陀奥义书》中，有一个关于小男孩尼其克塔斯（Naciketas）的故事，他去拜见阎罗王——死神，并获得了三个恩惠。他把第一恩惠兑现给了对他生气的父亲；第二个恩惠，他请求传授他升天仪式，这个恩惠也是为了别人，阎罗王赐给了尼其克塔斯这两个恩惠。尼其克塔斯为自己祈求了第三个恩惠，他想知道除了身体以外，是否还有一个自我，因为有人说有，有人说没有。他向阎罗王请教自我知识，因为没有人比阎罗王更有资格做这事。

阎罗王告诉尼其克塔斯，人类有两种可获得的东西：自我知识（śreyas）和自我以外的知识（preyas）。自我知识是智者（vivekī）的选择，它是解脱——自我知识带来的自由。那些寻求繁荣（artha）和快乐（kāma）的人选择"自我以外的知识"，正法亦属于此类。

因为自我知识可被用于相对和绝对意义上，所以了解阿周那讨教的是什么是很重要的。克里希那明白阿周那讨教的是绝对的自我知识，而不是普通意义上的知识，"自我知识"的绝对意思是绝对好处，是最令人渴望和最有价值的东西。

无论何时，无论对谁，自我知识都是被教导的，它总是以相同方式被教导，因为它是知识（jñāna）。克里希那认为，阿周那所请教的自我知识就是解脱的知识。在该知识的觉悟中，悲哀不复存在。这是《薄伽梵歌》自始至终的教导，《薄伽梵歌》也因此是解脱经，旨在摧毁悲伤。

知识不是私人的东西，虽然知识必须由个人获得。但任何知识，总是忠实于知识对象的本质。例如，如果对象是花，它就是花，除了认知它是一朵花之外，不会有别的认知。如果对这种花有更多的了解，那么你会知道它的植物学名称等。你对花的了解，就是知识。由于知识总是和对象一样真实，它不是由个人意志决定的。因此，对一件事的知识并不会因人而异。

### 相对知识

通常，在某一时间对你有益的东西不一定在另一时间对你有益。例如，一种特殊的药物可能会治疗你的疾病，即使它是一种毒药。某种药物可能对一种疾病有疗效，对另一种疾病没有疗效。或者，治疗你疾病的药可能对患有相同疾病的人无效，因为体质差异。这就是相对有益，地点、时间和情境决定了事物的好坏。甚至道德和价值观，我们通常视作绝对的正法经，也需要因时制宜，因为正法经是要被诠释的，它不能被视作绝对有益。

### 绝对知识

如果说有什么东西是绝对有益的，那一定是在任何时间、地点、情况下都不会改变的东西。这就是这里的自我知识的意思，绝对的自我知识被称为解脱，是对自己的完全接纳，自我接纳意味着一个已经被接纳的自我。如果我不能接纳自己，正向思维不能使我自我接纳。自我在《薄伽梵歌》中被展开为已被接纳的，并摆脱了一切局限。

一个对自己满意的人没有更多的事情要做，这样的人实现了他的一切愿望，他是个自由的人。贯穿整部《薄伽梵歌》的是，自我是可接纳的，而这个可接纳的自我本身正是每个人在生活中所追求的。

当难敌想要王国时，他只想要自我接纳，他想把自己视作一个被自己接纳的人。而没有王国，他就无法接纳自己。当然，在这个过程中，他也有矛盾，那么多人挑剔他，他冤枉了许多人，在这种情况下，他怎么可能自己接纳呢？

你应该是可被接纳的，即便无王国，无任何附加，甚至无身体。只有这样，你才能接纳自己。如果身体是你自我接纳的基础，你就有麻烦了，因为身体会改变。昨天自我可能是可接纳的，但今天不是，因为身体出现了问题。身体是有时间局限的，它受制于变化，并且一直在变化。于是我们发现，如果自我依赖于任何一个因素来决定它的可接纳性，那它根本不是一个可接纳的自我。自我本身，在它自己的荣耀里，应该是可接纳的，因为它必须摆脱所有限制。

自我知识就是你，可以说，在获得自我知识之前，自我知识就是一个目的。一旦获得，它就与你不分离，它就是你本身，你就是自我知识。如果阿周那想要普通知识，就不会告诉克里希那想成为他的学生；也不会告诉他，自己向他臣服。所有这一切表明，阿周那想在他生命中这个特殊阶段获得绝对自我知识。阿周那向克里希那臣服后，把一切都交给了他，于是克里希那不得不决定是教导阿周那，还是仅仅敦促阿周那去战斗。幸运的是他决定教导阿周那，于是才有了《薄伽梵歌》。

### 阿周那被弃绝吸引

在请求克里希那教导时，阿周那经过祈祷和臣服，平息了他的内在风暴。当存在疑问或犹豫不决时，心智就会焦躁不安；当有可能解决问题或做出决定时，心智就会变得平静。有对错冲突，就会有不安。

在阿周那心中存在一种对错冲突，有一种同情的情感，导致了他的悲伤。由于涉及情感，他的心智陷入了一种比只关心自己的职责还要混乱的境地，阿周那的困惑自然导致了某种悲伤。

阿周那试图向克里希那证明自己并不害怕，同时承认自己无法应付所面对的情况，他现在认为自己不像人们期望的那样冷静。阿周那总结说，他宁愿过着靠施舍的生活，一种在经文中提及的放弃追求一切愿望的人——弃绝者（sādhu）的生活方式。

弃绝者的生活纯粹是为了追求知识，不受任何社会、民族、宗教或家庭义务的约束。弃绝者在社会上是没有竞争对手的，因为他没有工作，也对后世（比如天堂等）不感兴趣。摒弃一切，追求自我知识。这种弃绝受到社会的尊重，安于一种依赖于施舍的生活方式（bhikṣā）。吠陀社会对这种生活方式赋予价值，认为它是人生的四个阶段（āśramas）之一。

## 局部问题变成了根本问题

阿周那住在森林里，遇到了许多伟大人物，那是多么漫长的岁月啊！尽管存在难敌这类人，但那是一个极好的时代。当然，作为一个与毗耶娑（Vyāsa）、苏卡（Śuka）、毗湿摩（Bhiṣma）、维杜拉（Vidura）、持斧罗摩（Balarāma）同时代的人，这是一种难得的特权。

虽然阿周那生活在这样的时代，但他是一个有自己的统治欲和野心的王子。他并没有致力于追求解脱，即使他有机会得到它，自我知识的一切他都知道，现在是他去追求它的时候了。

当阿周那来到前线时，他内心并没有任何冲突，即使他看到双方都是自己人，他的矛盾也很简单，“我应该战斗吗？我怎么能和自己人战斗呢？”但是，当他思量这件事时，他变得气馁，认为自己正在进行某种自我毁灭。原本只是一场简单冲突，现在已经完全不同了，一个简单的局部问题已经变成了一个根本问题。

这可能发生在任何人身上。当死亡引起我们的注意时，我们会问，“死亡是什么？”也许佛陀认为他必须出家才能找到答案，他曾是一位王子，从未见过死亡和悲伤。或者，因为这类事件从未发生在他身上，所以他根本就不去注意它们。只有当他意识到这一点时，他才会产生这样的问题：“生活中所有这些悲伤和痛苦有办法解决吗？”因为他有志于寻找真相，所以他离开宫殿去寻找真相。

## 悲伤的基础

同样地，看到简单的痛苦时，同理心会因为一个问题被触发而变成其他东西。事实上，生活中所有问题都与那些更基本的问题有关，这些基本问题都存在于普通小问题中。

小悲伤和痛苦，本质上是精神上的，在核心人格中有其基础。只有生气的人才会生气，只有伤心的人才会伤心。为了确定你为什么悲伤，心理治疗师可能会引导你回溯，回溯到你对自己和世界产生各种观念的那段时间。这样一来，你的神经症就得到了解释，这就是心理学。有一种核心人格可以由知情的专家进行心理追踪。

然而，仅仅回溯过去是不够的。必须再进一步，这一步是心理上的基础。心理学家认为，一个凡人，受制于悲伤，要证明自己的想法是不恰当的。事实上，他们都同意，如果情况允许的话，你应该生气。他们说“大声喊出来，不要压制它”。然而，吠檀多的教导告诫我们必须再进一步，因为有一个更基本的问题必须解决。

因为“我受制于悲伤”是一个基本问题，还有一些更基本的东西你最好要知道。如果你多问几个问题，任何小问题都可被追溯到。于是你不可避免地会意识到有一个基本问题。

答案不是你能找到的，因为如果你是悲伤，你就会悲伤，我们必须认识到这一点。问“悲伤的基础是什么？”意思是它是需要了解的东西，而不是一种特定条件或经验。快乐和悲伤的经历一直都存在，一种与另一种交替着——现在我很悲伤，现在我很快乐。因此，快乐似乎是一个过客，而悲伤却是那个“我”。

你必须了解自我是否受制于悲伤，什么是悲伤，等等，这里涉及一大堆问题。这种质疑被称为自我探究（ātmavicāra），那就是在阿周那心里所发生的事情。因此，他告诉克里希那，他是他的学生，他想要获得自我知识。

绝对的自我知识，称为解脱，是对自己的完全接纳。

## 自我奇迹

āścaryavat paśyati kaścidenaṁ āścaryavadvadati tathaiva cānyaḥ āścaryavaccainam anyaḥ śṛṇoti śrutvāpyenaṁ veda na caiva kaścit

有人把自我视作奇迹，同样，有人谈论它为奇迹，有人听闻它为奇迹，还有人即使听闻（关于这个自我），却根本不理解它。《薄伽梵歌》（2.29）

自我始终是个奇迹。当你领悟自我时，它是一个奇迹；当你未领悟自我时，别人怎么能领悟它呢？这对于你来说是一个奇迹。这种奇迹有几种形式。该自我是以前从未见过的东西，在古鲁教导下突然出现，是令人震惊的东西。学生理解并将自我视作一个奇迹，为什么？因为这个学生现在把自己看作一个奇迹。

当“我”突然发现我是整体，一切都以“我”为中心，一切都是“我”时，这绝对是一个奇迹。首先，这种自我实相貌似不可能；然后，它变成一种模糊的可能；最后，它是真实的。

我所经历的一切都是“我”，“我”即一切声音，“我”即一切形色，“我”即一切气息及其来源，“我”即一切味道及其来源。“我”不仅是食物，“我”也是食客。“我”甚至是《吠陀经》创作者，“我”不仅是《吠陀经》的读者，“我”还是它的作者，“我”是那个需要通过《吠陀经》来理解的人。“我”即神，“我”即整个宇宙。

据说每个时代（kalpa）都有一位正义的统治者，我们目前处于瓦依瓦塔摩奴（Vaivasvata Manu）的律法之下，此摩奴是苏利亚（Surya）之子，我们处于其律法管辖下。但是现在，在领悟自我后，我们说“‘我’是摩奴”。过去，任何存在者是“我”；未来，任何将要存在者是“我”；当下的任何东西也是“我”。这完全是一个奇迹，因为在此之前，我们不可能相信我们就是一切，是整个造物的实相，事实似乎恰恰相反。

这种对自我的洞察和认知是一个奇迹，当我们聆听对自我的诠释时，它是另一个奇迹。听闻你即万物之实相，一切喜乐之源，任何人之喜乐，皆是一个奇迹。世上众生都从喜乐之海，也即你身上，汲取着点点滴滴的喜乐。因此当老师谈到自我时，他将其形容为一个奇迹。

自我始终是一个奇迹！它是存在、意识和无限；同时，它未经历任何变化却创造了整个世界。谈论自我本身就是一个奇迹，因为我们谈论的是无法用言语来表达的东西。它是无限的，貌似有限的。没有经历任何变化，没有任何特定名相，这实在是一种奇迹。一切名相皆是梵，梵即你，自我。老师能如此谈论而不偏题是另一个奇迹！听完老师的讲解后，同学们也开始互相谈论自我是一件多么奇妙的事情。因此，关于自我的一切都是奇迹。

最后，自我不被人理解是一个奇迹。就像一个很微妙的笑话不被理解，人们根本不理解自我，必须向他们进行解释。梵显现为个人，对于个人来说，束缚和摆脱束缚纯属一个大笑话，实际上是有史以来最大的笑话。因此，生活本身就是一个笑话，分析任何一件事都可以看出这一点。

### 生活就像一个很微妙的笑话

你分析一个思想，其实根本就没有思想。任何特定思想始于哪里，又止于哪里？无论你在这个世上面对什么，不过是思想，存在一个属于你的世界是因为你有思想。当你问一个特定思想在多大程度上是正确的，意识在哪里结束，思想在哪里开始，你会发现只有意识，没有思想。没有思想的开始，没有思想的形式，一切皆是意识。

因此，这就是自我的美妙笑话，整件事就是一个连续不断的笑话，貌似有一个原初笑话，一个根笑话，然后是各种各样的次级笑话，一个接一个。因此，有一个连续不断的笑话，其中有哀歌。

如果原初笑话被理解为笑话，那么所有其他笑话都很自然地成为笑话。最后一个笑话，也许是总有人在听了吠檀多之后会说“请告诉我那个教导是什么！”这就像一个人在聆听一个音乐家演唱布帕里（Bhupali，印度特定旋律音乐拉嘎rāga的名称）一个小时，他点着头，好像很懂音乐似的，在演唱结束时，却对音乐家说：“潘迪吉，接下来请唱布帕里。”

同样地，听众中总有人在吠檀多讲谈结束后说：“我什么都不懂，我什么都没看到。”如果有人对讲谈表示欣赏，那么可能会有人出来指责那个人被洗脑了，没有保持独立思考，迷失在无意义的词语海洋中。认同这种批评的人可能开始怀疑那个人是否曾经独立思考过！

有些人可能听过关于自我的教导却不理解它也是个奇迹，因为它是奇迹，所以不易理解，只有少数人能理解这样的奇迹。即使一个简单笑话也不是每个人都能听懂的，更别说自我笑话了！因为它是一个天大笑话，没有人认为它是容易理解的。因此，难怪在聆听一个关于自我的讲谈后，有些人不理解；或者，人们不理解的东西也可以视作奇迹，因为需要理解的是他们自己。

人们所谈论的全是关于自我，一个自我证明的事实。我们一直在经历这个自我，就是因为自我，我们才能体验这个世界。世上的一切都不像自我，这个自我是俱足的，在快乐的时刻，我们确实发现自己是俱足的。但是，即使有人指出我们是那个整体，我们也不明白，那是另一个奇迹。

### 理解难度

为什么理解有难度呢？理解不是微积分，或其他需要一定智力准备和敏锐的东西，这里所需要的就是看看究竟在说什么，但仍然有一些人没有看到这一点。这是因为看自己并不像看一个对象，看自己不是对一个对象的认识，比如陶罐，它依赖于另一个对象——黏土，你只能理解其中的一个。看自己就是把自己认知为毋庸否定的事物，它是关于整体的认知。因此，自我被理解为整体，那从所有属性中解脱出来的整体，那就是你，所有属性都是偶然的。这里要认知的是非常清楚的，所需要的只是你的生活经历。

你一直在寻找的是一个事实；这个寻找没有答案，这是另一个事实；你尝试过各种追求，但没有一种是你想要的，这也是事实；在此期间，你也有过一些快乐时刻，这是另一个事实。为了理解你自己——自我，后面这两个事实是你必须分析的。因为你已经吸收了一些经历，你不能说你没有分析的材料。这三种经历状态：醒着、做梦和熟睡，它们本身就为你提供了足够的材料，一个状态取消另一个状态是足够的材料。所以，不是你缺少材料，你所需要的是有人提升你的视野。为此，有一种认知手段、一名教师和一种视野。然后你就会看到，理解就会发生。

看一个对象不是问题，你有眼睛，对象在那里，你就会看到它。同样，如果教导可行，而自我可行，那么知识就会产生，你获得知识应该没有障碍。但尽管如此，“看见”可能不会发生，而这种“看不见”被描述为一个奇迹。克里希那在《薄伽梵歌》中指出，看见是一个奇迹，而看不见是一个更大的奇迹。可以说，一个人能从整个教学中脱胎而出，毫发无损，这绝对是一个奇迹。

### 了悟自我的人是一个奇迹

我们也可以用不同的方式引用这段经文，使用“āścaryavat”这个词来表示了悟自我的人“就像（vat）一个奇迹（āścarya）”。在千百万人中，只有一个人可能是探索者；即使在探索者中，也只有一个人可能看到它究竟是什么。了悟自我并不容易，因此，一个了悟自我的人，一个直接看见自我的人，毫无疑问，是一个奇迹，因为一般人是随波逐流的，而了悟自我者则逆水行舟。

我们的天性就是我们在思维方式、追求等方面循规蹈矩。我们不断地努力使自己有所成就，因为从一开始，我们就谴责自己无用，我们试图设置自我，通过增添或减去一些东西来很好地设置自我。这就是受制于生死轮回（saṁsārī）的人的所谓追求。首先，我们接受自我为生死轮回的，然后我们寻找支持的手段，以便轮回可以变得更好。我们认为自我是如此消沉，以至于它需要某种支持系统才能被接受。这就是人之本性，人们就像流水，找到自己的水平。如此一来，人们就倾向于循规蹈矩。

有些人可能会比其他人更擅此道，如果一个人在某一领域赚钱，另一个人可能会尝试在另一领域赚钱。但这真是一条鲜有变化的老套路，然而，这样的人却被称为有创造力的人，而真正有创造力的人是质疑者、探索者。“我是生死轮回的人吗？”他颠倒了整个过程，就像水爬上山。水往下流算不了什么，这是自然的；然而，水开始向上流是一个真正的奇迹，所有的人都聚在一起看水爬上山。

开始自我探究的过程是一件大事，绝对需要一定恩典，否则，就无法启动。就像把水送到山上需要很大的马力一样，一个循规蹈矩者开始质疑自己是否生死轮回，也需要很大马力、神力或恩典。如果这个人发现了实相，他也绝对是一个奇迹。

## 谈论自我的人也是一个奇迹

因此，了悟者是一个奇迹，而谈论者又是另一个奇迹，因为实际上并没有什么可谈的。当有人走过来说“我被悲伤征服了”，认识实相者不能真正谈论它，因为他或她根本看不到任何悲伤或问题。一个认识到没有问题的人会认真对待有悲伤的人，并和他谈论它，这也是一个奇迹。正如克里希那一开始就说，没有理由悲伤，就创造了一些谈话的余地；否则，知晓者根本不会说话。

如果克里希那只说“我是喜乐，你是喜乐，我们是喜乐”，那就没啥好谈论的了。告诉一个自认为悲伤的人 “不，你是喜乐”，没有谈话的余地，虽然这句话是真的。说悲伤是没有根据的需要证明，克里希那在十七个章节中证明所说的是事实。他知道一开始就说“你是喜乐”，就没留下谈话的余地。相反，克里希那说好像有问题，他也好像解决了问题。

因此，谈论本身就是一种奇迹，因为不能谈论的事被谈论了，不可言说的被言说了；无法用言语捕捉的东西，却用言语呈现了；这确实是一个奇迹。教它的人是一个奇迹，听闻它的人也是另一个奇迹。

这个奇迹有很多方面，无论你怎么看，这都是一个奇迹。能看到自我的人是一个奇迹，或者，我们可以说，在众多人中看见自我的人确实是奇迹。并且，在听闻教导后，还有人不懂，这也是一个奇迹。

1992年于宾夕法尼亚州塞勒斯堡

## 行动瑜伽和弃绝行动（Sāṅkhya）的不同

解脱论（Mokṣa–śāstra）可以用两种方式来看待：行动瑜伽（karma yoga）——秉持冷静态度付诸行动，以及弃绝一切行动（sāṅkhya 或sannyāsa），两者都是解脱的手段。因果业力（karma）和行动瑜伽之间的区别必须被清楚理解。为了自我净化而付诸行动是行动瑜伽，它表明此人有辨识力，并且知道要获得解脱，个人需秉持一定心智。为了获得那种心智，个人以某种态度行动，正是这种态度造就了瑜伽，仅仅付诸行动并非瑜伽。

例如，在日常祈祷仪式（nitya–karmas）中，一天三次祈祷（sandhyā–vandana）就是其中一种。Vandana是“顶礼”或“祈祷”的意思，sandhyā指一天三次祈祷，即早晨太阳升起时、中午、晚上太阳落下时。Sandhyā的字面意思是“连接”，它所指的第一个“连接”时间是白天尚未开始，太阳尚未升起，而黑夜已经过去；另一个“连接”时间指太阳已经落下，但夜晚尚未来临；第三个“连接”时间指中午。这些日常祈祷仪式是为了以后的结果，或为了净化心智（antaḥkaraṇa–śuddhi）。

为什么有人想净化心智呢？心智是获得自我认知的必要条件，因此，付诸行动是解脱的间接手段，是为了获得认知而准备心智。当我们祈求主，为净化心智而祷告时，就不会期望有其他结果。行动可能是出于高兴或出于责任，或作为一种祈祷而被执行。当它作为一种祈祷来进行时，旨在净化心灵和解脱，它就变成了瑜伽。

在行动瑜伽下有很多主题，包括祈祷、奉献和阿斯汤伽瑜伽（为了达到专注，三摩地samādhi）。所有这些都在《薄伽梵歌》的第2章的第39段经文“商羯罗的注疏”（Śaṅkara’s bhāṣya）中被提及。该经文指出，行动的弃绝和冷静地行动两个主题之间存在区别。只有在这种区别清晰情况下，才有可能理解，否则你会认为整部《薄伽梵歌》充满矛盾。比如弃绝（sannyāsīs）——获得解脱的手段，是一生致力于知识（jñāna–yoga）；而对于其他探寻者，行动瑜伽是手段。诸如此类的表述将会使人困惑。

### 知识的作用是什么

知识的作用是什么？是消除无知，除此无他。无知本身就是问题所在，它是错误追求和悲伤（saṁāra）的根源。以为天堂能解决所有问题是妄想（moha），妄想悲伤可以通过达到或得到这个或那个来消除。对自我实相的认知不仅能消除这种无知，而且是直接消除。

### 行动瑜伽能做什么

解脱有间接原因吗？《薄伽梵歌》的注疏说有。很明显，有两个不同主题。商羯罗透彻地阐述了这一点，因为即使在他的时代，对《薄伽梵歌》谈论的是行动或知识，或两者兼而有之，也存在很多争议，有许多这样或那样的观点，因此，这里花了相当多时间来指出二者的区别。

任何戒律都是有用的，因为它有助于获得某种程度镇定和对相反事物的某种掌握，因此，所有戒律都被称为瑜伽。这种镇定对于心智能够接受知识是必要的，要获得镇定，你需要行动瑜伽，行动瑜伽因此成为获得知识的间接手段。

你不能说“我付诸行动瑜伽，你遵循智慧瑜伽，我们将殊途同归”。不是那样的。如果行动瑜伽被呈现为获得摧毁无知的知识方法，人们可能会问为什么单独学习经书不能做到这一点。原因是只有当心智准备好了，学习经书才能达到目的，准备这样的心智就是行动瑜伽的宗旨。

## 赞美行动瑜伽

克里希那赞扬行动瑜伽，说它和知识一样重要。行动并不比知识逊色，因为没有行动，知识就不会产生。为了使阿周那创造一定的行动价值，克里希那说，行动的知识将使他摧毁业力的束缚。

“业力”在这里指正当的和不正当的行为、正法和非法，这些行为产生好与坏的结果，善业–恶业本身就约束着个人，即所谓业力束缚（karma–bandha）。业力本身就是束缚，被行动瑜伽所带来的知识所摧毁。但业力是如何被摧毁的呢？知识摧毁无知，由于无知被摧毁，行动者观念也被摧毁，所有业力也随之瓦解。

因此，弃绝和冷静的行动（行动瑜伽）对摧毁生死轮回起着作用。但是，必须清楚了解这两者之间的区别，否则，人们会说有多种途径。比如有些人所谓的四条道路：智慧瑜伽、虔信瑜伽、行动瑜伽、哈达瑜伽；说有多少人就有多少条路也是不正确的。针对这种缺乏清晰理解的问题，商羯罗说，由于神之恩典，你凭着纯净的心智、老师、教导发现自己，并获得知识。要获得知识，你必须了悟“我即梵”，没有别的办法。神之恩典存在于古鲁、经文、教导的形式、一个有准备的心智以及有利的环境中。

每个人都有过这样的经历：做任何有价值的事务过程中都会遇到许多障碍。事实上，当人们来上这门课的时候，他们已经在生活中遇到了很多障碍，经历了极大痛苦，而这些障碍还继续存在。为了这个事务，也需要神之恩典。因此，一个人必须祈祷，而祈祷就是行动瑜伽。

## 行动瑜伽需要认知神

一个人的行为结果不在他自己控制之内，而这个结果被照顾了，那么问题是什么在照顾它。所有的结果都由特定法则来照顾，我们称之为正法法则或业力法则，事实上，这是因果法则。除了我们知道和不知道的物理定律，似乎还存在另一种法则。我们在秩序中发现秩序，例如，当你举起手时，自然有物理定律在起作用，但也有许多其他定律。举起手需要意志，你一想就举起来了！

因此，我们不仅发现这个物理身体，这个解剖结构，是根据物理规律站在地球上的，它是根据一定生物和物理规律诞生在地球上，还有生理和心理规律在起作用。于是我们发现，在法则中存在着法则，所以当我们执行一个简单行为时，我们过去的行为可能会破坏我们想从这个特定行为中获得的结果。我们真的不知道它是否会发生，因为我们发现自己很幸运或没那么幸运，我们接纳某些法则在起作用。任何支配行为的法则，业力及其结果就是业力法则，而那个业力法则也包括各种其他法则。

没有法则是由我缔造的，我不是任何法则的制定者，如果我是，我就不会无助了。我总是能够完成我想做的任何事情，这没有问题。我甚至可以根据自己的需要重新制定规则，我甚至不需要走过这段距离就能到达一个地方，而是那个地方找到我。或者，我可以想象自己在一个特定的地方，我马上就会到达那里。但事实并非如此。虽然我的法则知识很有限，但我尽自己最大可能去遵守它。

## 认知法则的制定者

作为一个知道得很少的人，我只能遵循已知法则，并且知道它们不是由我缔造的。那么问题来了：它们是由谁缔造的？不是我们的祖先，他们也是从这些法则中诞生的，他们因为法则而存在，也因为同样的法则而离开，使人产生的法则也照顾着他们，这些法则总是在运作，没有特定人被视作它们的缔造者。因此，要认知缔造者，就需要再进一步。

首先你必须认识到，法则的缔造者制造了行动的结果，当你更进一步并认识到缔造者是神，那么你就有了行动瑜伽的开端。还有更多步骤要走，但这至少是一个开始。神是造物的造物主，也是行动结果的制造者。

当你一个月又一个月地从别人那里收到钱，邮递员是真正把钱递给你的人，但这并不意味着他是慈善者。除了邮递员，还有一个人值得感谢，那就是拿钱给你的人。同样地，行动的结果是由法则产生的，而法则本身又是由另一个智慧存在制造的。那个全知存在，梵，被称为神，造物主，他是一个不受时空或任何东西限制的至上主。

## 缔造者的本质

《吠陀经》提出了缔造者及其创造的问题，由至上梵本身产生五元素，因此，相对于造物，至上神被视作Parameśvara。他不仅是至上神、缔造者、造物的根源（nimitta-kāraṇa），他还是物质根源。这是另一个重要观点，因为世界没有脱离梵以外的独立存在，它只需要一个表面根源，称为摩耶（māyā）。摩耶也是表相，脱离实相本质（satyambrahma）并不独立存在，实相本质不依赖于任何事物而存在。作为表相，世界也像我们一样真实。并不是说最初有梵，现在我们必须跨越一切才能达到梵。万物皆梵，哪里有表相，哪里就有实相，实相是万物的基础。

因此，至上神是造物根源，他是全知的（sarvajña）、全能的（sarvaśaktimān），也是造物的物质根源（ādāna-kāraṇ）。因此，他不仅是行为结果的创造者，而且是行为法则和结果的创造者。我们说，神是法则的缔造者，而且，法则与他是不可分离的，这种对神的认知即行动瑜伽。

没有神，我们所讨论的无非是生活的实用方法。但是，在这里，我们讨论的是一种纯粹的宗教方法，这是完全不同的，因为它承认神是行动结果的赐予者（karma-phala-dātā），而自己只是行动的执行者。要成为行动瑜伽士，你必须接纳神。

神现在有一个定义——全知的，他是全能的，具有一切技能，是万物的造物主（sarvaśaktimān）；我们看到了另一个定义，他是行动结果的赐予者（karma-phaladātā）；这些定义消除了人们说神创造万物时所产生的问题。我自然会问：为什么神把一个人创造成瞎子，把另一个创造成瘸子？如果我被告知，作为神，他有理由做任何他喜欢做的事情，我不应该质疑他，我一定会问：为什么神的创造被谈论，特别是当我还被告知他是一切慈悲？我被要求敬拜他、爱他，但当我看着充满苦难的造物时，神对我的慈悲已经崩溃，然后还被告知，他做什么都是有道理的，我应该爱他。这种情况下，我怎么能够做到呢？

**对人类苦难的解释**

所有这些问题的答案是：他不仅是造物主，他也是造物。个体并不与他分离，与梵无异。因此，一切存在皆是自我，即梵。自我不是被创造出来的，当你说一个人是被创造出来的，它只相对于在特定时间的特定身体而言。个体只是由于无知而存在，无知是无起始的，个体也是无起始的（anādi）。精微体和粗糙体只是在此意义上诞生的，即：精微体（sūkṣma-śarīra）使自己适应粗糙体（sthūla-śarīra）。在这个生物世界里，在每个造物单位里，都有一个与行为结果相一致的粗糙体。被定义为行动结果赐予者的神是不应该受到责备的，你也无须审判神之行动，这样做无疑是审判你自己！你自食其果，因此，没有人对你的遭遇负责。每个人都要对自身负责，这是一种由个人承担的责任。你有一种能力，一种付诸行动的自由意志，你可以做任何你想做的事，但结果总是由神之法则决定的。

为什么上述总是必要的？要回答这个问题我们必须深入人类心理，《薄伽梵歌》定义为一种基于自己好恶运作的心理，整部《薄伽梵歌》心理学只涉及好恶，不使用其他标准。好恶可以是未写形式或可写形式，你可能不知道你喜欢什么东西，直到你凑巧近距离看它，否则，你怎么能在所有遇到和认识的人当中，只钟情于某一个人呢？事实上，这是一个奇迹。

我们内心有很多好恶，它们并没有被正确塑造。我们可能称它们为无意识的、潜意识的或其他什么，但它们仍然是不成形的好恶，这意味着它们对你来说不是很清楚。但当情境出现在你面前时，它们确实会被唤起。所有这些都包含在好恶（rāga–dveṣa）里。“Rāga”是你喜欢或想要的，“dveṣa”是你不想要的。想要和不想要纯属你的感觉，属于心理学范畴，你必须始终知道想要、不想要都根据你自己的感觉，当你指责别人做错了时，那只是根据你自己的判断、立场。因此，这始终是一个感知问题。

**避免不想要的东西也是一种满足**

当你的一生都致力于喜欢和不喜欢的事情时，你应该做些什么呢？要满足不喜欢的事，你必须拖延你不想发生的事，你要么阻止它，要么避免它。如果你能成功地做到这一点，那么你就是快乐的。有些人因为避免了可能发生的严重事故而成为伟大的奉献者。当你避免了不愉快的事情时，这是一种极大的解脱。人们说这是一项伟大的成就，实际上，你什么都没有完成，可能会给你带来麻烦的事件并没有发生，不过，你还是松了口气，逃避也是一种满足。

因此，我们看到，我不想要的东西而我却拥有它，我必须摆脱它；我想要的东西，我就应该拥有它；而我已经拥有的对我有吸引力的东西，必须保留。这些都是好恶。

因此，你的一切活动皆是出于好恶而已，你一切心理问题亦如此。它们还能是什么呢？如果你没有好恶，你就不会有问题，就像在深睡眠中一样。直到你睡觉前，你可能会有好恶，枕头可能不舒服，房间可能太冷，或者你可能会有一百种其他抱怨。但是一旦你睡着了，就没有好恶可言了。

关于好恶的争论是简单而完整的，有些事情应该保持简单，你把它们弄得越复杂，问题就越多。这尤其适用于心理问题，心理问题是基于个人渴望满足好恶的焦虑，以及个人对自己的不满。

行动瑜伽的必要性是因为人们被好恶控制，他们的行为、活动、反应和偏见、文化、种族等，都受其好恶控制。一切偏见和偏好都可以归咎于好恶，不管它们是有约束力的，还是没有约束力的。据说神也有自己的偏好，当我们敬拜甘内什时，会给他供奉甜品，我们说他喜欢甜蒸饺（modaka），当然，这是基于我们自己的喜好。这样，我们也把自己的喜好归于神，我们说甘内什喜欢这个，湿婆喜欢那个，等等，这样我们就可以将神作为人对待。你不可能与没有偏好的人打交道，但我们的偏好应该是非约束性的。

当心智通过行动瑜伽的生活获得所需的镇定时，对知识的追求就会成功。

1992年9月于宾夕法尼亚州塞勒斯堡

## 奉献者的态度

当你张嘴讲话，说出一个接一个的单词时，这一切都是因为神在运作。你可以付诸行动，但行动结果归因于神之法则。在每个行动中，存在一个预期结果，它有时发生，有时不发生，这一切都是按照法则发生的。因此，作为一个奉献者（bhakta），当你领受你行为的结果时，你不断地面对神。

由于每个结果均来自神，你把它当作“普拉萨达”（prasāda），这个梵文单词在英语中并没有确切的对应词，“恩典”一词有一种无形的内涵，而“普拉萨达”涵盖了有形和无形的结果。我供奉神一个果子，它又从祭坛上被归还给我，归还的果子称作“普拉萨达”。一个节食的印度教徒会拒绝食用拉杜（laddu，甜食），但却不会拒绝来自温卡塔斯瓦拉（Venkaṭeśwara）神庙的拉杜，是什么将拉杜变成普拉萨达？有形拉杜成为普拉萨达，因为这个人现在知道它来自神。

是什么将行动结果转化为恩典呢？你完全将它视作来自主。它不是口头上的，它是眼见的，是被理解的，如果有形容词的话，这就是“体验”这个词可以使用的地方。这是看待整个事情的一种方式，认识到神是行动结果的赐予者，将每个结果转化为恩典。因此，恩典不是一个对象，而是看待对象的一种方式。

普拉萨达纯粹是象征性的，这是一种认识到它来自神而产生的态度。因此，普拉萨达可以是任何东西，一个水果、一片叶子、一块糖甚至一个孩子。当它被以谦卑和尊重来接受时，它会带来相同的心智（samatvam）。

当一切都是恩典时，那么你就真的没有什么好抱怨的了，你只有一些东西要学。你可以将行动结果接受为恩典，如果它比你希望的多，你接受它为恩赐；如果它比你希望的少，你还是接受它为恩赐；如果它正是你希望的，或者与你希望的相悖的，或者不同于你希望的，你也接受它为恩赐。你对结果的接纳是一致的。这就是克里希那所指的，他告诉阿周那行动结果的根源（karma-phala-hetu）是神，阿周那是行为的起因，而不是结果。

此外，克里希那说："不要耽于不作为。"行动本身并非问题所在，问题在于你对行动结果的反应。因此，"不作为"在这里意味着害怕你的行动不会产生希望的结果，甚至在你开始行动之前，你就害怕失败。因此，克里希那告诉阿周那，行动本身是没有约束力的，它的结果也没有束缚力，是对结果的反应使行动貌似束缚。因此，对行动要怀着爱，但让我们将获得的结果作为恩典。

祈祷是一种行动，它产生一个直接结果，一个可见结果，你能够祈求神就是结果。

1992年9月于宾夕法尼亚州塞勒斯堡

## 创造的法则

你并不产生创造所需的力量，这些都是神之创造，神独自创造（Īśvara–sṛṣṭi）。神之创造也包括了正法，我们感觉到这些法则，人和动物都能感觉到地心引力，鸟类似乎也能感觉到，它们知道，当它们要飞翔时必须扇动翅膀。每一种生物似乎都至少知道一些法则，因为它们似乎是据此行动的。

我们根据常识所认知的法则，也被动物本能地认知。我们也同样认知正法的法则，即使我们没有受过任何教育，没有被教导过，我们也知道什么是对错，虽然这种认知通常被称为良心，但它实际上是我们对是非、正法与非法的简单常识认知。这是每个人都具有的基本知识，一个已经存在于创造中的事实，正如其他法则作为造物的一部分而存在一样，正法法则也作为造物的一部分而存在。

如果神是造物主，而造物与造物主是不可分离的，那么作为造物的一部分的正法，也不与神分离。因此，正法成为神，业力法则也以同样的方式成为神。这就是为什么我们可以用罗摩的形象，把神当成正法来崇拜。

当我们说罗摩是一个化身（avatāra），我们根本无须从历史角度来看，罗摩是否存在无关紧要，因为他被视作神。只有那些对历史存有疑问的人才需要历史，他们对神的概念就是这样，这样的人需要历史。

为了崇拜和冥想之故，一个特定名相被赋予，那就是罗摩、克里希那和其他神的呈现方式。克里希那本身即喜乐，这是赋予本质即喜乐（ānanda svarūpa）的至上神一个特殊名相。同样，罗摩是正法之神的写真。因此，我们从造物的各个方面来看待神，并用许多不同神（devatās）来代表这些方面。

当我将正法视作神时，会发生什么？如果我遵循正法，我就是一个有道德的人。但是如果我把正法视作神，那么我通过在特定时间和地点做该做之事来崇拜神。正法是一种已经确立的东西，我感觉到它。因此，该我做的事情，我就去做了。克里希那说，我们做了该做的事，就是敬拜他。那怎么可能呢？这也是我们必须知道的。

### 造物有其自己的正法

关于这个创造循环，神是创造者，世界由他诞生，由他维持，创造在继续！每一刻，都有新的东西出现。这是一个持续不断创造（sṛṣṭi）、存在或维持（sthiti）、毁灭（samhāra）的过程。

这一秒，一个公认的时间单位诞生了。正如它诞生、存在、消失，这个“生即逝”的过程是一个持续的过程。在这个星球上的各种生物、树木、昆虫、动物和人类，都在做其想做的事情，通过这种方式，万物都得以维持。每年秋天，树叶都在不断变换颜色。按照程序，它们制造叶绿素，或者吸收二氧化碳、释放氧气。这就是为什么甘蔗仍然是甜的，而酸橙仍然是酸的。一切生长在地球上的植物，甚至可能属于同一物种，然而，一个可能是酸的，另一个可能是甜的，例如，一个特定的橘子恰好是“柠檬”！

橘子是橘子，柠檬是柠檬。如果一个橘子变成了一个柠檬，这是有原因的，因为特定程序。这棵树没有做出生产酸橙的决定，因为它被编程了，它对创造的行为和贡献正如它必须的那样。动物世界亦如此，蜗牛永远是蜗牛，牡蛎就是牡蛎，如此等等。公鸡会和公鸡打架，猴子的行为就像猴子，这正是它们应该做的，因为这是编程的结果，这种智力，它们似乎都具备。

**人类不是被编程的**

当你叫小狗的时候，它每次都会摇着尾巴跑过来，因为它把你的叫声和食物联系在一起。但如果你打电话给你的小孩，不管你是否拿着饼干，孩子可能不会选择跑过来。为什么？因为这个孩子远远胜过一只小狗，他是一个有自己意志的完整的人，从童年起就这样。

即使是成年人，大部分担忧都是基于别人的想法，这是一个与其他生物不同的问题。如果狗想叫，它就叫了。凡是有水的地方，附近所有青蛙都聚集起来举行音乐会！它们才不关心你的意见。只有人类才会有这个问题，因为他们有自由意志和自我形象，而自我形象一半取决于别人的想法。

一个人在成长过程中，会捡起上百个好恶。这样的幻想总是存在的，我们发现便利通常是我们遵循的秩序，这就是为何我们不为“闲人免进”的标志而烦恼，而对别人的财产却会逾越雷池。

因此，便利往往是主导因素，什么方便，什么愉快，我们就要什么，简单满足正是人类所追求的。如果需要做一些工作，经历痛苦或付出努力，就想要放弃。人类性格就是这样，追求简单而迅速的满足，只需要立即得到的满足，这就是人类的本性。因此，我们在自己心中创造了许多好恶，促使我们采取各种不常符合正法和非法的行为。违背正法，也就是违背神之秩序，即是非法。

**职责是崇拜**

既然造物遵照同样秩序运作，你的诞生肯定是有原因的。你在这里是因为，没有你这个世界肯定是不完整的，就是这么简单。

如果你认为世上的每件事都有目的，为什么你要把自己在这个人类大政治体中的存在视为不重要的呢？即使在你们自己的国家里，每一件事都发挥作用。你是创造之轮上的一个齿轮，在这种情况下，你自然知道，此时此地，这项工作必须由你来完成，这称为职责（svakarma）。正如每种动物、每棵树都为这伟大的创造做出了贡献一样，你也做出了自己的贡献。不论你的职责是什么，那个行动变成了对神的供奉。

对神的供奉不必总是以鲜花的形式。神说，在既定时间做你该做之事，你就是在敬拜他。因为你对神的认知，你的任何行动都是你的贡献，是你对神的供奉。你把你的行为献给神，他是造物的化身，你是他的肢体之一。你的角色是这个创造中事物计划的重要部分。否则，你不会存在这里。

这有点像交响乐团，虽然有些音乐家貌似可有可无，但作曲家认为，每个人都起着重要作用，一人可以每十五分钟演奏一个音符，这就是他在整个事件中的作用。同样地，你们每个人都要尽到自己的职责，当你做了，你就与神和谐相处了。这就是为什么当你尽职时，你会感到满足和感觉良好。为什么？因为你与神是和睦相处的。认识到这一点，你就变成了一位瑜伽士。这种认识不是一件平常的事，这是一种视野。与世界、与职责、与支配一切行为的正法法则和谐相处，即行动瑜伽。因此，你选择你的行为，认知神为正法，然后你的行动就会变成对他的供奉。这种态度能净化心智，一旦这种情况发生，自我认识就会毫不费力地发生。

### 约束和非约束欲望的区别

欲望（kāma）被划分为两种类型：喜欢的（rāga）、不喜欢的（dveṣa），喜欢的–不喜欢的不过是欲望而已，两者的共同词是kāma，“我想要”就是欲望，“我想要的”可以是你想要获得或保护的东西（喜欢的）；或者你想摆脱的东西（不喜欢），不管怎样，这都是欲望。

好恶也有两种类型：约束性的和非约束性的。每当经文谈到欲望，仅指那些约束性的。当一个人放弃在心中升起的一切欲望时，他这样做是有原因的，否则，放弃它们是不可能的。“那个放弃了心中一切欲望的人，满意于自己，安于自己，他被称为智者。”这类似第一个条件对于第二个条件是必须的。因此，为了满意于自己，个人必须放弃一切欲望。这怎么可能呢？除非你满意于自己，否则你怎么能放弃一切欲望呢？

如果为了放弃一切欲望，你必须满意于自己；而为了满意于自己，你必须放弃一切欲望；那么你就进入了一条死胡同。这就像一个精神失常的人被告知，除非他结婚，否则他不会被治愈；但是除非他精神健康，否则他不能结婚！我们似乎也遇到了同样情况。但是我们真遇到了吗？根据一些诠释貌似如此，但是商羯罗却不如此认为。

首先，商羯罗提出一个问题，说放弃了一切欲望的人就像一个疯子，否则，他怎么可能满意呢？然后他说，一个通过了悟自己而满意于自己的人，不需要满足任何欲望来获得满意。这里指的是什么欲望？只有那些欲望的满足才能使人满意，而不是那些本质上非约束性的欲望。

非约束性欲望包括想做事、想写作、想教授、不想做事的欲望，等等。这里不考虑非约束性欲望，只考虑约束性欲望。如果智者是放弃一切欲望的人，而撰写了注疏的商羯罗何曾放弃过欲望，那么，他是一位智者吗？教导阿周那的克里希那是一位智者吗？撰写了《摩诃婆罗多》（《薄伽梵歌》呈现于其中）的毗耶娑是一位智者吗？

如果只有放弃一切欲望的人是智者，那么上述这些人就没有一个是智者。克里希那似乎有教导欲，他并不介意自己置身战场之中，如果克里希那放弃心中每个欲望的话，他不可能驾驭战车，因为克里希那将自己定义为付诸各种行动的人，而行动是以欲望为前提的，那么根据他对自己的定义，他就不可能是一个智者（sthita-prajña）。

毗耶娑也有许多欲望，为了撰写他的伟大巨著，这部独具匠心的著作称为《摩诃婆罗多》，因此，根据对智者的定义，他也不可能是梵知者（jñāni）。事实上，没有老师可谓梵知者，因为老师必须具有教导欲。不幸的是，一些《薄伽梵歌》的现代注疏，基于错误的翻译，在理解什么是放弃一切欲望时引起很多问题。若非如此，就不会存在误解，因为《薄伽梵歌》原本说得很清楚。

在《薄伽梵歌》的第三章，克里希那告诉阿周那，智者不受其欲望约束，不受任何命令的约束。只有你把自己当成行动者（kartā）时，欲望才具有约束力，只有这样，你才有事情要做，才会出现如玩忽职守的情况。如果你不把自己视作行动者，而且对自己的认知是清醒的，那么自我作为行动者就没有问题。因此，不行动者，无事可为。克里希那告诉阿周那，因为他无欲，故无事可为。因为克里希那即一切，一切即他自己，还有什么需要达成的？然而，他总是活跃的，这意味着他所进行的一切活动都是非约束性的。

如果活动是非约束性的，活动的引发因素（欲望）也必为非约束性的。在《薄伽梵歌》中，只讨论了约束性欲望，非约束性欲望不是它的主题。

1992年9月于宾夕法尼亚州塞勒斯堡

## 智者（Jñāni）的俱足

水以雨水和河流的形式从四面八方汇入海洋，但是，这些不同形式水的汇入会给海洋的充盈带来任何变化吗？若如此，那么我们就可以说海洋并未充盈，它依赖于其他资源来获得海洋特性。如果水汇入海洋没有给海洋带来任何变化，那么海洋本身就是充盈的，水不汇入也不会对海洋充盈产生任何影响。

海洋本身就充满了水，因为它的充盈不依赖于任何水源，水汇入与否并无任何区别。大海既不贪水，也不怕水汇入它，它不怕被洪水淹没。

但是池塘确实要依靠雨水或其他水源才能存在。如果它依赖的是地下泉水，泉水干涸了，池塘也会干涸；如果洪水冲垮了堤岸，那么池塘就不再是池塘了。

### 智者

就像其他水源汇入与否不会影响海洋的充盈一样，进入智者心智的事物也不会影响他的心智平静，这是因为智者是俱足的，因为他的本性就是俱足。

每个人都有这种俱足感，哪怕只是短暂瞬间，当一些令人渴望的事情发生时。但最终，这个人会失去那种俱足感。另一方面，智者不依赖任何事物来充实自己，因为自我已经像海洋一样充实，自我是无限的。

因此，对自我的认知正是一个人俱足的原因。“我存在”即俱足，如果我是俱足，那么“我”这个词的意义就不存在于像身体、心智或感官这样的有限因素中。

因此，“我”应该被理解为俱足、无限。智者是不依赖于任何事物或环境而快乐的人，就像海洋一样，他因自己的荣耀和本性而俱足。智者的俱足不因境况而增减，他在任何境况下均无改变。

如果一个不满足的人觊觎一件他想要的东西，在他得到它之前自身就已经受到很大的影响。当一个人认为自己匮乏时，欲望就会引起问题。除非一个人俱足了，否则是不会放弃欲望的。就像池塘一样，想要和不想要的东西进入与否，会给一个具有约束性欲望的人带来变化，因为他不知道自己已经俱足了，所以当他的欲望得到满足时，他就会兴高采烈；当欲望得不到满足时，他就会沮丧。

智者没有区别，他本身就是和平，没有情绪爆发，有时可能会有一阵笑声，甚至是咆哮的笑声，就像大海时而狂喜，时而平静。可以是微笑，大笑，或平静。对于海洋来说，小浪是它的微笑，大浪是它咆哮的笑声。如果没有咆哮的笑声或微笑，海洋是否就消失了？不，它因其充盈而宁静。因此，它是充盈的，不论大笑、微笑或平静。

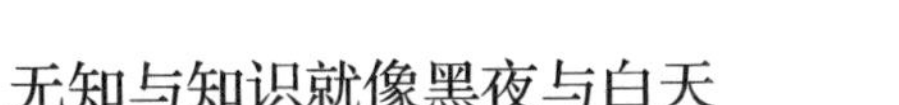


## 无知与知识就像黑夜与白天

克里希那谈到满意于自己的人时指出，由于疯子也满意于自己，因此智者（sthitaprajña）必须具有知识。然而，这对智者的描述是不完整的，克里希那补充道：

yā niśā sarvabhūtānām̐ tasyām̐ jāgarti sam̐yamī yasyām̐ jāgrati bhūtāni sā niśā paśyato muneḥ

众生之夜，自我控制者（智者）独醒，众生皆醒而智者视为黑夜。——《薄伽梵歌》（2.69）

大体上说，智者彼此相似，不成为智者就不能真正了解智者。克里希那用这样的话来说明，对所有人来说是黑夜，但对于具有心智和感觉的智者而言是白昼。这样的人被称为sam̐yamī，yama指掌握或控制心智和感觉，sam̐yamī指具有那种掌控以及知识的人。

克里希那进一步说，对其他人来说是白天，对智者来说是黑夜；对于视野清晰的人而言，大众视作白天，而他视作黑夜。换句话说，众生皆醒，智者独睡；众生皆睡，智者独醒。

难道智者是夜出者，比如蝙蝠，或夜间潜行的贼吗？不，正如夜之黑暗不允许你看到物体的本来样子，这里的黑夜代表了一个人缺乏知识的黑暗。智者清醒地看到众生的黑夜，即无知的黑暗。

人的无知被称为“黑夜沉睡”，“黑暗或无知沉睡”（avidyā nidrā）。在这种无知沉睡中，人就像梦游者，这种状态不仅指睡眠，这些人都是梦游者，他们貌似醒着实则沉睡，就像在梦中一样；他们是醒着的，从事各种各样活动，但他们依然是沉睡的，因为他们没有清醒面对某些现实。

如果你完全睡着或完全清醒，你没有任何问题。只有当你处于半醒状态时才会出现问题，因为在这种状态下，是可能发生错误的。在梦中，一个人是部分清醒的，因为有一些心智的投射。这个人不是通过身体和物质现实来识别的，而是通过记忆和思想来识别的，从这些记忆和思想中，一个梦的世界被创造出来。

## 二元性的现实

对于做梦的人而言，在梦境世界里，一切都是双重的。认知者不同于认知对象，认知对象不同于认知者，当然，认知也是不同的，它是认知者所拥有的东西，存在一个它的对象，即认知对象。

对于做梦者而言，梦中的这种分裂是一个现实，但一觉醒来，这三者——认知者、认知对象和认知就会合为一体。认知对象与认知是不分离的，认知不分离于认知者，认知者也不分离于认知对象，三者皆融入醒者中；醒者就是梦中的认知者、认知对象和认知。认知者即醒者，这就是为何有人会说“我做梦了”。认知者的自我在梦里获得，也在清醒状态下获得，被经历者的表达“我做梦，我就是那个做梦的人”所证明。然而在梦里，一切都成了现实。

吠陀承认二元性，甚至称呼你为一个行动者（kartā），吠陀告诉你去付诸某些行动，它也告诉你做这些事你会得到什么，还有一些非常具体的不同之处也提到了“如果此人在此时以此方式行事，就会产生此结果”。因此，要举行的仪式在吠陀中被设定，所有这些都暗示着二元性。

吠陀说你是不二梵，在前面的章节中把你说成是一个想获得某些结果的人，并且在以后会得到这些结果，人和结果之间的连接通过举行特定仪式来达到，即善行（puṇya），这种行为将人与结果联系起来。人、仪式和结果是不同的，因此构成了二元性。

你的感知也会告诉你一个物体与另一个物体是不同的，感知产生了不同类型的认知，基于这种认知你得出结论，一切都与你不同。将你称为行动者，而非不行动者（paraṁ–brahma）。如果吠陀将你称为不行动者，它不能让你付诸行动。因此，它只能称你为行动者。

此外，行动者还被告知，如果执行某些行动，他以后就会成为享受者；如果不这样做，或者做得不好，他以后就会遇到问题。即使付诸错误行动，行动者仍然是享受者，但“享受”不会很愉快！这样，吠陀经着眼于人，谈论对他来说什么是好的，什么是坏的，什么是应该做的，什么是应该避免的。

因此，吠陀经似乎仅针对行动者，而且认为二元性是一个现实。那么，很自然地，这个人在醒着的时候，就像在梦里一样，把自己看成是一个与世界不同的人。这即所谓无知沉睡，仅仅因为无知，人们才说此人在沉睡，沉睡在这里意味着此人是梦者。这个人并没有完全沉睡，他醒着，进行各种活动。对于那个人甚至有一个有效的手段，让他知道某些行为是对的，而其他行为是错的。只要这种无知沉睡持续下去，对清醒状态的人来说，一切都是有效的，就像在梦中一样。行动者不同于其他行动者，享受者不同于其他享受者。

身体是享受之所，是你接触世界的体验台，个人运作的站点。你是享受者，蚊子也是享受者，你是它享受的对象。因此，你会发现有许多享受者和不同种类的享受，有不同行动者和不同类型的事情，所有这些都是有效的。因此，痛苦和快乐都是有效的，你是个小人物是有效的；你是一个努力证明自己的人，这是有效的；那个挣扎永远不会结束也是有效的。

### 合一的现实

对于那些认为自己与众不同的人来说，一切似乎都是有效的。在一切有效性中，只有一件事是未知的，那就是什么是真实的（paramārtha-tattva）。Tattva一词是“实相”，paramārtha-tattva是终极实相，即一切事物的基本实相。除了这个基本实相之外，在梦中和醒时看似如此真实的差异并无独立实相。本质上只有一件事，那就是“我存在”。认知者是我自己，被认知对象是我自己，认知是我自己，行动者是我自己，行动是我自己，被做的事是我自己。世界是我自己，认识世界的人也是我自己。而认知者、被认知对象和认知三者都是“我自己”则是完全不同的观点。这种差异是显而易见的，就像在梦里，整个世界貌似与你不同。但在现实中，两者没有任何区别。

对于智者而言，终极实相本身就是一件单独的事，它就是自我。而无智者却认识不到这点，对他们来说，一切都是真实的。这意味着对这些人来说，实相不止一种，这就是为什么世界对他们来说总是太过分了。认为每个人都和你不同意味着每个人都和你一样真实，语言也会有它们自己的真实性，所以一切都是真实的。于是，你会发现一个双重世界。

当别人处于这种无知的沉睡中，智者却清醒地认识到根本实相。他意识到“我”之实相，这种知识消除了认知者和被认知对象之间的界限。因此，“我即这一切”。以前，我只是其中之一，现在的视野是“我即万物，我又超然于万物”。对于这个事实，智者是清醒的。

知识总是忠实于知识对象的本质。

1992年于宾夕法尼亚州塞勒斯堡

## 种瓜得瓜，种豆得豆

ye yathā māṁ prapadyante tāṁstathaiva bhajāmyaham mama vartmānuvartante manuṣyāḥ pārtha sarvaśaḥ

凡以任何方式崇拜我的人，我都以同样方式赐福他们，阿周那啊，人们以各种方式跟随“我”。《薄伽梵歌》（4.11）

虽然《薄伽梵歌》中这段特定经文是关于吠陀仪式和祈祷的，它也可以被视作超出其宗教范畴：“我作为你可获得的世上各种资源、各种法则、力量和可能性。无论你以何种形式召唤‘我’，我将以那种形式出现。”目标，终点，永远是神。种瓜得瓜，种豆得豆。

## 不同形式的祈祷

虽然不同宗教具有不同祈祷形式，但没有一种形式比另一种更有效。不论使用什么语言，皆同样成功地召唤神。当部落民举行雨舞时，就会降雨。类似地，精心安排的吠陀仪式会导致降雨。

当仪式（无论部落的或吠陀的）以信仰（śraddhā）和真诚举行时，适当的结果会发生。模式可以不同，但结果是相同的。因此，所有形式的祈祷都同样有效。这需要人们很好地理解，而非解释为对自己以外的不同形式崇拜的迁就或容忍。没有排他性的祈祷，只有祈祷。

部落民用没有结构、文字或语法的方言重复祈祷，我们听不懂，但神能理解。只要想到神，就能与他沟通，这才是最重要的。即使信徒用一种连他们自己都不懂的语言重复祈祷，神无须借助什么，就能理解他们所使用的语言。祈祷是一种情感，它以某种形式、某种语言表达出来，而人们甚至可能不知道其含义。但是这种情感和意图，是绝对存在的，这是在祈祷中传达给神的。因此，当我们用梵文（一种我们不能完全理解的语言）祷告时，神会明白。

神懂一切语言，你所要做的就是表达你想表达的。理解这一点不仅仅是宗教上的包容，这是简单地理解什么是祷告，什么是神。在此不需要开阔心胸，你也不需要成为一个伟大的圣人。

理解祈祷的本质不能与宗教如何定义神相混淆，否则就会产生各种问题。当涉及实质问题、概念等时，确实存在问题，但这些与祷告无关。真正的问题即什么是解脱，你到底在祈祷什么，是为了一个有限的结果还是为了其他原因。

如果解脱是你想要的，那么有些事实是需要理解的。“你即整体”是一个事实，而不是一种信仰，这是一个与世上各种宗教所宣扬的完全不同的理念。因为它是一个事实，它是要被理解的，这与你对宗教本身或某一特定宗教的信仰无关。

神在这里所说的不仅指祷告，即使那些与宗教无关者也会受到祝福，这包括那些声称不信教的人，那些批评宗教的人，甚至那些谴责宗教只是金钱和权力的人。他们信奉什么宗教，就在什么宗教形式中受到祝福。

在这节经文中，克里希那告诉阿周那“一切人类皆只跟随‘我’”，换句话说，“不管他们是否知道我就是被追求的那个人，他们都是兀自向我走来。在道路的尽头，我总是在那里。他们可能会寻找一个特定目的地，但那只是他们旅程中的一站。如果金钱或权力是其目的地，他们仍然在走向我的路上，因为权力和金钱也是‘我’。记住，拉克希米财富女神与‘我’同在，权力也只与‘我’同在。不管人们的要求是大是小，他们皆在追逐‘我的’足迹，不论他们是否知道。”

**摆脱渺小**

所有人都在寻求神的认同，他们想要从渺小和无关紧要中解脱出来，这就是为什么他们是探索者，每个人都是这种解脱的探索者。追求俱足和从渺小中寻求解脱并无不同，此外，说你在追求俱足是不真实的，因为你不知道什么是俱足，而你肯定知道什么是渺小。

从渺小中解脱出来就是所谓的俱足，每个人都想俱足，想要快乐，俱足和快乐是神之本性，因为每个人都在追求这种俱足和快乐，所以他们都步入神之轨道。一个不知道自己在追求什么的人，却不断追求。因此，克里希那会说："他们不知道他们在追求我，因此，他们花时间去追求一些属于'我的'琐事。"在他们与"神"分离的错误观念下，他们只追求"神的"的一个方面而排斥其他一切。

一切皆是神，只追求一个方面而被排除在外的也是神。当你不顾一切追求权利时，你追求的不是神，而是"他的"一个微小方面。"他们只是在'我的'轨道上，但是他们不追寻'我'，因为他们不知道他们在'我的'轨道上。如果他们知道，那么这些琐事就不会阻碍他们前进。"

### 对美的追求

当去一个特定目的地旅行时，人们可能会享受沿途的许多东西，但他们不会忘记目的地。自我知识也没有任何不同，这种追求的美不仅是最终目的地之美，而且是沿途之美，这就像开车穿过落基山脉或去喜马拉雅山朝圣一样。

人们常说，修行之路是极其艰辛的，但如果你真正明白什么是"灵性"，你就会发现这并没有什么困难的。不断听到"你是俱足"这句话有什么不好受的？在此所需要的是理解这一概念。

如果目标是俱足和喜乐，实现目标的道路怎么可能是不愉快的呢？如果你理解路径是喜乐的话，永远不会有无聊的时刻。就像你在上山朝圣一样，当你沿着陡峭的道路前进时，每一个转弯都会打开一个新的视野，一个新的山谷和一个新的场景。有时，恒河会在你身边流淌，有时你会把她远远地抛在身后；再往前走，你会再次发现她就在你身边或下面。她有时慢吞吞的，有时咆哮。山峦本身呈现出的景色，有时是光秃秃的，有时是翠绿的，有时戴着雪白的帽子。

同样，通往自我知识的道路也不是一条艰难的道路，道路本身是令人愉悦的，终点也是令人愉悦的。正如人们常听到的那样，这条道路不能描述为开始艰难后来愉快，或开始愉快后来痛苦。有时有人说，追求物质的起初是愉快的，后来是痛苦的，但事实真是如此吗？难道追求物质的道路在开始、后来和中间不是一直是个问题吗？

## 一切物质是神本身

虽然物质上的东西确实能让个人在这个过程中获得一些快乐，但这种快乐是短暂的。事实上，经过分析，我们发现根本没有所谓的物质，一切物质，不过都是神，没有什么与他分开。

所有这些分歧都是我们的智力造成的，无论它到哪里，它都制造分裂，精神上、暂时的，深刻的、世俗的。因为它本质上是二元性的，它不断尝试制造二元性。事实上，这种分裂的智力，正是个体的本性。

因此，克里希那说："不论他们知不知道，每当他们获得片刻的快乐，那是'我'自己。"唯一的问题是，他们满足于从"他的"身上榨取一些小确幸，而事实上，"他"就是喜乐，即他们自己的本性。他们不知道自己是神，即喜乐的本质，他们满足于从他们自己身上不知怎么搞出来的一点施舍。"这是一场悲剧，悲剧不在于神否定了人们的一切，而在于人们没有看到自己与神的同一性。"然而，克里希那神说："他们步入'我'的轨道，他们最终会来到'我'的身边，因为直到变得俱足，他们才会停止追求。没有人会满足于不俱足的东西。没有人脱离于'我'。"

祈祷是以某种形式表达的一种情感。

1992年于宾夕法尼亚州塞勒斯堡

## 臣服是一种态度

臣服是一种态度，一种成熟的态度，没有成熟就没有臣服。臣服对于私我而言是不可能的，因为它不能臣服自己。但是，怀着臣服的态度，私我就会让步。我能接纳在这个创造中没有任何东西是我创作的，一切都是赐予我的，包括我的身体、心智和感官，神赐给我的不是我的。神啊，我只是受托人！你是赐予者。因此，臣服只能体现在态度上。

如果臣服是不可能的，那么一个人如何摆脱私我？在摆脱其他一切事物过程中，私我以一种或另一种形式存在着，因为它无法摆脱自己，它仍然说“我是最仁慈的人”。 即使是一个不谈论自己善行的人，也可能认为自己是一个谦虚的人，他会说：“我从来不提我做过的所有慈善，我并不夸口，你随便问任何人，他们都会告诉你这是真的！”私我非常清楚如何以如此多方式维持和延续自己。

因为私我，即行动者（kart）总是以一种或另一种形式存在着，它不可能被击败，除非被那个对“我是谁”进行探究的人击败。个人可以研究任何一种哲学，私我还会存在并说“我是一个哲学家”。只有当提到“我是谁?”这个问题时，那么私我就有麻烦了。为什么？因为，私我，实际上是一个冒名顶替者，一个叠加。事实上，没有行动者，因为它是依赖于自我的，它没有自己的实相。

### 被知识否定

即使自我的真相被认知，私我也不会消失。相反，这种认知使人认为私我没有自己的现实。因此，私我的消亡纯属通过知识来否定或毁灭。“破坏”这个词通常用在物理意义上，例如破坏一个物体，使其不再以那种形式存在。在这里，私我的毁灭纯粹是通过否定。

当一个对象存在那里，但它的真实被消除时，借由知识的否定就发生了。例如，你可以享受蓝天，同时，知道天空并非真是蓝色的，故而消除了它的蓝色。或者，欣赏一部电影，你可以忽略它的真实；另一方面，孩子也不能因为电影是不真实的就不去看电影，因为对孩子来说，大象、老虎和他看到的一切都是真实的。直到孩子明白电影本身并不是真实的，否则电影对他而言将是真实的。这种认识来自否定（bādha），理解一个物体或情境，并消除其真实性。

同样，私我并没有被消除，但它没有独立存在的事实被理解了。每个人所依赖的私我是什么？什么东西不依赖私我而独立存在，而其他一切都依赖于它？私我的存在依赖于自我。因此，自我是实相，每个私我的内容。行动者是私我。

成为一个行动者，你必须是一个有思想的人，而这个思想就存在于“我”——意识之中。所以你说，“我是行动者”，行动者概念本身是一种以“我”为中心的思想。这里要理解的是，当思想以“我”为中心时，“我”本身并不以思想为中心。对这一事实的认知并不是消除思想，它是对“我”实相的理解。

### 个人如何认知自我？

“个人如何认知自我？”你可能会问。私我通常知道其他一切，但它怎么能知道自我，既然自我不是私我的对象。回答这个问题，有些人会说：“自我将超越私我，你就会知道。”但是超越私我意味着什么呢？它会消失吗？它会回来吗？

如果为了认知自我而超越了私我，它肯定不会回来，谁会在那里认知自我？因此，这种解释是不能接受的。如果私我回来了，是谁理解了自我？只有私我才能理解自我。这些关于为了理解自我而臣服私我和超越私我的陈述会让人非常困惑。不幸的是，它们常见于现代吠檀多书籍中，因此，必须看到其本质。

### 知识手段只属于私我

事实上，只有私我才使用知识手段，感知、推理等。私我（ahaṅkāra）运用感知，并通过分析感知所收集的数据，获得推论性的理解。因此，感知和推理掌握在主体私我手中，它利用这两种认知工具进行感知和推理。

知识手段总是被作为行动者的主体所使用。因此，有一个主体（kartā），一个工具（karaṇa），行动（kriyā）和行动的结果（karma-phala）。无论一种知识或一种行为是否产生结果，其背后总有一个主体。

私我所运用的感知和推理无助于了解自我，因为自我是私我的本质，它是私我背后的东西，它是私我的实相。那么，自我是如何被认知的呢？

这就是文字形式的启示（āgama-pramāṇa）介入，当这种知识手段被使用时，私我就无法行使其力量。所发生的是文字创造了一个思想（vṛtti），揭示了你即自我——梵这一事实。那无限的意识是自我，即你。这就是教导，它消除了你对自己的无知。

### 自我无知的毁灭

一个将自己视作私我的人会想“我仅此而已”，我们对自己的了解仅此而已。这种因私我而存在的无知，被“我即梵”的思想所摧毁。随着这种无知的毁灭，“我就是私我、行动者”的概念也就消失了。

在自我知识的觉醒中私我发生了什么？私我来了又去，但你不复在其掌控之中，因为对自我的无知已经被摧毁了，自我不能再被误当成私我了，所获得的这种知识永远不会失去。你知道私我就是自我，而自我不是私我。认知这一点，你就不会迷失或被私我及其活动所吸引。仅仅因为感知的产生或推理的产生，仅仅因为行动的完成或结果的获得，仅仅因为某些事情的发生，自我不会变成私我。一切都是自我，但自我不是它们中的任何一个

当一个行动完成时，私我就在那里，自我不受一切行动的影响，因为它不是私我。同样，付诸行动的手段或其结果也是自我，而自我既非手段，亦非行为，也不是结果。认知该实相，人们就会在行动中看到不行动。

知识是摧毁自我无知的唯一途径，仅以文字形式表达的知识只会摧毁私我，因为你并没有真正运用知识手段。相反，你让自己暴露于手段和语言下。事实上，你暴露得如此多，以至于你被梵之矛（brahmāstra，梵武器）击中。在《罗摩衍那》中，罗摩运用梵武器杀死了拉瓦纳。Astra是指任何离开你手中的东西，śastra是留在你手中的东西。各种形式的修持，比如祈祷、仪式等等，被称为śastra，而"汝即梵"（tat tvam asi）的陈述被称为astra。它来自老师，击中了你。事实上，它的目的就是击中你。这句话就像一颗子弹，击中了暴露的私我，让它死去。

当私我暴露于"汝即那"的教导时，它自然会死去，就像那个多头恶魔拉瓦纳被梵武器射杀时那样。

"汝即那"彻底地摧毁了名为拉瓦纳的私我，罗摩尝试用各种方法来摧毁他的敌人拉瓦纳，但均未成功。他被削掉一个头，但在他被削掉第二个头之前，第一个头又长了出来。这就像试图消除我们的一切欲望，就在我们以为一个欲望已经消失的时候，发现它被另一个欲望取代了。

当"汝即那"这个武器被用来对抗私我时，私我就被摧毁了。因此，你不需要做任何事，只需要将自己暴露在"汝即那"教导。运用

感知和推理与将自己暴露于教学之间的区别，就是这种特殊的知识手段与所有其他方法的区别。将自己暴露在教学中，让自己进行一种完全不同类型的操作，它来自外部，通过说“汝即梵”来摧毁私我。你无须任何行动，你把自己暴露在这种信仰中你将获得知识。

## 知识和错误不能共存

事实上，正是信仰赐予你这样的暴露，暴露背后的态度会给你带来知识。面对这种知识，私我是无助的，因为这是一个已经被知识纠正的错误。任何错误都不能成为知识的共存伙伴，因为知识和错误不能共存，错误的对象不可能回到知识已经存在的地方。

你可以通过绳-蛇的例子来质疑这一点。你可能会把一根绳子误视作蛇，当你看到蛇实际上是绳子时，你就会消除这个错误。但就在第二天，你可能会再次犯同样的错误。这是可能的，因为绳子和蛇的存在都依赖于一种知识手段，你的感知。因此，缺陷是可能的。然而，自我的存在并不依赖于任何知识手段，自我不是先被你看到然后被你认出来的，自我始终存在。

就物体而言，眼不见心不想。但是自我永远不会离开你的视线或心智，你也许失去了心智，但你永远无法失去自我。这个自我不是人们所说的心理上的自我、生理上的自我、解剖上的自我、家庭上的自我或遗传上的自我。这些都有各种各样的缺陷，遗传的、病理的、生理的和精神的。所以，这样的自我总是让你无法接受的。甚至你也不能接受你自己的一些外在如鼻子形状不合适，头发颜色不合适，等等。但这不是我们要讨论的问题。自我与这一切不同。

一切都是自我，因此，没有办法脱离自我。当无明消失时，私我就会知道“我不是私我”。认知发生之后的私我与之前的私我是不同的，它已经成为一个开悟的私我。因为我们知道不存在真实的、自我存在的私我，所以你把它称为在世时得到解脱的开悟者（jīvan-mukta），这样的开悟者被克里希那称作智者（buddhimān）。

### 你已经是一个不行动者

智者看到所谓不行动（akarma）也不过是行动（karma）。自我是不行动者（akartā），他在行动本身中看到不行动。此人认识到自我无行动的事实，而这种认知，如果它真的是认知，无论行动与否都不会改变，这种认知与行动无关，它是对自我本性的认知。

自我的本质与行动者概念有关，被称为不行动者。但是自我被视作行动者，该错误是认为“我是一个行动者”，纠正错误后你会发现自己是不行动者（akartā），这是一个必须认知的事实。因此，你不能问，“我什么时候才能成为一个不行动者？”并不是说你必须成为一个不行动者，只是说你必须看到行动本身中的不行动，这使你成为一个智者。

### 领悟实相需要思考

智者的意思和富人（dhanavān）的意思差不多，有钱并不意味着你是一个富人，只有当你有钱给予时，你才是富人。一个人如果有钱花在自己身上，必要时也花在别人身上，那他就是一个富人。然而，一个有钱人如果认为自己没有足够钱花在自己身上或为某件事花钱，那他就只是一个有钱人，他不是一个富人。理解有钱人和富人之间的区别是很重要的，富人是感觉自己很富有的人。

一个人口袋里只有一块钱，却把这块钱送给一个两天没吃饭的人，他就是个富人，因为他的钱虽然不多，却舍得花钱。他没有钱，但很富有，他愿意付出。一个人可能有几百万，却不会把钱花在自己或别人身上。这样的人有钱却不富有，换句话说，是个吝啬鬼

（kṛpaṇa）。

同样，在《大林间奥义书》（Bṛhadāraṇyakopaniṣad）中，亚迦那瓦卡亚（Yājñavalkya）告诉伽格（Gārgī），“至死不认知梵的人是吝啬鬼”。为什么是吝啬鬼？因为这个人拥有智力，而他从未运用其智力，就像金钱对于不愿花钱的人来说毫无用处一样，如果你不能或不愿使用它，拥有智力又有什么用呢？

拥有智力却不运用它，也是吝啬鬼，这样的人尽可能少用其智力，对于能够工作和生活，他只运用最低限度的智力，这是他愿意达到的最大限度，这样的人从来没有真正思考过。

真正的思考是思考实相，因为你面对的是实相，所以必须有思考；否则，你只是在和影子打交道。如果实相不为人所知，你可能在不需要战斗的地方战斗。一个能思考基本实相的人，一个知道这一切的人，就是一个智者。这个人很富有，他有才智可以利用，也可以节省。智者把他的才智用在自己身上，并与他人分享他所获得的知识。

克里希那说，在所有具有智力的人当中，只有这个人是智慧的。就像有些人有钱却不富有，有些人有智力却不聪明。然而，智者是瑜伽士，恪守职责（kṛtsna–karma–kṛt）。智者发现自我是不行动者，就彻底摧毁了所有业力。当自我俱足时，对于此人而言将永远不需要做什么了。

即使注意力集中在自我的一个方面，自我也始终是整体。当我们说自我是独立的（asaṅga），我们的意思是它不受行动者（kartā）和享受者（bhoktā）的束缚，它摆脱了快乐（sukha）享受和痛苦（duḥkha）、生死轮回（saṁsāra）的束缚。当有人说自我总是ānanda时，这意味着它是俱足的、无限的。这种认知使人恪守职责，一切该做的事都做了，不需要再做什么来获得开心。无论他必须不断重生来实现什么业力，并且已经实现了，他以后从事的任何活动皆出于高兴，而不是为了获得安全感。这个人可能会继续做他以前做过的事情，但这并不能改变他是不行动者的事实。

1992年9月于宾夕法尼亚州塞勒斯堡

# 访谈和共修

## 一

问：斯瓦米吉。我们想了解您的传承（paramparā）。

答：弃绝的传承像《吠陀经》一样古老，《吠陀经》认可弃绝作为获得自我知识的一种恰当生活方式，人们通过认知什么是真实的，从而弃绝以获得真实。这个传承包括像毗耶娑（Vyāsa）和苏卡（Śuka）这样的伟大导师。我们将此传承的起源归于神，一段经文描述商羯罗作为师生传承（guru-śiṣya）的一个重要环节。该传承据说始于那罗衍纳（Nārāyaṇa），包括圣人帕德马布瓦（Padmabhuva）、瓦西什塔（Vasiṣtha）、帕拉萨拉（Parāśara）、毗耶娑（Vyāsa）、苏卡（Śuka）、高达帕达（Gauḍapāda）、哥文达（Govinda，商羯罗的直接老师）。我属于这个致力于追求和传授灵性知识的师生传承。

问：斯瓦米吉，吠檀多思想有两种截然不同的流派，即二元论（Dvaita）和不二论（Advaita）。您是不二论哲学的支持者，您能告诉我们不二论哲学的基本原则吗？

答：每个人刚开始都是二元论者（dvaitin），二元论并非印度教思想所独有的，基督教是二元论，伊斯兰教是二元论。二元论是什么？在二元论看来，你和这个世界是不同的，这个世界与神不同，神与你不同，每个事物与其他事物彼此不同。

每个人都是天生的二元论者，这是众所周知的。我们不需要学习物理就能知道金与银不同，银与铜不同；但我们确实需要大量的物理学知识来理解这些金属之间，以及物质和能量之间无差别。我们通过感官认识的世界是二元的。

《奥义书》说："我与世界之间最微小的距离也会引起恐惧（dvaitāt hi bhayam bhavati. Asmin udaramantaram kurute, atha tasya bhayam bhavati）。"如果我与其他一切都不同，我就是凡人，并将永远如此；如果我渺小和微不足道，那我将永远是微不足道的。我们一生的全部努力就是要变得有意义。因此，二元性是问题的根源。

每个人只想要不二论。如果你在寻找什么，相对于所寻找的对象而言，你就是一个二元论者。只要存在二元性、隔阂，你就会忐忑、心痛和痛苦。一旦你获得你所追求的，就会感到俱足。

《吠陀经》的独特之处在于不二论，在感知到的差异中理解"一""整体"是不二论的本质。如果存在整体、完整、无限这样一种东西，它就不能与你分离；你不能从整体中分离，而仍然称其为整体，那个整体就存在漏洞！部分也不能构成整体。因此，那个整体、完整、无限的东西只能是"一"，它不能与任何人分离。在你了悟这一点之前，你仍然是一个二元论者。

只有《吠陀经》讲不二论，其他宗教或哲学不讲二元论，《吠陀经》赋予你发现自己作为整体的希望。要解决"我是一个渺小而微不足道的人"的问题，除了认识到"我即整体"之外，别无他法。这就是不二论的精髓。

问：斯瓦米吉，我们确实要时常面对这个世界，它并不总是令人愉快的。出生有什么目的吗？

答：每个人可能有不同目的。对于有些人来说，上天堂可能是他们的目的。在我看来，如果目标是上天堂，我不必出生在这里，我完全可以避免这种生活。如果我的目标是死亡，那么我根本就不需要出生。我死后不会以现有形式存在；在我出生之前，我也不以这种形式存在；因此，我不必为了死亡而出生在这里，这个目标在我出生之前就已经完成了。

因此，生命的唯一的目标就是活着。作为人类，你有选择的能力，你必须利用你的辨识力（并活在生命的实相中），这才是生活。否则，你的一生就像在梦中一样，梦想也是一种生活方式，但它不是一种成熟的生活方式。每个人都必须领悟生命的实相，这就是与你自己保持联系，发现你自己和这个世界的实相。

问：那么我是谁？

答："我是谁？"问题的答案吠檀多给出了。在吠檀多的视野中，你和我本质上是一样的。我不能一开始就告诉你，因为这对你来说毫无意义。

尽管从身体的角度来看，我们是截然不同的，但身体不能说"我是身体"，因为它没有"我"的感觉，身体不知道（deho na jānāti），没有"我"的感觉；感官本身没有"我"的感觉，它们仅仅是感知的工具；思想没有"我"的感觉，它存在于心智中。

因此，我是谁？答案就在这个问题上。我问这个问题，因为我知道我不知道。我知道这个身体属于我，然而，我用身体来定义自己，"我高""我胖""我矮"，等等，我有一种局限感。在这些表述中，既有知识，也有混淆。知识就是没有我就没有身体，虽然身体是"我"，但"我"不必是身体，正如衬衫是布料，但布料不是衬衫。

在吠檀多的帮助下，我探究"我"的本性。否定的过程消除了我与我的心智、身体和感官之间的虚假认同。我发现，我的身体、心智和感官依赖“我”，我却不是这些中任何一个。当一种思想存在时，我存在；当思想的对象存在时，我存在；当感官存在时，我存在；当身体存在时，我也存在。“我”是一切事物的共同实相。经过分析，我明白我是一个自我证明的、有意识的、俱足圆满的人。

问：个人如何认出这个已经了悟该知识的人？

答：除非你了悟实相，否则无法认出他。认出他的唯一方法是请求他指教你，并向你展现他自己。他若了悟他所讲的，就可以向你介绍他自己。

问：经书上说，为了获得知识，一个人应该接近一位古鲁。怎样才能认出他呢？

答：这很困难。有时，你可以通过我们期望古鲁所具备的资格（比如经文知识和献身于该知识）来找到古鲁。但事实是，个人必须获得神的恩典才能找到一位古鲁。如果你祈祷，你最终会得到结果。在每个阶段，你都可以找到帮助你的人。在我的生命中，有几个老师在不同阶段帮助过我，我尊重他们所有人。

问：如果我们将吠檀多理解为哲学，那么我们如何练习您所说的呢？

答：吠檀多是被领悟的，而不是被练习的东西。除了获得对自身实相的知识之外，不需要做其他任何事情。同样，了悟自我实相即吠檀多，了悟本身就是要达到的目的。

有些东西是需要练习的，比如，如果你想保持健康状况，你必须遵循一种养生之道，经常锻炼，减少压力。如果把这些说明讲清楚了，你就明白了。但是，你仍然需要练习它们才能得到结果。

因此，生活中有些事情是通过理解来实现的。但有些事情是不能单独通过理解来实现的，而必须经过练习。

认知自己只需要知识，但要了悟你自己的实相，你需要一个有准备的心智，一个清晰单纯的心智。这可以通过各种修习来实现，比如祈祷、冥想、沉思和瑜伽。

问：什么是正法？什么是正法的不同方面？

答：正法是梵文中一个美丽而深刻的词，它既是一种生活视野，也是一种生活方式。“吠陀正法”（Vaidika dharma）经常被译为吠陀宗教，它不是一种由某人提出的信仰意义上的宗教。《吠陀经》包含了一种生活视野，并提供一种生活方式来实现这个视野，该视野和生活方式一起被称为正法。

一般来说，你该做的一切是职责（正法）。在特定情况下，个人职责是svadharma，个人在社会中的职责是varṇāśrama dharma。这在现在难以实践，但它的精神仍然存在。

正法也可以指一个对象的本质属性，使对象得以维持的即它的正法。冰的正法即冷，热是火之正法，仪式也被称为正法，一切吠陀行为都被称为正法，道德秩序也被称为正法。因此，正法一词有几种定义。

问：存在所谓他人正法（paradharma）吗？

答：他人正法是别人应尽之责，而不是我在特定情况下的责任。实践他人正法有时会出现问题，比如，在足球比赛中，守门员必须站在门柱之间，守住球门；中锋的职责是追球。如果守门员改变一下，决定去追球，他会毁掉整个比赛。追球不是守门员的职责。

在社会正法（一种为社会正常运转提供指导方针的体系）的背景下，他人正法被强调。随着时间的推移，社会正法可以从一个特定体系中发展出来。所以，社会正法必须从一个广阔的角度来看待，而不应该从字面上来理解。

问：斯瓦米吉，生活在美国的印度小孩面临着美国和印度文化的双重压力。你对生活在美国的印度家庭有什么启示吗？

答：在这个国家长大的孩子应该接纳印度文化和西方文化。印度文化本质上是宗教性的，由于家庭和社会的原因，在印度长大的孩子无须父母努力就吸收了这种文化。另一方面，生活在美国的印度孩子在任何事情上都面临着选择。当存在许多选择时，必须选择一个，而其他的都必须放弃。在各种选项中做出选择的依据是什么？如果孩子们被说服的话，他们可以听从父母的建议。如果父母尊重和热爱印度文化，孩子们就可以遵循，因为这会让家庭生活更轻松；他们也可以接触到其他印度人的文化。但是，除非父母了解他们自己的文化，否则他们就不能有效地和他们的孩子沟通。如果他们缺乏这种理解，他们应该向那些知道的人学习。一些家长可能认为他们知道，但事实上，他们并不知道。孩子们往往不听这样父母的话。父母应该学习印度的宗教文化和智慧。这个机构在教导成人和儿童吠陀传统、文化视野和价值方面起着重要作用。

1991年于纽约

## 二

问：斯瓦米吉，吠檀多的知识怎样才能使澳大利亚人受益呢？

答：为什么是澳大利亚人？吠檀多的知识适用于全人类，不论他们是在澳大利亚、瑞典、挪威或其他任何地方。这些知识不仅适用于全人类，更适用于个人，个人除了生存问题以外，还存在其他问题。

作为一个人，你意识到你自己，而你意识到的自我是不足的，你不喜欢这样，所以你努力摆脱这种不足。吠檀多告诉你，那个努力是徒劳的，因为你无法以任何方式弥补不足，无论是经济上、身体上、心理上还是智力上。无论你做什么，你总会发现你还是不足的。解决问题的方法不是消除不足，而是问自己："我不足吗？也许我的不足归咎于我对自己的错误结论。"这个教导说你是俱足的，对自己的错误结论让你变得不足，纠正结论就是纠正你对自己的看法。

如果我能使一个人理解那个问题，那个人类的问题，那么我的讲解就变得有意义了。作为一个活着的人，你有问题。当你解决了活人的问题，例如对食物和住所的需求，那么人类的问题就变得明显了。每个人都存在不足的问题，我得让人们看清这个问题，这是我讲授的一个目的。

问：吠檀多的传统及其知识能否被澳大利亚文化所吸收？它如何在未来对社会产生积极影响？

答：吠檀多的知识旨在解决人类的问题。假设有人吸收了这一知识，他觉察到"我是自由的"，那么他无须任何特定条件来获得幸福，不论他应该做什么，他都会欣然为之。所以现存文化无须改变，也就是说，生活方式无须改变。

西方文化经历了很多变化，每一种文化都是如此。我发现大多数西方人没有闲暇去学习古典音乐、文学之类的东西，尽管富裕带来了舒适，但人们却缺乏闲暇，这是自己强烈意识到不满的结果。没有闲暇，人的思想就会转向快速、即时的事情。所以整个文化在生活方式、食物、旅游等方面都经历了改变。一家人聚在一起，吃着自己做的饭菜聊天，这是构成家的文化因素。随着家人聚会变得越来越罕见，也就没有了家，文化变得社会化了，家被打破了。然后，个人生活变得复杂而混乱，不信任开始，启示很多。生活变得越来越没有安全感，当然，这种不安全感也会影响他们的文化传统，受影响的文化传统让你更没有安全感。

一个人对人类的问题了解得越多，他就越明白有问题需要解决。

一旦人们明白了这一点，他们就会放慢脚步并观察。他们的生活有了更好方向，变得更有意义。然后文化也会变得更好，它变得更加持久和有益。某种意识产生了，人们意识到他们正在寻找，随着时间的推移，他们会发现有些事情他们必须去解决。它不在那里，它既不在里面也不在外面，而是关于他们自己，关于他们自己作为人。一旦他们认识到这一点，对待生活的整个态度就会改变，这本身就会对文化产生影响，而且会带来好的影响。

问：学习梵文如何能丰富一个人的生活？

答：如果有人用英语教授你吠檀多，你不需要学习梵文。然而，那个老师必须懂梵文，否则教学效果可能会降低，你可能看不到吠檀多的深刻。因此，教师必须懂梵文才能教学。如果学生懂梵文，这有助于理解细节。要获得吠檀多的整体视野，你不需要梵文，但需要一个学习了所有相关知识的老师。

我建议把学习梵文作为一种训练，作为修习的一部分，一种让心智看事物更清楚的工具。梵文的结构是这样的，它可以帮助你进入词汇，并看到它们所描绘的确切含义。在这个过程中，它帮助你深入你的思想，并看到思想背后各种形式的条件作用。

问：简言之，不二论吠檀多所说的视野是什么？

答：你所寻找的就是你自己，这就是吠檀多。你必须了悟这点，它不是一种信仰。如果它是某种我说你将变成的东西，那么你可能会说“哦，我可能不会变成那样”。假设我说“你就是那样的”，那么你肯定会检查一下你怎么可能是那样的。

问：为什么这个吠檀多知识传承一直是口头传承，直到现在才决定把它带到“全世界”？

答：吠檀多知识将继续是一个口头传承，它不会改变。尽管有许多关于这个主题的书籍，但它仍然通过口头传承，书只握在你手里罢了。就像其他学科的知识一样，你有书，和老师一起学习，但书本身并不能真正说话，在这里更是如此。整个知识是要展开的，这种展开只能通过一个老师来进行。所以有一个教学传承，其中有一个方法论存在。

传承总是伴随着经文而来，老师对文字的驾驭使人明白，这些文字本身是冰冷的，这些有限的文字必须被妥善驾驭。文字背后的人，传递了文字所蕴含的好处。因此，老师在解读经文时很重要，在这个过程中，他帮助学生理解。

如果这个学习只靠个人的推理和思考，它可能会以一种猜测到的个人概念而告终。老师不会让你自己得出结论，而会努力让你领悟。

此前，印度有一种学术氛围，人们都知道存在一种叫作吠檀多的东西，通过它可以学会看到自己，从而解脱自己。每个村子都有一位老师，学生和老师经常互动。现在的问题是，人们自己都不知道存在吠檀多这样的东西。即使是印度人也必须被告知存在《奥义书》和《薄伽梵歌》，并且它们适用于每个人的生活。

在过去的一千年里，出现了一种衰退，吠檀多的知识传播被限制在小部分人范围内。后来，通过斯瓦米·维韦卡南达（Swami Vivekananda）在芝加哥世界宗教会议（World Religious Conference）上的演讲，推动了吠檀多的发展。由于它很受欢迎，自然的，在印度也做了很好的报道，因此它开始复兴。

如果你问我们为什么来到西方，那是因为有需求。事实上，我们来得太晚了，人们在探寻，有些人甚至来到印度学习，他们希望看到在西方组织一些东西。以前，学生去师从老师，现在老师必须去到学生那里，去到社会中，告诉他们人类问题的解决方案是吠檀多。

1982年1月于澳大利亚悉尼

## 三

问：如果一个学生有足够的分析力并冷静地发现自己渴望解脱，但他又显然不享有稳定、客观和成熟的心智，你会告诉他什么？

答：当我们把吠檀多知识提供给所有探寻者时，学生方面必然会出现缺乏成熟情感、稳定心智等问题，该知识本身能解决学生的不少问题。鉴于知识的价值已经被很好地吸收，过去困扰学生的事情将变成不困扰学生的简单事实。换句话说，吠檀多知识本身使他变得更客观。情感上的成熟源自对关系的相对本质和自我俱足的价值的理解。因此，向具有探究能力者教导吠檀多，即使他内在性格有缺陷，他也会获得赐福。

如果问题是心智缺乏稳定，某些形式的冥想可以改善它。在此，老师可以帮助学生进行一种合适的冥想形式。

问：据说，一个人在一定程度上具有辨识力，也会具有冷静（vairāgya）。然而，有时，辨识力与冷静之间会存在时间间隔。当一个有辨识力的人认识到他对安全与快乐的追求会带来持续安全时，他会继续坚持这些追求。斯瓦米吉对这种不稳定状态有何评论？

答：一般来说，如果一个人具有这种辨别力，他就会具有冷静；如果缺乏冷静，那可能是因为缺乏辨识力。这是一种恶性循环，一个的完整取决于另一个的完整。因此，答案只能与智慧（satsaṅga）和更多学习有关。每天祈祷也有帮助。

问：新生们时常发现"我所谓的'我'不过是一连串思绪"。然而，"我"不过是零，事实上，什么都不是？

答："我"即意识，总是存在于每个思想中。然而，这个"我"本身并没有任何特定思想的明显特征。不认知这一事实导致一种错误观念，把自己视作不仅是心智，也是身体和感官的获得条件。思想流并不构成“我”，它只构成心智，而这种流动起源、存在和消融在意识中。因此，不认知一切思想的这一基本基础，会造成分裂实相的局面。比如“我”和“这个”的思想，被“这即我”的思想进一步混淆了。

如果思想在没有意识的情况下独立存在，那么就只保留一个思想，因此就没有很多思想，更不用说思想的流动了。教学吠檀多不当的一个误区是：思想流的改变使“我”摆脱了问题，因此，自然地我将自己视为思想流。这种错误的观念导致有辨识力的学生得出结论：去掉“我”这一思想流等于零。

事实上，每一个思想都有两个方面，一个是意识，另一个是思想的形式。这就像水和波浪，一个是真实的，另一个是表面的。不认知真实的导致了假的，属性束缚了“我”。认识到这一事实就是从错误问题中解脱出来。

问：悲伤是一种主观思想修正，完全可以被知识所否定；或是一种经验思想修正，可以被否定，比如饥饿是表面的，只要身心继续存在，只有适当的条件发生时才被否定。

答：一个罐子看上去就是罐子，因为它除了其材料没有独立的存在，认识到这一事实并不会使这个罐子从我们的视野中消失，罐子享有经验状态。但这种情况并不适用于绳-蛇，在认知蛇的真相（即绳子）后，蛇就消失了。

导致痛苦或悲伤的情况可以是经验的，也可以是主观的。心智能够悲伤也是一个经验事实。同样，任何身体疼痛、不适等也可以是经验的。但是，在悲痛的基础上积累的悲伤并不是经验性的，因为它会随着探究而消失，所以我们只能把它当作主观的。

1984年6月于加利福尼亚州

## 四

问：dhyāna、nididhyāsana也被翻译成冥想。你如何诠释和翻译这两个术语？

答：的确，冥想这个词被随意用于表达“dhyāna”（冥想）、“nididhyāsana”（冥想汝即那），这是因为“冥想汝即那”可称为“冥想”，但“冥想”不是“冥想汝即那”。它们都是冥想，因为它们是纯粹精神上的。然而，“冥想汝即那”是建立在已经获得的自我知识基础上的。

问：所有形式的崇拜（upāsanā），例如持咒（japa）、呼吸技巧（prāṇa vikṣaṇa）和仪式，等等，都归于冥想吗？

答：所有崇拜都是精神上的，可以称为冥想。任何涉及比心智更多的东西都不是冥想，例如，呼吸是冥想的一个步骤，但它属于呼吸技巧（prāṅāyāma）。这就是为何在八支瑜伽（aṣṭāṅga）中，体式（āsana）和调息术是冥想的步骤。

问：有些人主张在冥想时静默持咒不要配合呼吸，而另一些人主张，在吸气时持咒，在呼气时持咒。您能解释一下吗？在练习中，我发现持咒似乎与呼吸循环不知不觉配合，这会因此失去功效吗？

答：呼吸与精神上持咒配合是错误的，它只会破坏通过精神上持咒来获得的全神贯注。原因很显然，心智是外向的，假设你想快速或非常悠闲地吟诵咒语，如果它与呼吸配合，你就无法做到。所以绝对不建议呼吸与持咒配合。

问：在修习的整个过程中，祈祷是不洁（mala）或躁动（vikṣepa），或两者的解药吗？

答：所有形式的祈祷，包括仪式，都属于行动瑜伽。就此而言，即使冥想是以祈祷的形式出现，它也应该被视作行动瑜伽。只有当它与知识相联系时，才不是行动瑜伽。精神上的祈祷，旨在净化不洁。精神上的祈祷可覆盖不洁和躁动。

任何形式的祈祷皆以承认自己的无助为前提，祈祷源于你对自己无助的认知，以及对全能全知之源的认知。这种情况下，祈祷是很自然的。当我无助的时候，我会向任何我能获得帮助的人寻求帮助。当无助意味着放下过去，让未来发生而不感到忧虑的能力时，那么别人的帮助就没有任何用处了，我就会去找这种帮助可能存在的源头。

我以任何方式，以任何形式或名义向神祈祷，祈祷有不同形式，一件对所有人都有好处，对探寻者也很重要的事：

“哦，主啊，愿我拥有成熟，优雅地接受我不能改变的，拥有决心和努力去改变我能改变的，拥有智慧去认知我不能改变和我能改变之间的区别。”

我不能改变我的童年，我的父母，或者我的整个过去。发生在我生命中的事，我无法改变。对已经发生的事情，悲伤、沮丧、愤怒或后悔都是徒劳的。我对所发生的事不再感到痛苦，我优雅地接纳生活中发生的一切。

有很多事情我可以改变，也可以修复，我寻求的是一种意志的力量，和一种为改变做出适当、充分努力的能力，我不会浪费时间试图去忍受那些不健康的情况。

什么是我不能改变的，什么是我能改变的，这两者之间是很难区分的。这需要智慧，为此我祈求恩典。

“主啊，愿我拥有成熟，能优雅地接纳我不能改变的，愿我拥有决心和努力去改变我能改变的，愿我拥有智慧去分辨两者的不同。”

1987年5月于宾夕法尼亚州塞勒斯堡

# 五

问：斯瓦米吉，您能告诉我们罗摩节（Rāmānavami）的意义是什么吗？为什么罗摩被视作神之化身？《罗摩衍那》到底讲什么？

答：罗摩节是罗摩的诞生日，但它不仅仅是作为罗摩个人的生日，由于罗摩代表美德、正法，因此这一天象征着正法战胜非法。他们说罗摩是有形的正法（Rāmaḥ vigrahavān dharmaḥ），他被视为毗湿奴的化身。凡是他能够做到的，他就给人民带来改变；凡是他不能改变的恶魔力量，他就控制或消灭他们。这是看待《罗摩衍那》的一种方式。

在史诗故事《罗摩衍那》中，当罗摩和悉塔在森林逗留期间，拉瓦纳——斯里兰卡岛的恶魔国王绑架了悉塔。罗摩击败了拉瓦纳，带回了悉塔，再次建立了他的王国。

Rāma这个词可以从吠檀多的角度来看待——就像你自己的自我。斯瓦米·萨达希瓦·布拉门德拉（Swami Sadāśiva Brahmendra）有一个著名作品，他从自我的角度出发，揭示了整部《罗摩衍那》的精髓。“罗摩”的意思是喜乐（ānanda），在他身上你会发现喜乐。它来自梵语词根ram，意思是发现喜乐，陶醉于喜乐之中。正如大海和海浪都是水一样，罗摩和自我都是喜乐。这个罗摩（即自我）以和平（śānti）的形式存在于所有人心中，这意味着心智的本质是俱足和喜乐。

金鹿是欲望（rāgā），以拉瓦纳的形式绑架了悉塔（和平）。为了带回悉塔，必须穿越妄想之海。

斯瓦米吉唱道：

khelati mama hṛdaye rāmaḥ khelati mama hṛdaye rāmaḥ śānti videha sutā sahacārī daharāyodhyā nagara vihārī moha mahārṇava tāraka kārī rāga dveṣa mukhāsura māri paramahaṁsa sāmrājyoddhārī satya jñānānanda śarīrī

罗摩在我心中起舞，他徘徊在此世间森林里，伴随着和平——诞生于知识，穿越妄想之海，摧毁并中和称为好恶的恶魔而获得。除非这一切都发生了，罗摩的王国才能建立起来。

每个人都是罗摩，失去了和平，只有跨越妄想之海才能重获和平。然后，个人开始了悟自己作为存在—意识—俱足的真实本性。

于阿根廷

## 六

问：斯瓦米吉，我读的经文告诉我们超脱是解脱之道。我已经修炼了数年，但是它不管用，我该怎么办呢？

答：依附只存在于人类之中，这不仅仅是情感上的事实。依附和超脱是身体的、情感的和智力的。

单纯的情感依附，始于童年，被称为纽带。一个孩子是无助的，他相信他的父母，他没有意识到他们自己也可能会犯错。这样，孩子就被束缚住了，他在这种关系中找到了舒适感和安全感。

例如，假设一个孩子害怕蟑螂，于是立即向他的母亲寻求保护。后来他可能发现他的母亲也害怕蟑螂，有了这样的经历，他逐渐发现他的父母不是绝对强大的，这将会侵蚀信任。这样，孩子的无助感就增强了。然而，为了生存，他让自己依附于父母。

这就是一个人如何在错误的安全感的基础上而变得依附，这就是一个人如何变得无助和感觉不完整的原因。经文上说超脱是通往解脱之道，但是你越超脱，你就会发现自己越依附。我说你总是超脱的，因为那是自我的本性。

在《薄伽梵歌》中，克里希那谈到另一种超脱：

sparśān kṛtvā bahirbāhyāṁścakṣuścaivāntare bhruvoḥ prāṇāpānau samau kṛtvā nāsābhyantaracāriṇau yatendriyamanobuddhirmunirmokṣaparāyaṇaḥ vigatecchābhayakrodho yaḥ sadā mukta eva saḥ

排斥外部对象，闭上眼睛，保持鼻孔呼吸运动的节奏，一个人掌控了他的器官、感官、心智和智力的活动，对于他而言，解脱是终极目标。他摆脱欲望、恐惧和愤怒，那个智者确实总是解脱的。（5.27，28）

这是什么意思？不要把它们内在化。否则，即使你在身体上远离这些对象，你也会变得依附它们。困扰你的人或事也存在于你的内心，让它们待在外面。但这并不意味着你不应该在乎任何人，在乎是很重要的。但是克里希那告诫我们不要有太多依附，在乎总是用爱来表达的。

当有人困扰你的时候，你要相信神，就像你去急诊室一样，无须预约，它总是开放的，随时准备帮助任何人。当你发展对神有信任时，你得以放松；同样地，祈祷总是有帮助的，生活在信任中叫作超脱。制订游戏计划，但记住你不能总是发号施令，有些事情是你无法控制的，这就是祈祷的作用所在。拥有这种态度，你就会变得更加客观，有了客观性，你的好恶就能得到控制。

超脱就是要学会客观。这就像我们知道金钱是有价值的，但是这种价值并不是金钱固有的。钱可以买房子，但不能营造家，家意味着理解。事实上，钱买不到生活中更好的东西，比如大海、月夜等。然而，这并不意味着钱没有价值。

这是客观性，当你客观的时候，你是超脱的。

问：斯瓦米吉，一个人怎么能包容一个不断伤害你的人呢？

答：不能包容当然是一个问题，但在我看来，我们有包容过头的问题！这种不断的包容意味着你在忍受、忍受、忍受，这不是包容。

让我们试着去理解什么是恰当的包容，真正的包容不会产生问题，当老鼠坐在狮子背上时，狮子不会做出反应，因为狮子是丛林之王，而且一直如此，这种包容不会给它带来问题。然而，为了恰当的包容，人类需要处理情绪，比如愤怒。

恰当地表达你的愤怒。那么，什么才是表达愤怒的恰当方式呢？在浴室里用湿毛巾拍打地板，走到一个僻静地大声尖叫，或者写下来，语言会让你明白你为什么生气。疼痛也始于童年，是愤怒的一个重要因素。

我们大多数人都有一些“按钮”或“错误区域”，我们应该学会避免它们。凡是存在脆弱和痛苦的地方，就应该踮起脚尖绕过。

问：斯瓦米吉，生活的目的是什么？

答：生活的目的就是活着，满足地活着。追求权力、金钱和名利是为了滋养私我。但你必须知道，没有它们你也可以过得很好。这就是解脱，成为探寻者的解脱。

我们在探索什么？我们正在探寻如何停止探寻，探寻的停止就是在你的内在找到满足。如果你能洞悉那点，那么它就像河流汇入海洋，放弃它是渺小的概念，认识到它是完整的。

问：斯瓦米吉，但如果这样就满足了，我就会停止进步，这是真的吗？

答：如果你不满足，你就会朝着越来越多的目标努力，貌似下一组目标将给你带来你想要的满足感。这就像一场老鼠赛跑，在老鼠赛跑的最后，胜利者仍然是一只老鼠。它不会改变，比如变成一只猫！满足不能成为动力。

另一方面，带着满足感工作，你会更有能力取得成就。每一个成就的背后似乎都有一种满足感，而不是成就。但是当你从内心感到满足时，你的成就将会登峰造极。

于新泽西万宝路

## 七

问：有些老师说，理性心智无法理解“自我”之实相，因为心智陷入了自己的思维模式，他们说只有经历才能动摇这些模式。斯瓦米吉对此有何评论？

答：经历如何能动摇思维模式？任何东西都不能动摇逻辑模式。你所学的知识使你认识到地球围绕太阳转，每天的日出经历会动摇你的想法吗？仅凭经历怎么可能动摇错误思维和根深蒂固的观念呢？你认为你是身体，然而，在每个夜晚的梦中，当身体躺在床垫上，头下枕着枕头时，一个“你”与身体、工作、吃饭、玩耍、快乐和悲伤皆无联系。那个梦境经历并未动摇你是身体的结论，老师可能会利用你的梦中经历来帮助你通过认知发现你不是身体。但是经历本身并不能解决错误思维，只有源自知识，源自观察，而不是源自经历的正确思维，才能动摇错误思维。那些使人不能思维的技巧对看清自己并没有真正的作用，你可以暂时抑制你的想法，但你不能摆脱错误想法。当思维返回时，错误思维就会重复。

问：那么，为什么我们会听到那么多关于技巧的东西呢？

答：为了获得安静而尝试是有益的，安静的心智是有用的心智，准备学习，准备观察，为获得这样的心智而尝试是可以理解的。有些技巧和练习是有帮助的，特定的呼吸练习、身体锻炼、瑜伽、合理饮食都是好的，如果它们的目的被理解的话。一种相对沉思的生活方式，以及被吸收的道德价值观也很重要。所有这些都构成了知识的心智准备，任何认知领域皆如此。学习要有适当的心智准备，它必须准备好接受特定课程，学习文学之前先要学会阅读。

问：但是我们不断听闻有的老师通过触摸，可以让所有事情进入适当位置，这样你才能认识“实相”。通过经历，你可以得到足够的“实相”视野，这样你就不必经历沉重的智力抵抗来接受这一视野？这能归结为清理智力吗？

答：不，自我的“实相”不是一个智力结论，也不是某种可以通过经历“达到”的东西。古鲁不是一部触碰你，让你“直抵梵”的电梯。梵就是你，不是一个抵达之处，它不是通过一个经历而使你变成“实相”。没有什么可以变成“实相”，没有什么需要转化，你就是你正在寻找的“实相”。吠檀多只是揭示你是什么的知识手段和工具。

“你是什么”不是一个智力结论，智力结论是一个关于某种东西的推理结论，这个东西不能直接感知，但是有数据可以用来得出逻辑的结论。你不需要被推断出来，因为你就存在这里，你就存在当下，你可以被认知，而不是被推断。你不了解自己只是出于无知，而不是出于缺乏有效性。消除这种无知的是认知，而不是推理和经历。

吠檀多的知识告诉你是什么，运用逻辑是为了消除疑虑，使你的视野清晰。我们使用特定推理方法（yukti），来消除你视野的障碍。这些障碍可以被理性消除。我们也利用你们的经历，帮助你在知识方面吸收你的经验。事实上，我们帮助你看到你一直都拥有的经历，你不需要一次新的经历来看到你自己。除了你自己，没有任何你称之为喜乐的圆满视野之源。

无论何时，你拾起一个喜乐的消融时刻，你体验到你的本质自我。Viṣayānanda的意思是通过渴望的对象而获得的喜乐，其中，你会受到一种“冲击”，而这种“冲击”会暂时吞没欲望心智的所有其他欲望。那种俱足，那种快乐，其实就是你自己。通过某种获得，通过某种感觉，通过对美的深刻欣赏，会出现一种特定的精神状态，此时此刻，你只与自己同在，你不希望任何事情发生改变。在一个不希望改变的安静心智中，你拾起将自己作为喜乐的时刻。你没有意识到喜乐就是你自己，却把它归因于一个对象或经历过的情况。

总是渴望喜乐，于是不断通过行动来寻求喜乐。你知道你想要喜乐，你想要喜乐的事实表明你知道它，没有人想要未知的东西。而你不知道的是，你就是喜乐。你不禁寻找它，因为它正是你的本性，你不能满足于别的东西或更少的东西。你知道有些时刻是俱足的，也是喜乐的，你不需要一些陌生的、新的经历来认知这点，即使你获得了一些能让你喜乐的新经历。

无论你的经历是寻常的或不寻常的，它们仍然需要从知识的角度被吸收。经历本身并不能给人知识，它只是经历，它来了又走。经书，尤其是《奥义书》，提供了这样一种知识的基础：我所经历的喜乐时刻反映了我的真实本性，那就是无限圆满。经书是人们通过基于感知的数据无法解释的知识手段。

经历不仅没有赋予我本性圆满的知识，也没有赋予我整体的视野。深入我自己并不能赋予我整体的知识，我之“实相”、世界、造物主的知识。是整体知识解脱我为“我”。为了那知识，我需要清楚知道什么是表相，什么是无限实相。仅仅做我自己是不够的，我必须对这个世界做出解释，否则事物就不会各归其位。如果我不发现世界的本质和我自己的本质，世界将压垮我，我将不得不逃离世界。

吠檀多被表达为一种经历，这是一种错误的表达。吠檀多是知识，不是偶然发生的。教师展现自己的知识，直到它变得清晰。逻辑消除了疑惑和模糊，带来视野的清晰。

吠檀多是直接知识，当这个直接知识被表述为经历时，就会产生困惑。这种困惑的出现，至少部分是由于一个梵语词anubhava，在英语中被简单地译为“经历”，这样的翻译引起的是对“发生”而非“看到”的期待。我宁愿把anubhava译为“直接知识”，对合格的学生来说，通过教育获得知识，即“直接知识”。

问：您能称之为领悟而不是经历吗?

答：它是对知识的承认，你承认关于你自己实相的知识，一种包含你、你的世界和神的知识。除非你看到整体，否则你的问题就没有解决。在知识中，你看到了神、世界和你的同一性。你看到的是一个整体的非二元视角，经历和知识都不会摧毁二元感知，但是知识解释二元性。另一方面，经历只会逃避二元感知。在知识中，我面对二元性，却发现根本没有二元性。我接纳和享受我所感知的世界，但同时我知道没有任何东西是双重的。

就像日出，我知道太阳实际上并不完全是从东方天空升起的，但那冉冉升起的太阳之美还是让我着迷。天空不是蓝色的，彩虹也没有实体，但我陶醉于天空的蓝色，欢迎彩虹，仅仅因为二元性没有绝对真实性，并不意味着二元性不能被感知，也不意味着二元性不被享受。这不是重点，关键是“实相”必须作为整体而被认知。

整体应该包括世界、神、我自己、我的心智、我的身体、我的挣扎、我的解脱，所有的一切都应该被解释，在解释中，“我即整体”的事实应该被看到。单纯的经历不能解释一切，整体可以用知识来解释。知识需要一种手段，一种知识的工具，而必须有人使用这种工具。经书是一种工具，老师使用该工具来解读经书中的文字，直到学生看到整体的事实，并认知“我即整体”。

问：斯瓦米吉，我对存在所谓自由意志怀有疑问，意志怎样才能自由？

答：存在着自由意志，它是一种对于行动的选择权。人类是具有自我意识的，看似独立的实体，可以选择他或她的行动。人类可以选择行动或不行动，或以不同方式行动。只要存在选择，就存在自由意志，只有当生物没有选择的时候，才没有自由意志。例如，动物没有自由意志，它的行为是由本能决定的；红杉树也没有成为橡树的自由意志；但对于人类来说，总存在某种选择，自由意志。

问：我不明白您所说的选择是什么意思，在人们渴望的和所知道的之间似乎必须有一个平衡，总有一些必须权衡的因素。

答：那就是自由意志！

问：但电脑也能做到这一点……

答：是的，如果你给电脑设定了选择程序，它就可以选择。但是没有程序，电脑也不能自己做出选择。是程序员给电脑的选择做好设置，电脑的意志就是程序员的意志。动物的意志是由它的本能预先设定的。

问：我就是看不出人类意志有什么是自由的，如果我知道一个冰淇淋甜筒会让我胃痛，那我还有别的选择吗？

答：你仍然可以选择吃它！你认为胃痛的人不会吃冰淇淋吗？他会吃，他还会自圆其说“我想这次不会导致我胃痛，即使它导致胃痛，也值得”。看看那些酗酒的人。有一个古老故事说，曾经有一个医生想向酗酒者证明酗酒对他多么不好，于是拿起一杯酒，把一条活虫子扔了进去，虫子立刻就死了。医生说：“看看酒精有多坏，看看虫子死得有多快。”醉汉回答说：“是的，我知道，这就是我喝酒的原因！”这是自由选择，像他那样的人下定了决心，你是赢不了的。逻辑会屈从于这一选择。

有时会有一些限制条件似乎限制了选择的范围，但对人类来说，在行为、言论和思想上总有一些余地和选择。只有当一个人与事实打交道，而不是与行动打交道时，选择才会消失。事实是知识的领域，只要涉及知识，就别无选择。2+2＝4这个事实没有选择余地，人们不能选择2+2＝3或5，但涉及行动和行为时是有选择的。

所有自由意志都只是在努力或行为方面的。一个人可以选择将自己置于知道的位置，也可以选择将自己置于不知道的位置，这就是对行动的选择。但是，就认知而言，既然具有有效的知识手段，又具有知识对象，我就无法选择已知的东西。如果我闭着眼睛在椅子上打盹，有人走过来对我说："睁开眼睛，看看我有什么。"他拿着一个草莓冰淇淋甜筒。当我睁开眼睛时，我无法选择看到一朵红玫瑰而不是一个冰淇淋甜筒。无论我选择什么，我的眼睛在心智支持下看到的就是"冰淇淋甜筒"，这就是知识。

问：斯瓦米吉，我想再问一个关于自由意志的问题。假设有两条路，一个人选择了一条路，就在那条路上发生了事故，这个事故是业力还是自由意志所导致？

答：有几种可能性。一是事故由业力导致，业力在此意味着个人的命运由他此生或前世所作所为所决定的。我们说意外的直接原因是地震、洪水等自然现象，这些自然现象就是业力，因为那个受影响者已经在那里了。但也有一些事故的直接原因可能是自由意志的简单滥用，例如，你会小心驾驶，而其他人开车不小心，但你是在事故中被撞和受伤的那个人，这样的事故很可能是由于其他司机滥用了自由意志，而不是你的业力使然。

杀人和自杀都是滥用自由意志，它们不归咎于业力，而归咎于被错误使用的意志。吠陀的训诫是"不要造成伤害"，这是一种针对伤害自己身体和他人的禁令。如果没有自由意志，这样的禁令将是毫无意义的。所有的价值、伦理和正法都基于自由意志存在。如果我们都是预先编程的机器人，那么就没有必要谈论价值或标准。所有国家的法律都基于对自由意志的承认，否则，怎么会有人要为自己的行为负责？

在某些情况下，可能存在直接肇事者滥用自由意志的情况，也可能存在受害者所涉及的业力。但一般来说，我们不这么看。

问：经书中的信仰是否与其他类型的信仰不同？

答：是的，有两种类型，一种是相信某些事情，比如天堂，相信死后会发生的结果，这种信仰是完全的信仰。还有一种信仰，是日常生活中必需的运作信仰，例如，当你买一本书时，你相信它有一些与你相关的东西；当你晚上睡觉时，你相信明天太阳会升起。吠檀多需要这种运作信仰，开放直到发现。

问：一个人相信别人能治愈他的信心呢？似乎有很多证据表明，正是人们的感觉决定了他们是否被治愈。

答：这取决于可信度，如果你认为另一个人可以治好你，你对他很有信心。相信他会治愈你，这就减轻了你的痛苦、悲伤、恐惧等，这些都是之前由于你的状况而产生的。现在你因为有信心，心智存在平静和希望，充满希望的心智本身可能会给身体带来某些变化，这对肌体消灭疾病是有帮助的。如果意志因为恐惧和类似痛苦而削弱，你就放弃了，这是一种错误的态度，在这种态度下，肌体得不到心智的帮助。

问：所以信心在这方面很有帮助？

答：是的。这完全取决于你相信的程度，以及对方有多可信。如果一个人曾经相信过另一个人，却被那人伤害过很多次，那么他将不再有信心。但如果他的希望和信念已经相当成功，他就会对自己和自己的判断充满信心。这就是为什么有些人信念更强，而另一些人则没有，这一切都取决于他们的过去以及他们对自己判断的信念。

问：我承认不能仅仅通过经历来获得自我认识，然而，我认为，如果人们认为他们可以通过课堂上的教材来理解一切，而不需要修炼的话，那是错误的。很明显，主要问题是人们没有足够的经历，他们知道一些理论上的东西，但那不是他们的一部分。所以，无论是教学、护理或医学，他们都是理论上的传授，所以我所学这些逻辑和清晰的知识，不符合我的经历。您认为这种经历是必要的吗？

答：你所说的是关于吸收你所学的问题，并不是谈论通过你所描述的经历获得什么新东西。这是一个吸收的问题，通过实验室的实验，你得不到任何新的东西；你只需要测试你学过或理解的东西，就能看到它的效果。实验室的工作只是确认你所理解的，实验室不会教给你新东西。

经验知识是可以证明的东西，是关于某一对象的知识。但是在这里，"我即梵"这一事实不能用于任何实验性的实验室来测试，它不能用于任何演示，它不是对一个对象的感性认识。"我即梵"这个事实不是被感官感知的，而是对我在其中看到自己的那些经历的承认。我开始在这些经历中认识自己，这些经历证实了圣经对我的启示。但如果你想要一个实验室，也许我们可以说我们的实验室就是冥想。

问：或者实验室可以检验它，看看它是否有效？

答：是的，这是真的。没有什么新获得的东西，只有被证实的东西。

问：我觉得吠檀多很容易理解，但问题是，我太过沉迷当下表相，表面的、没有独立现实的东西，以至我认为吠檀多表现不够好。

答：这是因为表相对你而言变得真实了，毕竟，你必须活在表相之中，这是一个实用的现实，这就是所谓主之创造。身体、心智、感官和外面的世界都是主的创造，主的恩典。

造物是表相，只有涉及其实用性时貌似实相；如果你去探究它，你会发现它并非实相。例如，罐子是实用的造物，但罐子不是实相。

如果你分析罐子，你会发现只有黏土，没有罐子。罐子不再是独立实相，但它仍然是一种实用的形式。因此，一切造物都是实用的，但它只是“貌似实相”，因为经过分析，它分解成别的东西。表相也有无用之处，因为那是你主观想象的，但不是客观存在的。这就是我们所投射的、我们的想象与主所投射的、实用的、貌似实相之间的区别。

问：所以，数以百万计的星系、恒星、黑洞和类星体，所有这些都是表相？

答：是的，都是表相。

问：这是梵的一种表达吗？

答：这是梵（神）的一种表达，梵及其幻力（māyā）是神，它是不同个体的神之造物。当我们谈论星系时，我们可以假设可能存在类似我们的其他行星。这是一个巨大的、无尽的创造，可能存在类似行星，每颗星星可能是太阳，每个太阳都可能存在行星系统，行星中可能有生命，可能会有类似人类的存在。

因此，在表相中存在实用性，这种实用性产生了它的价值。

问：从神的角度来看，这种表象造物的原因是什么？“他即梵”，表象造物没有任何意义。

答：创造只是从个体角度出发，他自己的梦想和想象产生了一种主观创造。但他也看到了一种创造，不是他个人的投射，而是一种客观的创造，他出生在其中，这是一种他没有创造的经验上真实的东西，正是这种客观创造被称为神之创造。创造涉及一个周期、一个分解、一个创造。在分解过程中，个体是不显现的。当业力准备好显化的时候，时间就来了；这就像从睡梦中醒来一样，时间已到，创造就发生了。它只是发生，就像做梦发生一样，不是出于选择，时间本身伴随着创造。

问：斯瓦米吉，有些神秘主义者似乎认为吠檀多所说的“我”与

"父"是一体的。为什么这不能视作一个有效的认知？

答：一个人看到了他自己的实相，但却没有掌握获得知识的手段，他的陈述就不是得自正规的教导，因为没有传授的传统，它变得神秘。所有的陈述都可能是真的，这个人可能领悟，但要吸收这些知识，就需要一种方法论。除非这种知识被吸收，否则你不能把它传授给另一个人。你领悟，但你不能说出来。教学需要一种方法，一种传统，这是一种进化的传统。

问：一旦个人吸收了所学，即可以开始另一个传统？

答：如果这个人已经吸收了它，毫无疑问，他可以开创一个传统。然而，他所说的与吠檀多是一致的，不可能不同，因为除了这种方式，你不能用其他方式讲。所用例子可能不同，风格也可能不同，但结果都是一样的，因为你教授的是已经存在的东西，另一个人是被教授的人。所以不管你是否称它为吠檀多，你都必须谈论无知，谈论这个人的本性，谈论所犯的错误。一旦你确定这个人认识到对自己的看法是错误的，那么他就开始看清自己是什么了。你确定他不是什么时，你指出"这不是你"这个错误，并通过知识来消除它。

问：不加选择地开始念"唵"，就会影响人们的心智，从而无法有效地解决问题，这种说法是否属实？

答：不，我不这么认为。关于OM念诵，我可以告诉你一件事。如果一个人单独念诵"唵"，而不伴随以神之圣名，那么他的心就会产生弃绝感，它产生冷静（vairāgya），这就是为何它是适用于弃绝者而非居士的原因。

问：吠檀多关于真实和不真实区别的说法需要人们去理解和吸收，但讲座一结束，我认为我们又会回到老一套。

答：是的，你说对了！这是惯性，仅此而已。这是一种习惯，如果你有一定戒律（saṁskāras），并沉浸于教导中，如果教导是适当的，你将看到，你看到自己的本性。如果你看到它，然后发现一切又消失了，似乎没有什么东西能留下来。这意味着，就像你说的，惯性或习惯是障碍。只有当个人的理解本身不正确、不完整时，一个习惯才会成为障碍。

这意味着在理解中存在一些需要解决的问题，例如含糊不清和怀疑，未知的怀疑造成含糊不清，已知怀疑只是怀疑！他们质疑知识本身。所以，我们必须解决已知的怀疑，发现未知的怀疑，并消除它们，这就是对经文的分析。你可能甚至没有意识到你有这样的怀疑，分析产生了怀疑，为它建立了一个很好的论据，你会想："哈，吠檀多玩完了！"

然后分析从支持怀疑的论据中抽调出依据，整个事情就崩溃了。因此，当怀疑得到处理时，模糊性就消失了。

问：它仍然停留在智力层面。

答：了悟你自己不是智力层面的，智力是所谓的推理或思辨。我们应该好好定义我们的术语，当你说智力的时候，你是指任何通过推理得出的东西，你不是推理的，你是内容的第一人称单数，我，阿特曼，已经存在，它没有任何推理，你要么看到它，要么看不到它。我不是在对你进行理论分析，我说"汝即那"，然后你就看到了；当你看到它的时候，没有任何推理，也没有任何推测。

看到你自己就像看到我一样，当你看到我的时候，这不是推理，它不是智力的，而是直接的感知。同样，你存在，你存在那里被看到，而存在的"你"有它自己的经历。老师分析这些经历，你的经历，他不会为了向你指出你所看到的东西，而谈论一些奇怪的个人经历。当你看到的时候，你会说："是的，这是真的。"当你说它是真的，它既非理性的，也非感性的，它是出于言词的自我认知，它是直接的认知。它是直接的，就像当你睁眼看到我时的认知是直接的一样。认为关于自我的知识是理性的，这是一种局限，我们应该破除这种局限，关于自我不存在理性认知。

问：难道没有另一种经历吗？

答：这不是一种可以获得的经历，你自己已经有足够的经历了，我是说你从未离开过自己，你不是通过一种新的经历而获得的，你已经存在那里，看到我、听到我。你从未离开过自己的经历，你在每一次经历中体验你自己，你永远不会脱离你自己。你永远不会丢失，其他的一切，任何东西，都可能丢失；但你——主体，永远不会丢失。因此，不存在缺乏经历的问题，事实上，你一直在经历你自己。我在分析你对自己的经历，然后指出这就是你。因此，获得自我经历是毫无疑问的，因为自我总是被经历。不是我必须经历我自己，而是我必须在所有的经历中认识我自己，我必须看到我是什么，在看到、听到、行走、说话、思考、怀疑等过程中，在这一切之中，所存在的只有我自己。存在的只有“一”，那个“一”就是我。看到那个“一”就是一种认知，没有经历，经历只与你以外的对象有关。

问：也许我困惑那个事情，因为我不清楚。

答：因为我们困惑，所以我们用错了词。因为我们用错了词，我们会感到困惑。当我们使用正确的词语时，就没有问题。如果我用“经历”这个词来认知自己，我会感到困惑。让我们停止使用这个词，认知自己就是自我认知的问题。所以，你的意思是“是否有清晰知识这回事？”是的。事实上，知识必须是清晰的，知识不是渐进的，但清晰才是渐进的，清晰是逐渐的，因为我不断产生怀疑。

在教学的某个时刻，当宁静的心智对老师作为知识手段的话语臣服时，一种对“一”（即“我”）的思想形式（vṛtti）将会形成，这种思想形式是瞬间产生的，而不是逐渐形成的。但是，在所有的疑问都被清除之前，其他的思想形态将会来挑战它。

在让心智为自我认知做准备的过程中，有一些方法可以让心智保持平静。那平静的心智是经验性的，所以你可能会说，经验上，你首先获得一种平静的心智，这是有用的，因为没有安静的心智，教导就不会起作用。

问：呼吸练习怎么样？

答：这样的事情都是经验性的，瑜伽体式和呼吸练习在某些方面很有用，这要看你想要什么了，它们对安静的心智有用。如果你认为这些练习能解决认知你自己的问题，那是不对的。

问：斯瓦米吉，“第四种状态”（turĪya）是什么意思？

答：“第四种状态”只是用来帮助你看清自我的本质。经历有三种状态，当我对外部客观世界中相关存在的对象有认知时，包括对自己身体的识别，我们说我处于清醒的经历状态；在外部世界中有一个相关的对象，我看到了它；在这种状态下，我被称为“醒者”。

现在假设外界无相关对象，我在心智里看到了一个对象，那么我是一个做白日梦的人，或者我只是一个思想者。对象存在于我的思想世界中，但在我的思想世界外没有相关的对象。当我没有意识到我的身体，但我正在经历通过我的记忆投射到我心智中的对象时，我被称为“做梦者”，这就是做梦的状态。

然后，在睡眠中我有另一种经历，我的睡眠经历就是没有经历任何特别的事情。睡眠，无梦的深睡眠没有一个合格的经历，也就是说，睡眠是一种没有任何特定对象的经历。没有经历任何特别事情本身就是一种经历，没有对象牵涉其中。而且，在那种状态下，我对自己一无所知。我不知道我就是我的真本性、永恒、无限的意识（saccid ā nanda）；也不知道我错误地将自己等同于我的身体、感官或心智。我既不了解自己，也看不见对象；但也存在一种快乐的经历，我认为那个睡眠就是我的睡眠，我与那睡眠的关系，如同那拥有它的人，如同那沉睡的人。所以，这就是所谓的第三种经历状态，睡眠，在睡眠中，不存在任何对象。

通过对三种经历状态的分析，指出无主客体区别的意识（nirvikalpa），它不是清醒、做梦或深睡眠的三种状态，这种“没有知者或被认知对象的意识状态”被视作“第四种状态”，尽管实际上并没有四种状态。其实只有“一”，那就是自我。这就像一个演员在一出戏里出现在三个场景中，在每个场景里他扮演不同角色，在一个场景中他是国王，在另一种场景中他是大臣，在第三个场景中他是弃绝者，这些仅仅是角色，他的三种状态。我想认知那个演员到底是谁，可以说，我所知道的他的“第四种”状态就是他的“真实”状态。

事实上，扮演三个角色的演员只有一个人，所有三个角色皆是同一人。那一个人是真实的，而三个角色是表面的。你可以说演员是国王、大臣和弃绝者。但是要那么说，你必须先确定一个演员，他不是国王、大臣和弃绝者的角色。然后人们就会看到他本来的样子，而他的角色也会被视作角色，表面的。

“第四种状态”，是一个指针，指出从“多”到“一”的转变，“多”是表面的，“一”是真实的。这一转变指出了自我的本性，它不受一切改变的束缚，不受二元性的束缚（nirvikalpa）。一旦我确立自我为不合格的，那么之后，如果它似乎是合格的，这个合格必须是表面的，而不是独立真实的。因此你得到不合格的“我”，实相；以及表面的多元化世界（即万物），表相。除非表面的东西能被证实，否则就不会有解脱。如果我是真实的，世界是真实的，那么就有两个真实，一个将限制另一个，因此我们有二元性，两个真实的东西是二元性。所以，什么是表相的知识带来解脱，因为表相不过是束缚。

如果一个扮演乞丐的演员真的以为自己是一个饥饿、悲伤的老乞丐，那么使他从贫穷和悲伤的表面束缚中解脱出来的，是看到他是一个吃饱喝足、收入颇高的演员。同样，如果我发现我是非二元的、无限的自我，而我一切貌似的局限，在貌似三种经历状态中，不过是表面的，那么我就“解脱了”。

问：斯瓦米吉，你前几天说过，当你获得了自我知识，所有由之前行为——业力所产生的结果就会被摧毁了，除了前世的行为结果是个人现在拥有身体的原因（prārabdha karma）。

答：由于某些业力，你生来就拥有一个身体和心智，来耗竭那个业力。你已经出生于主的创造——客观创造中，你不能消除此创造。

问：但你的身体不就是你自己行为、你自己业力的结果吗？

答：是的，但是那个业力已经开始了，并且在客观创造中产生了一个身体。你来的时候，一切都开始了，并且还在继续。当我作为一个人而不知道其真实本性（ajñāni）时，主观错误地认为我是一个个体，我根据主创造的业力法则，付诸各种行为，产生结果（karma-phalas）。所以，当我现在纠正我的主观错误时，即使我现在知道了我的真实本性，我发现我仍然被原来的身体束缚住了。

问：斯瓦米吉，对有些人来说，可能需要多次出生才能化解业力，而有些人可能通过获得知识仅用一生就能化解业力，这是真的吗？

答：你不能通过一次或多次出生来耗竭业力，你只能通过知识来“耗竭”业力。业力永远不会耗竭，当你耗竭了一个业力时，你将创建一个新的业力，因为行动者存在那里。只有知识才能摧毁业力。因此，无须多次出生，要么无休止地出生，要么就是现在，事情就是这样。缺乏知识，就要无休止的出生，直到了悟知识。

问：你说业力被摧毁是什么意思？

答：业力存在于你的人生账户中，善与恶行为的结果以微妙的形式出现，以新的身体和经历的形式结出果实。现在，那些存于你人生账户中但尚未结果的业力，就是那些因为了悟“我不是行动者，我是神”而被摧毁的业力。这样你就可以消除旧的业力，因为它存于个人名下。同样，新的业力也不能累积，因为主观上现在没有个人犯错误了。但仍然存在身体。身体，一旦开始运行，就是一个人无法控制的过程。知识不能摧毁已经开始的客观事物，因为那事物是神之创造。

就像这样，存在两种类型的叠加（adhyāsa），绳-蛇就是一个例子。绳子被误当成蛇，一旦认知它是一条绳子，它就不再是一条蛇了。在这里，一个不真实的东西被视作真实的，叠加在真实的东西上。我们在这里讨论的叠加是另一种类型。这就像当我知道真的没有所谓蓝天，但我仍然看到了蓝天。或者当我看到一池水，但我知道那是海市蜃楼的水，我知道那不是真实的水，但水的景象仍然存在。认识到天空真的不是蓝色的，或者遥远的沙滩上真的没有一池水，并不会导致蓝色或水的表象消失，而只是主观地认识到这些表象是不真实的。业力（Prārabdha karma）就是这样的。

问：斯瓦米吉，因辨识产生知识，而知识使人从某些欲望中获得解脱，减少对事物的欲望。这是否意味着最终终极知识将导致完全的解脱，甚至从物质欲望中解脱？

答：不。欲望有两种类型。“我想要这个”是一种类型，那是可以的；“我想要这个，那么我就会快乐”是另一回事，我认为想要快乐就必须满足的欲望是束缚人的欲望。假设“我想要这个”，但无论结果如何，我都会欣然接受，如果我没有得到我想要的，我也不会不开心。这就是所谓的从欲望中完全解脱。

问：我指的是那些在森林里生活了很长一段时间，并进行修习的人，据说他们在某种程度上摆脱了饥饿。

答：不，这不是重点，那种事情与我们正在谈论的事情毫无关系。我们说的是自我知识，控制饥饿只是一种已经学会的身心成就，就像牙医学习牙科一样，生活在森林里的人学会如何靠植物根茎生活，如此而已。

问：斯瓦米吉，从你的解释来看，貌似那个自我认知者仍然是个普通人，就像我们一样。但当我们想到一个弃绝者，我们能否认为他有各种各样的疗愈能力？

答：这是一个不幸的想法，是不正确的。弃绝者是圣人，他是无害的，不伤害（ahiṁsā）是他的强项，这对他来说是最重要的。由于这种圣洁品质，他的思想和视野都是纯洁的，他们会赐福人们。然后，如果圣人知道这一切是关于什么的，如果他已经浸润于教导，他的情感变得更真实。真实情感意味着享受情感所能享受的那种真实程度，圣人不会对情感赋予额外意义。因此，对他来说，没有困惑，没有冲突。他不受制于对立面，因为他是一个恒定的人，恒定于自己的荣耀里。他自然地恰当关联，所以他所有的情绪都很明确和清晰，他的好想法可以帮助别人，这就是为什么人们会去寻找圣人。

问：为什么人们去喜马拉雅山寻求自我知识？

答：那些弃绝者已经待在喜马拉雅山很长时间了，因为有河流平原。还有，喜马拉雅山人迹罕至，但你足以找到食物维持生活，有足够多的人帮助你追寻你的目标。与此同时，那里人口相对较少，所以那里适合隐居，很安静。

整个地区都受到崇拜，还有一点浪漫主义。当你第一次认真地去寻找它到底是关于什么的时候，通常你是浪漫的，你真的不知道你在做什么，但你感觉到某种吸引。总是有一些幻想和浪漫的方法来处理神和灵性问题，你总会想到“美丽的喜马拉雅山脉”。但是一旦你到了那里，你就会意识到这不是一个宜居之地。出于纯粹的意愿，你会留在那里，这变成了一种出于精神目的的苦修（tapas），不苦修没人会待在喜马拉雅山。

问：您似乎在强调一件我认为我没有强调的事，我听到您说老师的教学必须非常准确。

答：是的，他应该是准确的；如果他不是，就没有教学效果。

问：我被教导说，所有关于自我知识的不同想法和观点都应该被接纳，它们都有自己的位置。这是一种非常普遍的、坦诚的观点。

答：普遍意味着你没有聚拢，我要给你们看一些东西来加以说明。（斯瓦米吉从椅子上站起来，走进房间，拿着一个装在铅笔状木棍上的木偶回来。它是一种毛茸茸的东西，看起来像一团明亮的粉红色粗糙的头发，有眼睛和鼻子。斯瓦米吉用手把凌乱的头发拢起来，向上拉，使它保持在原处，形成一个尖）。他说："这就像聚拢，现在我要给你看一下你说'普遍'时我得到的景象。"（然后他转动操纵杆，指向四面八方。观众爆笑。）

问：我认为与此相关的一件事是，人们希望每一种宗教和哲学都能说同样的话，都是普世的，难的是事实并非如此。

答：是的，事实并非如此，但要放弃那个想法是非常困难的，我也遇到过这种困难。起初，我不相信真理只能以一种方式被发现，而其他所有方式都可能是错误的。我花了很长时间才明白这一点，所有人都谈论真理，不是所有人都说真话。任何其他哲学或宗教都有真理的成分，但有一些错误的归属，一种心理上的、情感上的归属，要求人们坚持某种信仰体系，而这种信仰不是思考，也不符合科学探究。例如，即使所有的科学家多年来都认为一个理论是正确的，如果一个人能证明它是错误的，那它就被否定了。黑暗、无知，没有任何时间限制，它可以持续很久。一旦有人发现整个神圣的事情是错误的，并有公式来证明，那么它就被推翻了。

所以在知识中不存在民主，大多数不会自动被接受，因为它可能包含各种荒谬的想法。一个宗教或哲学可能有很多信徒、很多追随者，但这真的并不意味着什么。

问：我们确实看到宗教之间存在很多相似之处。

答：是的。在某种程度上，所有宗教都是相似的。所有宗教在伦理上都是相同的，它们都强调祈祷，不管你是向耶稣祈祷还是向克里希那祈祷，都是一样的，不会有啥区别。你唱赞美诗的语言，不管是梵语、拉丁语还是希伯来语，都是一样的。正如爱的语言不需要一种特殊语言一样，祈祷也不需要一种特殊语言。通过语言，你可以宣泄你的某些想法、某些感激。所以，任何语言都可以，如果存在主，他也必须借助语言。但是说它们是殊途同归是不正确的。

有人说你去了天堂，得到了解脱，这是值得相信的事情，要有信仰。我说：你已经解脱了，谁还能做得更好呢？不管谁都会说同样的话。知识不属于我，我可以讲授知识，并不意味着它属于我。把知识视作来自一种来源是不正确的，它是普世的，它是可得的，它就在那里，你只需要认识它。

然而，在印度，我们有传授这些知识的传统，这就是为何我用“传统”这个词。我们不会让你自行对整个问题作出主观反应，我们不会引导你去做某种神秘的体验。当你试图把你的神秘体验给别人时，你会制造麻烦。神秘主义者的作品会对你产生影响，他们隐晦的陈述似乎有些道理。因为我们所有人有时都有相同的或另一种形式的经历，可能触动心弦。但话说回来，这仅仅是触动而已。

问：斯瓦米吉，在有些地方人们说，当一个人不再被视作私我时，所留下的业力就像一种实质。我记得在书中读到过，一个解脱者之善行会归于那些赞美他的人。当时我的想法是：存在某种实质，它必须到某个地方去。

答：任何人的任何行动都会产生一个结果，智者的行动应当产生善果，因为他没有私我。行动是在这个表象多元的世界中完成的，这是有实质的，就像梦中的人物有实质一样，只要你在梦的魔力之下，其中的对象就具有实质。所以，这是同一种实质。在这个经验世界里，当付诸行动时，它会根据主的创造法则产生结果。

这个结果不能归功于智者，因为他没有“我是行动者”的感觉。所以有人说，当智者受到尊敬的时候，智者的善果就归于向他致敬的人。如果因为智者的业力而有导致任何不好的结果，这是不可能的，那就会归于那些辱骂或侮辱智者的。

这就是人们所说的，但也许这种想法只是为了创造一种对待智者的态度。

问：斯瓦米吉，虽然我们不能说行动直接导致知识，但经书把行动作为手段来讨论……

答：是的，但只是作为次要手段。当经书谈到解脱时，认为首先必须摒弃一切行动，尤其是在这种背景下的仪式和苦行，这样你才能理解什么是解脱。但这并不意味着行动没有作用，行动的作用就像火和烹饪。我说“是火煮饭”，并不是说锅、水和燃料都没有用，它们也起到了一定作用，但它们都不会煮饭，只有火才能真正煮饭。类似的，知识会把个人的“笨鹅”煮熟！没有别的办法。但是，行动和所有这些并不是完全被当作无用的东西而摒弃。

问：斯瓦米吉，为了真正领会老师所说的话，难道没有必要在心智中做一定的准备吗？

答：不，不需要准备。要么需要纯真，不带偏见；要么需要开放，愿意抛开先前之见。我们需要的是一种开放的学习态度。有时，我们确实在生活中得到了很多东西，从不同的人那里得到了很多我们视作事实的东西。而现在，你突然听到一种教导，它与你一直视作正确的东西相悖。除非你完全开放，否则它不会被接受。如果你是无辜的，就没有问题。如果你没有这些想法，那么很容易教你，就这件事而言，你是清白的，没有学习过这方面的任何东西，你就没有偏见。

但即使你已经接触了很多东西，如果你足够开放，新事物会起作用。当我发表一个声明，说心智不是一件被视作非常真实的东西时，这个声明与通常被视作真实的东西是相反的。人们认为心智是非常真实的，即使在灵性学习中，它也被视作非常真实的。如果我武断地说，心智是一个神话，那是很难为人接受的。但如果我试图让你明白它是一个神话，那么我就不是在武断地陈述，而是在教学。只要我是教学，你就无须接受我说的话，也无须拒绝。如果我说，“这就是我所认为的……”，那么你可以把它作为一个观点来接受或拒绝。例如，如果我说，“我认为他做得很好”，那么你可以接受或拒绝，这是对一个相关问题的看法。但假设我证明不存在蓝天，让你明白没有蓝天这种东西，尽管你看到了蓝天，那么问题就在于你看到了老师所说的话。我不是要你相信我，而是要你亲眼看看我说的是事实。对于关于你自己心智的教导，这一点尤其正确。这是一个看到关于心智的言论的问题，教学是为了帮助你看到，它不是要发表一个让你相信的声明，那样就不是教学。

问：所以对老师的真实信念是持开明态度和纯真心态？

答：是的，就是这样。你不会质疑教学，你质疑自己的理解力，这是信念，它实际上是一个中立的状态。只要老师教，那么就没有问题。信念并不危险，因为老师的工作是教到你看到为止，而不是让你相信。只要老师在教，你看到了，那么信念是不需要的。当有人说了你不懂的话，你不会质疑这个教导；你质疑你的理解，倾听直到你看到。只需要开放性。

问：我对吠檀多不是理性的观点感到有些吃惊。

答：怎么可能呢？你现在看到了，告诉我，当你看见我时，你是在理论我还是在实践我？我不是任何理论或实践的对象。你睁开眼睛，如果我在这里，你会看到我。同样地，当我说你是主体，你是梵，而当我否定你不是什么的时候，我能通过让你看到你是什么来证明这一点，那么我的话就像你的眼睛。那么，这是理论还是实践？事实上这不是理论或实践。

问：你是说它让我看到了我是什么吗？现在我已经有了我是什么的经历，但是它没有任何内容……

答：不，你不知道你是无维度的，这意味着你不了解你之实相。你知道你存在，你是一个有意识的存在，但这一切都被整合在“我”的概念中。我必须从“我”的概念中剥离你不是的东西，让你看到“我”的内容。

不像其他的知识方式，你可以通过感知、推理等自己找出要知道什么，吠檀多是一种需要老师正确运用词汇的知识。

问：这就是为何古鲁受到赞扬？

答：古鲁受到赞扬，因为他和他的教导是传授知识的手段。所以如果你纠正你的错误观念并倾听，如果你有学生资格，那么它就会很有效。一旦你领悟了，这些知识就不会改变，你们将不会动摇。

问：斯瓦米吉，难道不存在一种普遍的观点，即在有了像三摩地这样的经历之后，人们就会获得有关这种经历的理论知识，而吠檀多就是这种东西吗？怎么打消这个念头呢？

答：这种经历不会给你任何东西。每个人都有自我经历，你不需要有像三摩地这样的特殊经历来获得自我经历，分析你在清醒、做梦和熟睡中的经历就足够了，这些经历本身就足以构成经书所赋予知识的经验基础。这就是为什么我们要分析这三种经历状态，以及快乐、痛苦和五鞘（pañcakośas）的经历。

问：所以吠檀多并不是赋予你关于三摩地的知识，然后你出去就获得经历的东西？

答：事实正好相反，因为当你开始思考像三摩地这样的经历时，你已经在犯一个关于你自己的错误了。当你认为“我是一个行动者”，那么就涉及了时间因素。那么“我”就被视作是有时间局限的，一个时间局限的自我不会发现“我”是永恒的。所以经历变成一个问题，问题本身是由于无知造成的。经历不能消除无知，是行动者经历那个经历。心智只是进入了一种倾向，以平和宁静的形式改变思想，知识思想（jñāna-vṛtti）就会发生。从思想中可以看出，经历的程度可能只会带来一件事，那就是对进一步经历的渴望。我经历了如此美妙的事情，因此我努力重复经历，这就是所有发生的事情。如果你有一种深刻的经历，你会尽量促成产生这种经历的所有必要条件，这样你就可以有类似的经历。所以，它变成了经历性的，而且是无穷无尽的！它根本不涉及知识，它与其他任何经历都没有不同。

去冲浪的人也得到一个经历，如果你问他“你能从中得到什么？”他只能告诉你去试试。如果你没有冲浪的经历，你就不会明白它是什么，它是多么令人兴奋。一个比较传统的人喜欢聚会，这是另一种经历。因此，人们是经历的猎手。

灵性人士也追求经历，他依靠呼吸练习、冥想和一些类似的练习来为他的经历创造条件。这些全是依赖，唯一的区别是，“非灵性”的经历必须过多地依赖于外部因素，浪不是随时都来的；但在这里，如果你依赖自己，那么外部依赖就会减少。尽管如此，你还是要依赖你自己的条件。假设这个人想要做呼吸练习，并且鼻子堵塞了的话，那么他就有得受了！

问：斯瓦米吉，据说认知产生于内部器官——心智的功能（antaḥkaraṇa），这意味着知识产生于行动……

答：不，功能仅仅意味着心智完成它的工作，心智必须发生变化。

问：但一个器官的功能却不被视作一种行动？

答：有两类功能。假设你精神上做某件事，你思考、决定、祈祷，那是一种活动。但是假设你的心智就在那里接受，然后感知就发生了，那么存在一种认知，但不是活动，这是认知的功能，而不是活动的功能。心智并没有做出决定（决定只是一种活动），它只是认知对象的存在。你不能决定“这是一个杯子”，它是一个杯子，你可以看到它。这不是一个决定，没有任何行动，不涉及人，不涉及欲望。只有当你做了决定，行动才会到来。在认知中，不涉及决定。认知只涉及认知对象和认知手段。

问：为什么无知是普遍存在的，而驱散无知的知识手段却不是普遍存在的？

答：知识的手段并不是普遍的，虽然它是可以得到的，但人们必须追求它。除了感知，所有的方法都必须寻求，只有感知才是普遍的，其他的则必须通过智力训练来寻求和发展。在科学研究中，你必须探寻并发展推理。即使吠檀多探究不涉及推理，你仍然必须发展一个适当的知识学科，就像在数学或科学中一样，你必须有一个基础。

任何科学都是推理，基本的资料是经过推理得出的感性资料，你得到一些你再次研究的结果，所以这种类型的探究是需要发展和实现的。不是每个人都拥有的，这种知识的手段也是必须获得的，因为你必须努力争取。

知识的手段是普遍可用的，因为它适用于所有人，就像推理不可能只适用于一个人一样。任何有适当背景的人都可以使用推理。吠檀多是所有人都可以获得的知识，但背景准备是需要的。准备不一定是梵文，也可以是其他的形式。唯一的问题是，吠檀多知识仅在一个地方保存得很好，那就是印度。在印度，教导被保持为一种传统教导，而不是一种神秘的陈述，它传承了下来，教师对教学方法做出了贡献。总会有新的方法出现，也就是说，只要稍微改变一下方法，就能解决新问题。这些方法都是手段。

问：你说我已经是我想成为的人了，如果是这样，为了认知我自己，获得自我知识，为什么我需要“准备”呢？

答：如果我是我想成为的人，而我却不知道，那么我需要一种知识手段来揭示我是什么。这种教学是一种手段，如果知识不是通过教学产生的，那么，要么是教学有缺陷的，要么是对教学缺乏正确的态度。或者，尽管态度可能很好，但心智缺乏准备。为了弥补心智准备不足，你需要进一步倾听。态度良好，就有获得知识的可能。

问：但你还是得有个恰当的心智？

答：要有稳定的心智。这是教学本身带来的。通过倾听，你会变得更有信心，更少卷入其他事情，所以，障碍就会消失，心智就会开始安住。如果你坚持这么做的话，倾听教学本身就能解决一切问题。这就是为什么他们说放弃一切，去倾听。

在瑞诗凯诗有一些萨杜已经听了30年了，他们根本没有任何受教育资格，那种知识训练是不存在的，他们并不像你们有些人所想的那样有资格；然而，他们是合格的，他们有正确的态度、正确的生活方式。这样，他们就会一直听下去。

问：他们肯定不会有任何绝望感，他们是放松的。

答：只是放松，并居于弃绝的生活，很神奇吧！

1980年8月

## 八

问：斯瓦米吉，神在吠檀多的视野中扮演什么角色？对神的接受是必要的吗？或者他被简单视作一种信仰而被摒弃，人们可以接受，也可以不接受他？

答：你只能从一个角度来否定神，如果你说任何被观察者都与观察者有关，那么不难发现观察者和被观察者及其知识都是错误的。如果你按照经文分析被观察者的本性、世界和观察者的本性，它们是虚假的，因为它们是表面的，非独立存在的，而且可以被否定。因此，实相，那不能被否定的只是你自己，你是观察者的本质，也是被观察者的本质。

若观察者、被观察者的划分本身是表面的，那么世界就只是一个表相。所以你完全不用为世界考虑，当你不为世界考虑时，毫无疑问，神就不会出现。整个事物是表相，一旦你认识到这一点，你就可以摒弃神，摒弃世界，摒弃个人，你可以摒弃一切。只有一件事你不能摒弃，那就是你自己，那无限的“我”，只有那才是实相。

神在哪里出现？这个问题只有当你从表相立场开始探究时才会出现。也就是说，暂时将观察者、被观察者及其知识作为实相。你发现在这个表相创造中有一个秩序，与此同时，观察者-行动者无能为力，他完全不参与已经存在的事物的创造。作为个体，你并不真正参与创造，因为它已经存在那里了。你的心智已经存在那里，你的感官已经存在那里，世界已经存在那里，你看到世界以一种预期的、或多或少可预测的方式运行。

我们所看到的一切，世界的运转，都涉及一种秩序和结构，而这种结构不是主观的。并不是你的心智创造了它，即使是由心智创造的东西，也需要一个不由心智创造的心智。显然，作为个人，你没有任何类型的作者身份。因此，当你与这个世界打交道，开始探究你面前的事物时，你必须自然地接纳神——造物主。

一旦你接纳神，那么你的探究就会更进一步。你发现你的逻辑不足以证明神的存在，你也不能有逻辑地否定他，因此，你不得不相信神的存在，这就是你如何进入了不同的宗教，所谓信仰。你不能摒弃神，也不能从逻辑上证明他的存在，所以神是被作为信仰而接受的。一旦你接受了神，你就会自然而然地赋予他某些特质。这种接纳为神的特质提供了基础，比如无所不知、无所不能、万物的造物主，他不是被其他任何东西创造的，等等。所有这些属性变得非常明显。

但这仍然是一种信仰，因为神在信仰中建立。这里我们需要经文，经文揭示神是无所不知的、全能的，他们还说神不仅是造物主，而且是造物，这是可以被吸收和理解的。

如果经文上指出的是一个神，而不是造物，那么你既不能了解神，也不能证明他的存在，你只能相信经文及其文字。但是，既然它谈论一个神不是别的正是造物，你就不能摒弃那个神，因为你不能摒弃这个世界及其秩序，你不能摒弃你的身体、心智和感官，你不能摒弃知识的手段及其运作，等等。

因此，只有当你可以摒弃造物时，你才能摒弃神。但只有当“无限的自我是真实的，世界是表面的”这句话被清楚领悟时，这才有可能。必须明白，要摒弃神，你需要神的一切恩典；否则，你就得接纳他。

问：斯瓦米吉，悲伤的本质是什么？智者会悲伤吗？

答：悲伤是当你处于某种伤害的情况下发生的事情，悲伤来了又去，因为伴随着喜悦和悲伤的情况来了又去。虽然它们可以随时出现，但它们不会影响到具有这种知识的人。当然，快乐是自己的，悲伤可能会来，但它不能控制那个人，因为他不再有困惑。思考就这样发生了，人们无法控制思想的发生，也没有任何必要去控制它们。

一个理解实相的人只是允许思想发生，思想会自动来去，个人无须采取行动。情感表现为思想，这是它们唯一拥有的现实，饥饿和口渴也属于与心智-经验现实相同的现实秩序。智者也会经历饥饿和口渴以及情感，但他或她知道，他们具有的只是经验现实，它们不会影响他或她的圆满。这样的人知道“这些都是我，而我超然于它们”。不管发生什么，就让它发生。这就是视野。

心智与身体在这方面有什么不同呢？正如身体需要每天沐浴和喂食，正如它必须经历痛苦、疾病和它所承受的一切一样，心智亦如此。心智可以有它的思想，但对于一个拥有整体视野的人来说，它们都是无效的。

当思想来临时，没有什么能留住它们，反正没有一个思想能待很久。一个思想是瞬间的，它来了又走。当然，只要我们能维持这种思想，我们就能保持思想的一致性。认知到现实的本质，智者不会保持悲伤的思想。

问：斯瓦米吉，什么是自由？

答：自由有两种定义，一种是摆脱过去的自由；另一种是摆脱过去、现在和未来概念的自由，这是自由的两种类型。

摆脱过去的自由是指你自己的前世、你的今生、你的童年等。每个人的过去都存在自己的问题，这些问题影响着当下的人，我现在此时此刻所面对的，并没有被客观地看待。它总是被我自己的过去压抑、制约和扭曲，摆脱过去的痛苦意味着摆脱过去的心理。

摆脱个人的过去心理是一种相对的自由，被描述为摆脱个人的好恶压力。还有一种终极的自由，称为解脱。

自由总是远离不可取事物，受过去的影响是不可取的，因为你错过了现在。一切悲伤、伤害和痛苦皆归咎于过去，因为现在变成过去也会造成痛苦，你会遭受更多痛苦。所以，受伤的人更受伤，伤心的人更伤心。事情就是这样。

也有摆脱渺小的自由，作为个体和凡人，个人受制于疾病和死亡。这里也有束缚，因为在时间、地点、力量和知识方面都有一种不完善和不充足的感觉，所有这些本质上都形成了非常核心的人格，因为身心感觉的复合体被视作自我，“我”。

这种束缚是基本束缚，也是我想要摆脱的，它以痛苦的形式存在，因此不可取，我不接受它。终极自由必须以“我”为中心，因为我是被束缚的人，也是必须获得自由的人。这种自由要么已经是自我固有的，要么根本就不存在。

如果它是自我固有的，那么束缚出于自我无知和错误，消除无知从而消除错误，这就是自由。吠檀多说自我当下已经是自由的，它一直都是自由的。因此，已经自由的自我被承认为其实相，这意味着我是自由的，我与梵（整个造物的根源）是同一的，我即一切，我即整体。这种特殊的认知即所谓自由。

拥有这一认知的人没有来生，那是一种自由（即认知）的延伸，在个人和神之间存在合一。我即整体是事实，它是个人之实相，这也是神之实相。神可以说“我即整体”，个体也可以如此说，因为两者皆是梵。这种通过认知获得的视野，是唯一真正的自由。

问：斯瓦米吉，你说过人们需要勇气来面对他们的问题，处理他们的心智。你能说说我们如何获得这种勇气？

答：我所说的勇气是指由于我们的问题所经历的痛苦，我们通常否认问题本身，而忍受痛苦。我们不想面对这些问题，因为这样做是非常不愉快的。我们是孩子的时候，就否认自己的问题。这种否认是一种逃避不愉快的事情，也是我们通常采取的处理问题的方法，这就是为何消遣对我们如此重要。

在这个社会中，消遣不仅非常重要，而且种类繁多，娱乐和体育只不过是消遣。如果你分析一个正常人的投入，会发现他并非真正投入到当下发生事情中，而是投入到娱乐和消遣中。为了娱乐和消遣，你当然得挣钱。

因此，挣钱成为第二优先考虑的事情，这当然是应该的，但消遣和娱乐变成了主要目标，这是因为消遣和娱乐被作为主要的逃避方式。

消遣可以是古典的，也可以是非古典的。古典的消遣方式意味着你必须与自己同在，如果你能学会如何做到这一点，也许你就可以享受家庭、孩子、友谊、书籍、思考、冥想等。有各种各样的东西可以娱乐自己。

要享受这些不同形式的消遣，你需要在一定程度上与自己同在。你需要能够享受自己，否则，你就需要一些不熟悉的、不同的、令人兴奋的或奇怪的东西来吸引自己。这就是音乐声音越来越大的原因，淹没了心智，因为里面有太多噪声。

与自己同在需要一定的文化高度，当达不到一定的文化高度时，消遣就变得非常重要，假日消遣就是一个很好的例子。如果我们只看人们的心理，就会发现人们是如何致力于各种形式的消遣活动的，整个经济是围绕着消遣活动建立起来的。还有很多金钱涉及音乐，所以有很多娱乐中心、剧院、电影院、迪斯科舞厅等，这是一个巨大的产业。这些多种形式的消遣活动，加上假日旅游，可能会消耗掉整个经济的一半以上。

消遣不是一件平常事，这是一种投入。你工作了一整周，然后在周末，你不想待在家里，你想出去，因为待在家里意味着你得与自己同在，因此，你必须出去。任何古典形式的消遣，比如文学或音乐，只有在人们可以待在家里的文化中才能蓬勃发展。只有这样，一个人才会拥有内在闲暇去听古典音乐或阅读，这种缺乏内在闲暇的现象在全世界都很普遍。

不逃避是面对自己，这是我们不习惯的。面对自己意味着我们必须有耐心，尽管有时会很痛苦，去审视自己，看看正在发生什么和已经发生了什么。通常情况下，我们所看到的是非常不愉快的。

因此，它需要勇气，在某种意义上的投入和准备面对这种不愉快；一旦我愿意改变，这不是一个大问题。改变的意愿需要勇气。

问：斯瓦米吉，一个人如何培养必要的辨识力，来辨识什么时候该改变，什么时候不该改变？知道这一点可能对我们有帮助，因为如果我们总是开放的话，我们也可能受到不正当的影响。

答：这是真的。我所说的改变只与你自己的思维方式有关，你可以完善你的思维方式，这需要一定的探索，一定的投入和戒律。这并不是说你要向整个世界开放，不是的。

问：你如何识别一个问题思维模式？

答：当你独自坐着的时候，所有的问题都会出现。那些奇怪的恐惧、奇怪的焦虑，那些未知的事情，那些我们封闭或掩盖的一切，开始重新浮现。当我们还是孩子的时候，我们对每个痛苦的场面都置之不理，它们根本不被处理，这就是否认的意思。

这种情况就像斯瓦米到一个家庭，发现一张干净的床单整齐地盖住了一堆垃圾。要重新整理会很麻烦，所以他们就把垃圾掩盖起来。他们自己也不能接受它，因为它看起来很丑，他们想让一切看起来都很好，以迎接斯瓦米的来访。我们小时候就是这么干的。

我们否认任何痛苦的事情，为了做到这一点，我们有各种各样的手段。也许在当时这样做是对的，但后来它就变成了一种习惯。

问：斯瓦米吉，不是为了解决问题而去发现问题的原因，而是为了解决问题必须认识到问题的存在？

答：我们不需要发现所有原因，尽管有时我们确实需要了解某些我们不理解的事情。有些症状揭示了某些问题和我们必须承认的一些事情，对此可能有必要进行一些挖掘。

问：生活的各个阶段真的会被我们的记忆屏蔽吗？我们不得不屏蔽某些发生过的事情吗？一旦我们意识到这些事情导致了我们的问

题，于是开始处理它们，我们失去的那部分生活记忆会返回吗？

答：是的。也许回忆是件好事，这样我们就可以把它当作记忆来处理。如果我们掩盖了一个问题，那么问题就会一直存在。所有的一切都只是回忆，因此，需要重新评估形势。事情发生的时候，我们太痛苦了，甚至都不记得了，因此我们把它掩盖起来。但是，最好是移除掩盖，对整个东西进行通风。这样，记忆就变成了简单的记忆。

一个完整的评估是必要的，我们需要勇气去面对我们已经悄悄忘记的东西。但我们没必要做得太过，我们所做的仅仅是为了能以一种非常积极的方式来处理这个问题。我想在这里指出的是，我们必须首先认识到问题的必要程度，然后我们才能继续自己处理问题的计划。

如果我们有了方向，我们就能理解。我们不从纯粹心理层面来处理问题，如通过创造一种宣泄等。我们只是采取一种认知的方法，试着去理解一些东西，尽量理解得多一点，直到我们发现其中的一些意义。最终，我们明白有些事情是我们无法改变的，正如在“宁静祈祷”中所表达的那样。

“神啊，求您赐予我成熟，使我能优雅地接纳我不能改变的东西；赐予我意志和努力，使我能改变我能改变的东西；赐予我智慧，使我能分辨两者的不同。”

我们只是用“成熟”来代替“平静”，用“意志和努力”来代替“勇气”。

通常情况下，我们试图改变无法改变的事情，却不去改变能改变的事情，因此，很多时候都是徒劳无功之举。通过鞭笞我们的童年和之前发生的一切，我们不必要地鞭笞了现在的自己。相反，我们必须优雅地接纳已经发生的一切，承认过去境况造成这一切，只有这样，我们才能优雅地接纳它们。

问：《奥义书》详细说明了我们需要改变什么吗？

答：不。它们用简单的语言谈论态度和价值观，然后我们必须发现细节，这是整个教学传统的全部内容。

问：像恐惧、自我批评和内疚这样的问题应该一次处理一个，还是一次全部处理?

答：你只能一次处理一个，通过处理其中一个，你也会处理其他的，因为它们都是相互关联的。以自我批评为例，你继续毫无理由地批评自己，批评是一种记录，无论你说什么或做什么，你都会批评自己。处理这种批评肯定会消除负疚感，比如，连同你可能有的其他心理记录。当我们继续这个探究时，你会发现所有思维模式都是相互关联的。

问：世上存在邪恶这种东西吗?如果不存在，又如何解释个人和集体层面的暴行呢?

答：邪恶不能成为一种力量，如果是这样，那么我们就有了两种对立的力量，一种神圣力量和一种邪恶力量，这两种力量都必须被分解成另一种全能的力量。因此，我们必须创造另一种力量，这两种力量都存在其中。

如果我们分析邪恶，我们会发现它存在自由意志本身之中。例如，我们不能说一个人是邪恶的，邪恶只是个人自由意志的滥用。滥用自由意志之所以成为可能，只是因为意志是自由的，这意味着在个人行为中存在选择。因此，在每一种罪恶行为的背后，都存在着对自由意志的滥用。这是我们必须接受的事实。

这样，就不存在与神对立的邪恶力量了。有些人，因为他们把邪恶力量想象成我们受其影响的东西，认为我们应该加入神的队伍，与邪恶作斗争，这表明神在这种所谓邪恶力量面前是无助的!

若一切皆神，何以存在邪恶呢?唯一邪恶便是无知，自由意志本身并不邪恶，因为他们对世上只有神的事实一无所知，当第二件事来了，就存在恐惧；当恐惧存在，贪婪存在；当贪婪存在，邪恶也会存在。

邪恶和对自由意志的滥用之所以存在，是因为人们不理解秩序，正法。这种缺乏理解的情况可能发生在个人层面，也可能发生在集体层面。如果十个私我结合在一起，他们就成为一个集体私我，然后是集体使用或滥用自由意志。在所有大规模屠杀和大规模灭绝中，都存在着对自由的集体滥用。

个人业力在这里不能被考虑，一旦我们说自由意志被滥用，我们就不能带进业力。这就好比说某人的业力是被谋杀，而谋杀者正帮助这个人实现他或她的业力，没有人会为了成全别人的因果报应而杀人。

然而，肯定存在集体使用和滥用自由意志的事情，因为存在一个集体私我，一个集体实体。有社区私我、宗教私我、群体私我、企业私我，意味着一个巨大私我和国家私我。

任何群众运动都是集体私我，你可以认同所有的女性和一个集体的女性私我结果；学生们团结在一起是集体私我的另一个例子；在追捕一个谋杀警察的凶手的过程中也可以看到集体私我，整个警察队伍形成一个私我，一个集体私我，追捕凶手。

神和魔鬼，般度五子（Pāṇḍavas）和持国百子（Dhārtarāstras）在《薄伽梵歌》中也代表集体私我。集体私我可以是好的或坏的，这就是我们所谓的善与恶。

问：滥用者会有集体业力吗？

答：是的，当然，因为他们成为自己行为结果的接受者。

问：斯瓦米吉，我听过这样一句话“知识之路就像刀锋”，请解释一下其意思。

答：“刀锋”这个词用来表示微妙的意思，刀锋是非常微妙的，因为它是一条没有宽度的单线。同样，实相也很微妙。我们的思维通常会走向极端，它朝这边和那边移动。事情可以非黑即白，这就是我们如何知道什么是真的，什么是假的；什么存在，什么不存在；什么是对的，什么是错的。

事实上，万物都存在于实相之中。我们所谓实相存在于实相中，非存在也存在于实相中。那么问题就变成：实相和非存在，存在于什么样的实相中？实相只有在悖论中才能被理解，《羯陀奥义书》说，它比你所看到的最小东西还要小，比你所看到的最大东西还要大，这意味着它是无限的。因此，它是被作为整体来理解的东西。

将这种知识比作刀锋，并不意味着它会以任何方式割伤或伤害你，知识怎么会伤害任何人呢？知识是纯粹的探究，探究的伤害何在？哪儿都没有伤害。它也不是结果导向的，我们没有产生结果，我们正在清除无知，无知有它自己的时间，就像乌云有其消失的时间，当它们消失时，太阳或月亮的光就显露出来了。

同样，我们正在驱散疑云和模糊，乌云还存在，但已经不像以前那么浓密了，只存在模糊，意味着我们对整体的理解是模糊的。最终，乌云会消失，这就是我们所说的清晰知识。因此，一路上都有光，而这光就是好处。

这里没有滑倒或跌倒的危险，它不像走在刀刃上，如果我们滑倒的话，可能会伤到自己。这不是钢索，在上行走我们会堕落。我们是否会像有些人说的那样，从实相堕入一种俗世的生活？我们已经在俗世中了，那么，何以存在堕落的问题？没有人能再堕落下去，我们以为自己还会堕入更深，但对一个自认为是凡人的人来说，不可能再堕入更深了。

实际上俗世是梵，梵之所以变成俗世，可以说是由于无知，没有比这更深的堕落了，因此，这么说纯属想象。俗话说“爬得越高，摔得越重”，这句话可能适用于登山，但绝对不适用于知识。所以“要小心”的建议与此无关，只是针对那些不知道他们在寻找什么的人而言的。

问：那些在本质上是有限的，涉及对象的词汇，如何能揭示那些无限的，不能被客体化的东西呢？

答：词汇并不能直接揭示问题，举例，在“词汇揭示无限”的陈述中，问题变成了这些词汇是已知词汇还是未知词汇？是已知词汇还是未知词汇揭示了无限——梵，那我们迄今尚未认知的？

已知词汇不能揭示梵，因为一切已知词汇都是我们收集来描述我们已知事物的词汇，这些事物在本质上都是有限的，比如一个罐子。所有这些已知词汇都是与种类（jāti）、属性（guṇa）、行动（kriyā）以及关系（sambandha）有关的词汇。

例如，当你说“奶牛”时，这个词揭示的是一个通用对象，意思是有很多奶牛。单词“奶牛”指的是一种特定动物。因此，词汇可以揭示一个通用对象，一个实体。

一旦一个通用对象被识别出来，词汇可以进一步描述某些属性，这些属性适用于特定实体，比如一头白色奶牛。词汇也可以描述关系或联系，比如母亲或朋友。

因此，词汇通常描述行动、关系、属性或具有通用性的特定实体、个人状况，所有这些都是有限的。如果梵是无限的，自然地，词汇无法描述它。因此，我们所具有的已知词汇不能描述梵。

也许，未知词汇可以描述未知的东西——梵。然而它们不能，因为这些词汇本身是未知的。未知词汇不能描述另一件未知事情，它们与梵归于一列，词汇和梵两者都是未知的。

如果未知词汇不能揭示梵，我们有已知词汇，选择某些已知词汇，这些词汇有特定内涵。词汇可以直接或间接地描述一个对象，在这里，它们通过暗示（lakṣaṇa）梵，揭示其隐意（lakṣya）。

那么，我们用描述梵的词语全是隐意，satyam、jṣānaṁ、anantam等等。satyam的意思是“存在”，这是我们知道的。一般来说，“存在”指某物存在，而这种存在总是与时间有关，因此，从理论上讲，我们只知道“存在”存在于时间中，那就是说，那东西还没有消失，这就是我们所说的时限。它的概念是，任何存在的东西总是受时间的限制。

但是据说梵是存在，不受时间的限制——无限存在（anantam satyam）。无限（anantam）这个词把存在（satyam）这个词从有时限的概念中释放出来，并且允许它保留它原来的意思。这个词的本义是“存在”，但其释义，即通常知道的词义是“在时间中存在”，时间被“无限”这个词否定了，为了领悟梵，必须进行这种否定。

在经文satyamjṣānaṁ–anantam–brahma中satyam的根意思“存在”被保留了下来，而我们通常理解的“受时间限制的存在”被删除了，这意味着梵是永恒的存在。

然后又说梵就是意识（caitanyam），即知识（jṣānaṁ）。因此，“jṣānaṁ”也是暗示。知识可以是任何东西，罐子的知识、布料的知识等。但是，梵是无限知识（anantamjṣānaṁ）和存在–知识（satyam–jṣānaṁ），是不变的，是永远不变的知识。

梵不是这或那的知识，而是知识本身，它是无限的知识。其他任何一种事物的知识都不可能是无限的，任何一个事物的知识意味着它不是任何其他事物的知识，因此，它不是无限的知识。否定了知识的有限性，知识就摆脱了一切有限性，剩下的就是无限的知识；意识，这是所有形式的知识中不变的。因此，意识就是存在，而这个意识–存在就是无限梵。

这就是梵如何通过已知词汇，通过暗示，而非这些词汇的直接意思来揭示的。

问：有哪些方法可以改造一个评判和批判的心智，一个斯瓦米吉所说的校对者的心智？

答：这里的问题是，每个人都想在可控的情况下运作，我们希望每一种情况都在我们的控制之下，这样我们就容易运作。控制局面就是让事情变得可预测，只有到那时，我们才觉得可以运作。如果我们认为我们无法控制，我们就无法行动，我们就会恐慌。这是许多人的心理问题。对他们来说，每一种情况都必须被编辑和控制，即使是爱情，一旦失去控制，就无法运作。如果他们的计划被打乱，他们会变得恐慌，因为他们不知道在没有某种框架的情况下如何运作。这是由于童年时期的问题，导致他们以评判的方式对待每个人。

当我们评判别人时，更容易对付他们。因此，俗话说“把人唤作狗，然后再踢他”，我们从评判的角度出发，总是能联想到一个评判。但是如果我们不评判别人，对付他们就会变得非常困难，因为我们保持开放，这种情况会让我们感到非常脆弱，因此感到不舒服。因为我们总是想要非常确定，所以我们评判人们，给他们分类，给他们贴上标签，这样对付他们就容易了。

在日常生活中，我们有时不得不这样做。但从根本上说，如果我们评判别人，然后给他们贴上标签，我们就有问题了。评判的人不知道如何实事求是地对待他人，而且也很难做到。

那些评判他人的人也评判自己，因此，他们会评判别人，然后做出相应的行为。他们通常满足于自己的推测，然后把他们的意见和评判投射到别人身上。评判别人的人总是非常确定他们是正确的，这是另一个问题，因为他们不会修改自己的观点。他们爱上了自己的评判，因此不想修改它们，只有这样做，他们才会感到安全。

在某些情况下，你必须做些什么，你行动，是为了他人好，你不评判他人，这意味着你是开放的。在那些爱评判的人看来，这种开放就是脆弱，因此他们继续在评判。

批评别人是由某种嫉妒、某种不宽容引起的问题。整个问题是建立在看待自己的特定方式上的，如果我对自己感到非常不安全，那么我总是在外面寻找安全的情况，一些可以在其中运作的框架。因此，批评别人等于自卑。

我该如何纠正这个问题？通过审视我的自尊，为什么我的自尊心这么低？我没有的是什么？这样，我们就必须对自尊本身进行探究。我们不去努力提高自尊，而是问自己“什么是这个低自尊？”

当然，有些事情会有助于培养自尊。但首先我们必须质疑自尊本身，“什么是自尊？我在什么基础上评估自己？”经过分析，低自尊会崩溃。因此，这种分析必须不断地进行。

我们也可以开始相信另一个人，允许那个人做他或她自己。人是动态的，因此总是会变化的。此外，我们的认知可能是错的，通常情况下，它是我们自己的投射。我们只从自己的立场来投射和判断，我们对什么是对的、什么是错的有明确的想法，我们把这些想法投射到别人身上。

如果我们理解了这些事情，我们就可以有一定基础来看待人们的本来面目。人不总是千篇一律的，他们一直在变化。如果我们对惊讶有所准备，我们就不会感到惊讶，我们也不会失望。

校对的心智总是试图在别人身上发现一些缺陷，这就是所谓的批评。他人可能有一些优点，但批评的人总是试图找到缺点。为了纠正这一点，我们应该只寻找美德，然后出现的任何批评都会更加平衡。

没有批评的必要，批评只不过是由于我们自身的问题而产生的不宽容。

问：斯瓦米吉曾说过，人们正在寻求灵性问题的心理解决方案。

请斯瓦米吉进一步解释一下。

答：这是双向的。对于心理问题，我们可以寻求精神上的解决方案；对于精神问题，我们可以寻求心理上的解决方案。这很常见。存在自我不满，为此我们寻求心理上的解决方案。受制于生死轮回（saṁsārī）的人总是在寻求喜乐，作为这个深刻灵性问题的解决方案。

本质上，存在一个灵性问题，一个形而上的问题，自我不满，但我们寻求的是某种心理上的解决方案。因此，我们接受各种形式的治疗，或借助毒品、酒精和其他化学物质引起精神状态活动改变。这就是我们所谓用心理方法来解决深层问题，一个每个人都有的精神问题。

有时我们也会为心理问题寻求精神上的解决方案。一个从小就有心理问题的人，想要认知梵或自我的本性，必须具备一个良好的、健康的心智。在尝试了许多方法后，发现没有任何帮助，于是认为针对那个问题也许有一种精神上的解决方案。事实上，没有即时的精神解决方案。这个问题纯属心理上的，应用心理上的解决方案。

某种程度上，一个人必须解决心理问题，并应用心理解决方案。然后，才会有精神上的方案。

因此，这里有两个方面，在一定程度上寻找心理上的解决方案，然后寻求精神上的解决方案。最终，每个心理问题都有精神解决方案。必须首先解决心理问题。只有解决了心理问题的心智才有最终的精神解决方案。

话虽如此，有些心理问题，比如自我不满和不安全感，是可以从精神上解决的。

问：斯瓦米吉，我们如何区分深层的精神问题和心理问题？

答：心理问题的一个例子，就是发现自己无缘无故地难过；或者，突然间，我发现自己很恐慌；或者，如果有什么有点奇怪或压倒性的事情发生，我就会感到威胁；也许我不能待在人群中；我不喜欢和人打交道；或者我害怕权威，等等。这可能与一些童年问题或父母的问题有关。这些都是心理问题。

一个人解决了这些心理问题，但仍然很悲伤，在很大程度上，这就是精神上的问题。他或她被视作“正常”的，可以与人很好地互动等，但他或她受制于自己的波动情绪，忽高忽低。这是因为，在内心深处，总有一种自我形象，它和身心感官复合体一样好。

那么，我们该如何解决这个问题呢？有合理的恐惧、合理的愤怒和合理的悲伤，“合理”是因为社会已经接受它们为合理的。现代心理学认为愤怒是正常的，一个人会在特定情况下生气。同样，有“正常”的嫉妒和“正常”的悲伤，因为它们是“正常”的，它们没有什么问题。这些问题我们从精神层面来解决。吠檀多说有一种东西叫作“正常”的悲伤，那么，“正常”这个词的使用就标志着心理问题和精神问题之间的区别。

如果心智正常的话，吠檀多可以解决你的问题。但是，如果心智不正常，吠檀多也无能为力，因为这个人不能处理主体的问题，就抓不住问题。然而，如果这个人无法理解吠檀多说的是什么，但却与它保持一致，并正确地遵循一切态度和价值观，那么吠檀多对他就会有帮助。

吠檀多本身有自己的心理学方法，是正常的心理学，包括祈祷、冥想和对价值观的理解。如果一个人与它保持一致，正确地遵循它，它会有帮助。我认为这是最好的方法。

但是，吠檀多对不正常心理没有提供解决办法。例如，它不能帮助精神分裂症患者。事实上，吠檀多只会使他们更困惑，因此是有害的。这就是为什么在印度从最初到今天，有些人不会把吠檀多随意授人，只有当古鲁对已准备好的心智感到满意时，他才会教导这个人。

当一个心智没有准备好的人去北印度瑞诗凯诗拜师时，老师通常会让他步行去印度最南端的拉姆斯瓦拉姆（Rameswaram），至今如此。他会被要求往返不许带钱，老师会说“等你回来，我将会教你”。该主意是等他回来时，他就会恢复正常，如果他能回来的话。

从印度的北部到南部大约有几千英里，所以一个人要花大约5年或更长时间才能往返。在路上什么事都可能发生，甚至婚姻，这也是“正常”的，尤其是如果他对这个世界不太超脱的话。他也可能会马上找另一个古鲁来教他。不管怎样，踏上旅程的老师是确信的。

问：斯瓦米吉，有没有什么别的方法，可以让一个人不需要真的去做，就能获得与那个往返拉姆斯瓦拉姆的人一样的态度?

答：是的，有很多方法。例如，他们所谓的奖励（puraścaram），授予你的咒语中每个音节都要重复10万次。因此，如果您使用盖娅曲（Gāyatrī）咒语，它有24个音节，你就要重复它240万次。这可能需要3年、4年或5年，取决于你每天花多少时间。如果你每天持咒3到4个小时，你就可以完成它。这是你能做的一件事。

或者你可以持咒Om namaḥ śivāya50万次，每个音节10万次。在这个咒语里，Om不算音节。如果你每天都持咒，以每分钟40次的速度计算，每小时将重复2400次。如果你每天持咒2000次，你需要250天才能完成50万次，每天一小时，用不到一年就可完成。

问：斯瓦米吉，您说过，警觉对于任何戒律，对于在我们心智中做的任何工作，对于自我探究，都是必不可少的。我们如何培养警觉?

答：警觉是一种技能，因此，培养它就像学习其他技能一样。比如游泳，我们通过游泳练习学会游泳，通过练习开车来学会开车，通过保持警觉而变得警觉。

在获得任何技能之前，都有一种学习活动。同样，在这里，我们也要在平时不太警觉的地方保持警觉。我们从行为开始，因为这是一个警觉性技能可以发展的领域，我们从无意识变得意识到行为存在某些机械性方面，换句话说，我们从简单地避免机械性迹象的动作开始，比如坐立不安。

坐立不安的发生是因为心智中的某些东西，通过身体某些外部运动机械地表达出来。我们都见过有人坐着说话时抖动一条腿，这通常被称为怪癖，但所有怪癖实际上都是问题，因为它们是心智的机械表达，未经思考，无意识的表达。

因此，对这些怪癖，这些机械动作，我们要么完全阻止它们，要么将它们转变为有意识的行动。我们可以有意识地睁开和闭上眼皮，除非，有什么东西突然出现在视线中。

在瑞诗凯诗有一个出家人，他因为控制眼皮的眨动而变得非常有名。他只在腰间裹一小块布，赤裸的身体上覆盖着灰烬，长而蓬乱的头发以一种很不寻常的方式扎起来，他的胡子又长又乱，指甲很长，形如一幅传统瑜伽士的形象。他有一个T形杆，在长时间冥想中，他可以把手臂放在上面休息。他直视着人们，从不眨眼，这种控制意味着他是严苛守戒的人。人们认为他是伟大的瑜伽士，就给他钱。当然，不眨眼，只是睁着眼睛看，绝对是一种成就，这是弃绝者努力的结果。这是一种戒律，他很擅长。但这种成就并不一定意味着他的心智是开悟的，他可能是在这一特定领域保持警觉的弃绝者。保持警觉是一种戒律，仅此而已。

控制眨眼是一件非常困难的事情，如果这可以做到，那么任何其他的运动也可以被控制。我并不是建议你总是盯着别人看，我只是说，这样做意味着你的警觉性和控制身体机械运动的能力较强。因此，我们可以从简单的行为举止开始。

某些形式的冥想也有助于培养警觉。目击你的想法是有帮助的，因为这样做，你就会意识到思维方式。一旦你意识到了思维方式，就没有机械思维，任何表达都是有意识的行为。然而，要做到这一点，我们需要对警觉和有意识的表达有一个评估。

警觉性和有意识的表达也意味着对我们所说的话要谨慎，因为语言器官也是一个行动器官。所以，词汇也可以是机械的，这意味着我们要选择措辞。无论我们说话的速度如何，我们都可以保持警觉，这种警觉就是戒律。我们说我们想说的话，在必要的时候交谈，交谈可能是一种退路或一种必要。如果我们发现我们必须与某人交谈，那么交谈是好的。但我们应该有意识地这样做，有意识地交谈不是问题。

虽然警觉的价值是普遍的，但我们需要提高警觉的地方属于个人问题。因此，每个人都必须确定哪些地方更需要警觉，然后试着意识到他或她在这些地方的行动和反应。

问：斯瓦米吉，一个人怎样才能避免因为一种机械行为替代了另一种行为，而无法发展警觉性的可能陷阱呢？

答：这里不可能有替代，你只是对你正在做的事情保持警觉，你不能用警觉来代替任何东西。假设一个人说得太多，然后意识到说话是一种逃避，他就放弃说话，吃很多食物，然后，这就是替代。我们这里讨论的是警觉，当我说得太多时，我只是注意到这个事实；或者如果我吃得太多，我就会注意到这个事实；替代根本不在考虑之列。如果我发现某些东西不符合我的警觉标准，我就会改变。“替代”指的是习惯，而“警觉”指的是特定习惯。

1988年3月于宾夕法尼亚州塞勒斯堡

## 九

问：斯瓦米吉，音乐在生活中的作用是什么？

答：爱可以解决有争议的分歧，但在这个竞争激烈的社会中，发现无条件的爱是一般幸存者私我所无法企及的，没有这种爱的经历，生命中就没有什么值得实现的事情。那么一个人怎能怀着希望生存下去呢？音乐的魔力可以带来与整体无争议的连接体验。

音乐跨越幸存者/私我所设置的一切障碍，它们所创造的音符和形式与阶级、文化、年龄、性别无关。在吠陀视野中，这里的一切都是神之显现，我们在声音世界中看到的秩序，就像其他秩序一样，是神。当一个人沉浸于音乐，他就会和神和谐相处。有欢乐，就有爱，争论的私我融入神之体验，不管你是否承认。

音乐不是一种疗愈良药，也不是一种消遣。它唤起了一个不受伤害的、无懈可击的、简单的人，即每个私我所具有的自我。音乐让人接触到这个没有受伤的自我，它没有恐惧和内疚。当然，若无精神的成熟，一个人除了音乐之外，没有任何其他方法在自己身上发现最理想的自我。我把音乐视作神的一种赐福，因为自我意识、自我判断的人类可以暂时生存和体验与整体——神合一的现实，不需要任何资格。

# 斯瓦米吉与罗摩南达关于吠檀多和瑜伽的对话

这是斯瓦米·戴阳南达和罗摩南达·帕特尔之间的对话。从1968年以来，罗摩南达一直是艾扬格（Yogacharya B.K.S.）的学生，他在世界各地举办培训研讨会。

罗摩南达：斯瓦米吉，你能简单地阐释一下吠檀多和印度教吗？

斯瓦米吉：印度教是以古老吠陀经文为基础的传统，像其他宗教一样，印度教有自己关于神祇和天堂的神学概念。但它的特别之处在于它说“你即整体”，这就是吠檀多。所有帮助你发现真实自我、态度、价值观、情感成长、灵性实践的东西是吠檀多的一部分。

吠檀多是吠陀传统的精髓和印度教的基础。如果一种宗教只致力于达到天堂的目标，那么就可能有宗教追求却没有灵性追求。但是当发现“你即整体”时，吠陀的宗教追求在吠檀多达到顶峰。《吠陀经》中的一切都是为这一发现做准备的，你的整个人生都是准备的一部分，这即吠陀视野，这是独一无二的。

对宗教的需要是存在的。向耶稣祷告固然好，但发现耶稣、圣父、圣灵、世界和我自己，作为一个不可分割的整体，才是这种追求的目标。我们的经文传达了“你即整体”的视野，这是一个有待发现的事实，你必须获得这样的视野。

罗摩南达：在今生吗？

斯瓦米吉：是的，在今生，否则，它只是一种宗教追求。宗教信仰认为天堂是我们的目标，灵魂必须得救，这实际上是道德上的，而非灵性上的。我想说，一种灵性追求是可以在当下实现的，通过获得“你即整体”的视野。

这种灵性追求的目标称作解脱，受限的自我想要从一切限制中解脱出来。然而，通过一个“变成”的过程，你永远无法从这个变成过程中解脱出来。你“变成”，你“变成”得再多，你仍然需要“变成”更多。“变成”的自我永远不会从变成中解脱出来，但如果自我已经是自由的，那么你只需要发现你自己的实相。这就是对自我认识、自我发现的追求，这是一个认知过程，而不是一个变成的过程。

罗摩南达：如果真正的自我真的是整体，那么它是如何被这种有限的形式奴役的呢？

斯瓦米吉：它从未被奴役，如果它真的被奴役了，它就永远不会被释放，但它一直是自由的。如同一根绳子被误视作蛇，绳子永远不会变成蛇，蛇的出现是由于无知。同样，真正的自我从未受到限制，它的表面局限性是出于无知和错误。

罗摩南达：那么这个错误从何而来？

斯瓦米吉：错误源于无知。如果你问无知从何而来，我必须说它不是从任何地方来的，无知只是存在，它是无起始的。如果它有起始，那么在它之前就会存在一个没有无知的时代，而在没有无知的情况下，必然会有知识。但如果知识存在，无知就不会开始，因此，无知是无起始的。但随着知识的发展，它也会走到尽头。

罗摩南达：如果自我真的像吠檀多说的那样是整体，为什么它会受苦？

斯瓦米吉：自我不会受苦，对自我的无知使你受苦。自我不是一个个体，它是纯粹的意识，无限的，不受时空限制，这是万物的实相。它是自我揭示的，作为意识本身，自我总是显现出来，出现在每一个经历中。因此，你不需要看到它或经历它，但我们必须认识到它的本质。无限而完整的自我的本性是由一位老师所展现的。

罗摩南达：如果我是那个自我，死亡时会发生什么？是什么经历了轮回？

斯瓦米吉：如果自我是永恒的，那么它就不会诞生，也不会消亡。个人出生这一事实说明之前就有某种东西存在过，某种出生在人体内的东西在人死后出游，这就是个体灵魂。

罗摩南达：什么是灵魂？它与自我有何不同？

斯瓦米吉：灵魂是精微体（sūkṣma śarīra），在死亡的时候，某些东西会离开身体。精神活动、运动的力量（prāṇa生命力）、感觉，所有这些都消失了，这些构成了精微体。

自我是意识，因为它你认知你的思想、感觉、生命力等。这即永恒–无限–意识，这就是你的实相，开悟者认知自己即这个自我。

在昏迷状态下，心智和感官的一切活动都停止了，而生命力仍然活跃；但在死亡时，整个精微体都离开了。就像在做梦一样，当你做梦时，你假设一个由思想组成的身体，并体验各种各样的经历。同样地，在死亡时，精微体出游，并根据你的业力进行另一次重生来体验更多经历。这一旅行将继续，直到你获得开悟，不再被业力束缚。然后你就保持永恒的、无限的意识，那即自我。

罗摩南达：这种教育如何帮助一个与日常生活中实际问题（比如竞争和生存需要）作斗争的人？

斯瓦米吉：一个人必须竞争并取得成功的结论源于无知，存在一种基于自己，基于“我”的不安全感；然而身体没有不安全感，心灵也没有；这个问题是以“我”为中心的。如果我是不安全的，那么我必须变得安全，我必须证明我自己，我必须超越现在的我，然后所有的压力都开始了。

如果你问这种教学方法在日常生活中有何帮助，我会说它消除了不安全感。如果你不需要通过证明自己来获得安全感，那么你就不会有压力。没有压力，你可以做任何你能做的事。所以，这种教学确实是实用的，事实上，我想说最实际的人是一个自由的人。

罗摩南达：如果一个人在内在寻找这种自由，他或她能从外部得到任何帮助吗？

斯瓦米吉：你看，如果我们不能理解问题本身，那么人们就会感到困惑。你不能变成整体，你就是整体。不认知该事实，你就会成为一个探索者。当你发现你就是整体时，你就会停止寻找。对自我实相的认知不是一个变成的过程，而是一个消除错误观念的过程。必须消除错误和对自己的无知，这就是为什么你要一位古鲁。

gukārastvandhakāraśca rukārastannivartakaḥ andhakāranirodhitvād gururityabhidhīyate

“gu”是“无知黑暗”的意思，“ru”是“驱除黑暗的人”，因此，消除无知的人被称为guru（古鲁）。

假设你想看到你脸上的眼睛，如果没有某种反射介质，比如镜子或池塘，就没有办法看到你的眼睛。如果世上没有这样的反射介质，你至死都见不到自己的脸。

要看到真实的自己，你需要面镜子，而那面镜子是吠檀多。这些教义并不普通，它们采用了一种非常特殊的方法论。因为它们是以言语的形式出现的，所以必须恰当地使用这些言语。如果用词不当，你就会感到困惑，偏离主题。言语可以产生条件反射，甚至可以用来控制你。但如果使用得当，它们就能实现目标。这就是老师的工作。

罗摩南达：在阿夏·韦迪亚古鲁学堂（Arsha Vidya Gurukulam）和其他地方的教学中，是否遵循一种循序渐进的方法？

斯瓦米吉：有一种特定的教学方法，但基本上，我教书。我不是传教士，我也不是布道者，我从未想过把吠檀多带给全世界。但作为一名教师，我有一些东西要和大家分享，这些东西能让人们了悟自己，了悟他们天生的自由。让那些想了解更多的人来这里参加课程。

罗摩南达：你教的和你的老师教的有什么不同吗？

斯瓦米吉：我教的和别人教的一样。但是当我和不同老师一起学习时，我发现他们中的一些人并没有很好地理解教学，他们教同样的东西，但是他们的方法不同。

罗摩南达：是不是有些学生只适合某种方法而不适合另一种方法？

斯瓦米吉：不，只是必须有一个合适的老师，学生可能还没有准备好去理解，但如果教学得当，学生就不再困惑。

罗摩南达：在教学中，有没有创造力的空间或需要？

斯瓦米吉：创造力有助于交流，但教学方法不能改变。整个教学就是消除错误，如果你改变方法，你就会产生错误。通过消除自我无知，你认知了你自己的实相，这种认知被称为开悟。

罗摩南达：如果我寻求这种知识，那么我需要老师和书籍的帮助。但是，如果虔信（bhakti）对于灵性追求来说就足够了，那么我真的需要这些教导吗？

斯瓦米吉：每个人都有自己的灵性追求，任何自我不满都意味着一种灵性追求，每个人都有某种程度的自我不满，但许多人并不认为这是一种灵性追求。要正确地理解它，需要从一个人的生活经历来理解。当人们认识到这个问题时，它就变成了一种灵性追求。在这种追求中，如果你是问题所在，那么你就是解决问题的方法。该探索是对自我实相的探索，如果你就是你想成为的人，解决之道只能是知识；如果你不是你想成为的人，那你就没有办法变成你想成为的人。

如果你想获得知识，你需要一种有效的知识手段。吠檀多的教导如果运用得当，就是一种有效的知识手段，这就是为什么你应该去师从一位正确了解教导的古鲁。为了掌握老师传授的知识，虔信是有帮助的。

罗摩南达：你对瑜伽和吠檀多之间的关系有什么看法？

斯瓦米吉：吠檀多是一种知识手段，瑜伽包含了所有必要的学科，旨在为知识做准备。瑜伽是一个总体性的术语，包括态度、价值观、祈祷、体式、呼吸技巧、冥想。在吠檀多中，目标不是全神贯注的“无余三摩地”（nirvikalpa samādhi）的极乐。全神贯注的体验，三摩地必须被理解。“无余三摩地”是一种体验的状态，要经过一个思维过程。当思想恢复时，无思想的状态就消失了。这样的体验不可能是终极实相，因为真实的仍然是它本来的样子。

吠檀多引导你发现真正的自我，自我是没有变化和差异的（nirvikalpa），这就是为什么我们说它是非二元的。在自我里没有主客体关系，冥想的主体就是自我，冥想的对象也是自我，我们必须认识到这一点。

罗摩南达：通过心智？

斯瓦米吉：是的，通过认识到每个思想是你，但你不是那个思想。不仅对每个思想如此，而且对所有的思想对象，即整个世界亦如此。只有一个非二元实相，那就是你自己，这种认知纯属通过吠檀多的教导消除无知而产生的。为了让一个人获得这种认知，瑜伽包括了必要的训练。

罗摩南达：你对昆达里尼的看法是什么？一个今天非常流行的话

题，人们却几乎知之甚少。

斯瓦米吉：几年前，当我在马德拉斯时，我问过克里希那玛阿查亚（Krishnamacharya），他是个有学问的人，我很尊敬他。他说昆达里尼是一门绝学，没有人真正了解它，也没有人教授它。然而，他自己在谈论每个瑜伽体式的相关神祇时，而且他的学生做体式唱诵梵咒时都用到了它。

罗摩南达：唱诵在瑜伽中已经失去了重要性，似乎也很难再被重视。一个特定咒语更适合一个特定的人吗？它因人而异吗？

斯瓦米吉：有时一个人会倾向于一种特别形式的神祇，也许是由于前世印象使然。在这种情况下，应该使用那个神祇的咒语。

罗摩南达：在瑜伽中，我们有意识地努力去引导我们动作的力量。是否有类似的方法来引导生命力？

斯瓦米吉：生命力与心智相连，心智与生命力相连。但我们并不是真的对生命力感兴趣，我们感兴趣的是心智。如果你的心智非常不安，那么通过专注于呼吸和练习瑜伽体式，你的心智可以平静下来。

罗摩南达：个人变成生命力的目睹者吗？

斯瓦米吉：是的，目睹自己的呼吸可以带来内心平静。当你看着自己的呼吸时，你并没有看其他任何东西，你看到的是你自己的一部分。然而生命力并不是主体，它是你观察的对象。因此，你可以假设自己是一个目睹者，一个观察者。当心智把呼吸作为它关注的对象时，就不再有其他的思绪了。

罗摩南达：当人们来到阿夏·韦迪亚古鲁学堂与你一起学习时，他们的身体、情绪和灵性健康是如何照顾的？

斯瓦米吉：身体健康是通过体式、呼吸练习和素食来照顾的，但我们并不坚持要遵守某一特定惯例，我们允许每个人发展他或她自己的个人练习。

在灵性成长过程中，你开始发现内心的一些安逸。随着内心的平静增长，潜在的情绪问题也会出现。当你发现更多的内在自由时，甚至更多的情绪问题将出现，从童年的问题开始。由于这个原因，学生们亲自来找我谈他们的问题。你不能回避情感问题，最终，灵性的成长将照顾到一个人的情感健康，如果处理得当的话。

罗摩南达：道场和古鲁学堂有什么不同？

斯瓦米吉：道场基本上就是一个修道院，一个弃绝者居住的地方。古鲁学堂是一个学习的地方，学生和老师住在一起学习。

罗摩南达：在阿夏·韦迪亚古鲁学堂的一天是怎样的？

斯瓦米吉：在我们的计划中，我们有冥想、吠檀多、梵文课、瑜伽课，等等。我们每天早晚都在庙里举行普祭，有的学生参加，有的不参加，在西方出生的人可能不会与普祭有联系，因此我们不强迫他们参加。我们允许每个学生拥有自己的祈祷形式，但有些形式的祈祷对每个人来说都是必要的。

罗摩南达：在一些传统中，古鲁应该是非常严格和威严的。

斯瓦米吉：当古鲁对自己没有把握时，就会发生这种情况。我的学生会告诉你，我不会强迫他们做任何事。我不想让他们相信任何事，在信仰的问题上，我告诉他们“这是一种信仰”。在知识的问题上，我说“这是可以理解的”。如果他们有疑问，他们会提出问题。即使他们不问，我自己也会提出一些问题，然后予以解答。

我也没有把任何一种生活方式强加给我的学生，如果他们想结婚，或者想过和尚的生活，都可以。他们选择的任何食物只要是健康的都可以。每个人都必须满足自己的情感需求。

罗摩南达：这真是让人耳目一新。在你的吠檀多课程中，你通常会浏览一篇经文，解释每一节吗？

斯瓦米吉：真正的教学是让学生通过经文、通过经书看到自己，经书是知识之源。传统的做法是，以这样一种方式展开经书，让人在倾听的同时获得视野。

罗摩南达：是立即的吗？

斯瓦米吉：对，立即的。

罗摩南达：这不是讲座吧？

斯瓦米吉：不，这更像是对话。在课堂上，他们被鼓励去听闻，因为有东西需要理解。但之后，在共修（satsaṅg）时有很多讨论的机会。

罗摩南达：对于一个学习吠檀多的学生来说，除了正确的态度，还需要什么？

斯瓦米吉：我只寻找那种态度，一种对学习和研究的热爱，有爱就够了，我别无他求。当然，我们期望他们有正确思考的能力，如果我做了一个不合逻辑的陈述，他们应该能够识别出来。他们应该有探究的能力，有逻辑思考的能力。这就够了。

那些来的人可能甚至不明白真正存在什么问题，他们可能在寻求某种体验。首先，他们必须明白问题是什么，然后他们才能知道如何解决它。

罗摩南达：人们来这里是为了逃避吗？

斯瓦米吉：他们来这里是为了解决问题，而不是逃避问题。我们的古鲁学堂不是一个人们可以逃避问题的地方，这里没有让人分心的东西，没有什么可以让你从你的问题中分心。

罗摩南达：你对古鲁学堂的未来愿景是什么？

斯瓦米吉：无论我在不在这里，它都将继续作为一个学习的地方。只要我在这里，我就会教书。我不在的时候，我的学生来教书，这就是古鲁学堂之美。它是一个机构，就像一所大学，教授变了，但教学还在继续。在这里，其他老师都是我高度重视的学生，他们懂梵文，可以正确地掌握经文。所以阿夏·韦迪亚古鲁学堂将继续是一个所有灵性探寻者都可以来学习的地方。

智慧的生活方式是在需要帮助时寻求帮助。

1994年于宾夕法尼亚州塞勒斯堡